SECCIÓN DE OBRAS DE HISTORIA

MESÍAS, CRUZADAS, UTOPÍAS

JACQUES LAFAYE

MESÍAS, CRUZADAS, UTOPÍAS

El judeo-cristianismo en las sociedades ibéricas

Traducción de

Juan José Utrilla

FONDO DE CULTURA ECONÓMICA

MÉXICO

Primera edición en español, 1984

D. R. © 1984, Fondo de Cultura Económica
Av. de la Universidad, 975; 03100 México, D. F.

ISBN 968-16-1634-0

Impreso en México

INTRODUCCIÓN

Movimientos mesiánicos y líderes carismáticos en la América Latina moderna; introducción a una cuestión controvertida

La religión, realidad que se ha llegado a creer superada por la ciencia en los últimos decenios del siglo XIX, ha despertado con nuevas fuerzas en la segunda mitad del siglo XX. El decenio de los setentas quedará señalado como el de la explosión del Islam y el advenimiento de un nuevo pontífice católico, conquistador espiritual. Mientras tanto, el peligro vital que amenaza al Estado de Israel ha hecho patente la fuerza de los nexos espirituales, políticos y económicos que siguen uniendo entre sí a las comunidades judías dispersas en el planeta. Del mismo modo que la religión cientificista, en sucesivos avatares, se había apoderado del hemisferio cultural occidental, desde "las luces" del siglo XVIII hasta el marxismo del siglo XIX (heredero formal del hegelianismo, pero prolongación real del positivismo y el sansimonismo); de ese mismo modo, el rebrotar del fervor religioso está ya a punto de arrasar las utopías racionalistas de progreso y, quizá, los estados megalíticos que éstas paradójicamente han engendrado. La América Latina moderna ha quedado trastornada por tales cambios, como parte que es de la humanidad y partícipe de sus evoluciones y convulsiones. Pero la historia de América Latina no es simple reflejo de la historia del hemisferio euroatlántico, ni siquiera del conjunto cultural ibérico al que pertenece primordialmente. Si bien es objeto de pugnas y luchas de influencias extranjeras en su propio solar, América Latina tiene su destino, del que es dueña aunque se frustren sus riquezas naturales o su independencia política. No será inútil subrayar este punto, puesto que se ha convertido en lugar común explicarlo todo por la relación de "dependencia" de las naciones latinoamericanas respecto de los Estados Unidos, y si se examina seriamente esta aseveración (documentada por muchos libros) se ve que esa dependencia se remonta sólo a 1945 en la mayoría de los casos. Antes de la segunda Guerra Mundial, la relación neocolonial era con Inglaterra (Uruguay) las más veces, y con Francia (México) o Alemania (Colombia) en otros casos y momentos, desde mediados del siglo XIX más o menos. Como se sabe, la dependencia colonial clásica respecto de España ha durado

7

tres siglos. Más recientemente —a partir de 1958, o quizá sólo desde 1962— la dependencia de ciertos países de la región, por ejemplo: Cuba, Chile y Nicaragua respecto de la Rusia soviética, ha surgido como alternativa a su dependencia de los Estados Unidos. Las sencillas observaciones que anteceden —fáciles de comprobar— matizan y aun revelan la fragilidad del principio de explicación unilateral por "el imperialismo yanqui", bestia apocalíptica a la que se achacan todas las desgracias del Continente americano. Conste que no es nuestro propósito negar evidencias, sino analizar las realidades latinoamericanas en toda su complejidad. Sólo marginalmente se ha subrayado por los investigadores el fenómeno de la dependencia o colonialismo interno, social y/o regional, tan importante en el Nordeste del Brasil por ejemplo, o en Yucatán respecto de la zona propiamente mexicana de México. ¿Y qué tiene esto que ver con la religión?, se me va a decir. La religión, no sólo a través de la Iglesia como institución secular sino a través de la conciencia de sus adeptos, tiene que ver con todos los aspectos de la vida, con la economía y, en primer lugar, con la política nacional e internacional. En América Latina, como en España y en Portugal, la religión mayoritaria es el cristianismo católico romano; pero esto no es decir nada sorprendente, puesto que en Italia, Francia, parte de Alemania, Polonia, etc., también son católicos la mayoría de sus habitantes. El catolicismo latinoamericano es la forma ibérica de creencia y de institución eclesiástica; dicho de otra manera: los componentes sincréticos de la conciencia religiosa en la península ibérica (cristianismo, judaísmo, islamismo) han dado su talante original al catolicismo latinoamericano. La situación de dependencia colonial y opresión social en el pasado, y sus avatares modernos, así como la herencia de los politeísmos indígenas, han propiciado la aparición esporádica de líderes mesiánicos y cruzadas de salvación o liberación, por ser la manifestación más vistosa y llamativa de una conciencia religioso-política singular dentro del conjunto de las sociedades "occidentales" cuya cultura común se ha originado en la confluencia de la lengua, la ley y la organización de los antiguos judíos y los primitivos cristianos. El acervo de principios y leyes que se suelen mencionar en conjunto como "el derecho romano" le han dado al mundo iberoamericano su pauta legislativa y administrativa. Pero bajo la claridad (y sequedad) de esta armazón imponente, continúa viva la ley no escrita de la sociedad visigótica, de la "compañía" conquistadora. Lo mismo se verifica con la religión. Bajo el dogma de Trento sigue punzando al corazón del neocristiano iberoamericano la aspiración utópica: la esperanza milenarista, la fe en el nuevo mesías, salvador espiritual que se ha convertido hoy en líder político o en héroe revolucionario.

Si bien los movimientos mesiánicos en el mundo moderno no han afectado exclusivamente a las sociedades iberoamericanas, han sido más frecuentes en éstas que en las demás regiones del hemisferio occidental. Puede ayudar a aclarar esta originalidad la consideración de otras sociedades, no católicas o no europeas, que ofrecen análoga tendencia milenarista-mesiánica, la cual puede llegar a ser determinante de la vida política. Dentro del ámbito religioso cultural cristiano, quizá el parecido más significativo sea Rusia, donde ha dominado durante siglos la variante ortodoxa bizantina del cristianismo, más contemplativa que la rama católica latina. En este caso es forzoso observar que la contemplación religiosa y el activismo político van a la par, alternando la resignación secular con la rebelión instantánea. Antes mencionamos la índole sincrética de la fe en las sociedades de la península ibérica, y sabemos muy bien que, a pesar de la Reconquista cristiana y las persecuciones inquisitoriales, hubo una cábala cristiana, unos mesías judaicos y un iluminismo cristiano, de cariz marcadamente islámico, en la España y el Portugal que en aquel momento venían conquistando y poblando la América recién descubierta. Este Nuevo Mundo pareció a muchos monjes evangelizadores la Tierra de Promisión, solar elegido de una nueva era en el destino escatológico de la humanidad. En vista de que el tema ha sido bastante estudiado, ahorraremos al lector una larga digresión al respecto. Pero tal vez no sea propiamente una digresión, sino el eje mismo de nuestro razonar, una de las veredas oscuras por la que llegaremos a salir del laberinto de la conciencia latinoamericana. Es sorprendente que para encontrar fenómenos análogos de cierta amplitud en las sociedades occidentales no ibéricas haga falta remontarse al siglo XVIII: la revuelta de los *Chouans* en la Vendée (Francia), contra los revolucionarios deístas en el poder, es la última cruzada parecida a la rebelión cristera en el México de hace medio siglo. Y si nos atenemos a jefes carismáticos revolucionarios, como Emiliano Zapata en México o Camilo Torres en Colombia, forzoso es buscarlos en los siglos medievales de la historia europea o en las zonas rurales marginales del sur. Los "bandidos de honor" románticos no eran mesías, ni pretendían serlo. Aunque Garibaldi haya sido un jefe carismático, puede dudarse de que sus secuaces contemporáneos llegaran a creer que por sus proezas iba a traer la era milenaria, y aun a resucitar.

La pretendida infalibilidad de líderes políticos como Hitler y Stalin en las sociedades occidentales, o Mao Tse-tung en las orientales, se acerca más a casos latinoamericanos, como el de Perón en Argentina y el de Rojas Pinilla en Colombia, que manifiestan una completa laicización de la exaltación devota. Esta moderna forma de idolatría consiste en que las masas, en lugar de venerar santas imágenes, adoran a un hombre de carne y hueso, su jefe político, el jefe por antonomasia (*der Führer*, el Caudillo), trasunto secularizado del San Salvador de otros siglos, remedo monstruoso de Cristo y Hércules. La competencia de Evita Perón con la Virgen María, en la devoción popular argentina, quizá sea el ejemplo más señalado del fenómeno aludido. ¿Qué ha pasado?; ¿qué pasa en la mente popular latinoamericana?; ¿en qué alquimia mental se origina la permanente confusión entre lo secular político y lo tradicional católico? Quizá nos pueda traer un poco de luz la consideración de que el racionalismo anglosajón y francés del siglo XVIII, nacido de la crisis de la conciencia europea a fines del siglo XVII, nunca ha llegado a calar en las profundas capas de la religiosidad ibérica e iberoamericana. Esta diferencia radical se explica por dos hechos distintos: la pervivencia del tomismo en las aulas hispánicas hasta una época en que Descartes y Leibniz (por no mencionar a Spinoza) habían invadido el ámbito intelectual del resto de la Europa cristiana, y, consecuentemente, la ausencia o casi inexistencia, en los países iberoamericanos, de un sistema educativo (primera enseñanza en particular) capaz de imponer a la juventud los criterios del razonar racionalista en todos los campos del pensamiento que no sea estrictamente la religión. En América Latina, como en España y Portugal (igual que en países islámicos y entre los judíos hasídicos), la gente aplica al mundo natural, social y político el principio de revelación divina, que en otras partes del Occidente se suele reservar a los casos de fe y religión. Esto no significa que el hombre latinoamericano sea tonto, y tampoco lo incapacita para labores técnicas; sólo lo hace más apto al mesianismo político, al proyecto utópico, a la cruzada revolucionaria. Sociólogos y antropólogos sociales han observado que los movimientos sociorreligiosos de carácter mesiánico-revolucionario se suelen producir en sociedades en trance de desaparición, o en estado de reacción contra una agresión cultural venida de fuera... Todo lo cual será cierto, pero no aclara el que en otras sociedades agredidas o en estado crítico no coincida el activismo político con la fe religiosa. Fuerza será acudir a la historia de América Latina, al peso de la tradición y a la pervivencia del pasado ibérico en sus sociedades y mentalidades actuales, para ir rastreando una explicación por vías (en apariencia) divergentes.

No otro objeto tiene el presente libro, recopilación de artículos y ensayos míos, desparramados a lo largo de los últimos veinte años por revistas del Viejo y el Nuevo Mundo, actas de congresos y coloquios, libros de homenaje... Del providencialismo cristiano del conquistador andaluz Álvar Núñez Cabeza de Vaca al cristianismo marxizado del cura colombiano Camilo Torres media toda la evolución que, pasando por el dominico mexicano fray Servando Teresa de Mier y el jesuita iluminado Manuel Lacunza, e incluyendo al libertador Morelos y a un sinnúmero de hombres oscuros, legos y sacerdotes, ha apretado el nudo de la revolución y la fe en América Latina. El hecho de que gran parte del alto clero, tanto en las guerras de Independencia como en las guerrillas agraristas del tiempo presente, se haya adherido (con sonadas excepciones como los arzobispos Oscar Arnulfo Romero y Helder Pessoa Cámara) al poder conservador, no le quita un ápice a lo que acabamos de afirmar. Igual que en la Edad Media europea, han sido miembros del bajo clero, curas rurales sobre todo, los que hasta hoy han dado a las guerras de liberación y las guerrillas revolucionarias su cariz de cruzadas. Esto no se debe a una distinta índole del catolicismo iberoamericano, sino a la posición prominente de la Iglesia como institución secular y cultural. La Iglesia y sus miembros son (aparte del ejército y la clase militar) la única fuerza capaz de resistir a un poder político dictatorial o a una opresión social y económica despiadada. El desequilibrio social y la desigualdad económica se han mantenido a un nivel extremado, en casi toda América Latina (con excepción del Uruguay y la Argentina en sus bellos días), desde la Independencia hasta hoy. Las dos salidas de los miserables han sido el bandidaje y el milagro, y la revolución armada puede ser milagro; de aquí que en el siglo pasado los mismos individuos hayan podido aparecer alternativamente como bandoleros o como guerrilleros santos. Hoy día son los hijos de la casta privilegiada los que, en romántico desahogo, se convierten en guerrilleros.

El cristianismo ibérico no es revoltoso por naturaleza propia, pero subsiste como cultura del pueblo, y el clero sigue siendo guía del pueblo —en este caso, por pueblo se entiende a casi la totalidad de la población. Esta observación general podría matizarse según las regiones rurales o urbanas del Continente, y hasta contradecirse en casos; pero creemos que no ha perdido su vigencia en la mayor parte de América Latina. Bastará mencionar dos ejemplos, opuestos por su contexto político y no obstante análogos por lo que revelan: en el Brasil y en Chile la Iglesia encabeza hoy la resistencia a la dictadura militar; en Cuba, país antes descristianizado, las vocaciones sacerdotales nunca han sido tan numerosas entre los jóvenes. ¿Y qué decir de un país como México, en el que ha triunfado una revolución progresista y que desde hace dos generaciones analiza en términos marxistas la realidad nacional? En este mismo país, cada año acuden millones de romeros al santuario de la Virgen María de Guadalupe, y a otros santuarios, como el del Señor de Chalma y el de la Virgen de San Juan de los Lagos. La cuestión de la ortodoxia católica de tales creencias o devociones no hace al caso; lo que importa es que los devotos se consideran a sí mismos tan católicos como el mismo papa de Roma, o aún más. ¿Qué reflexiones no sugiere el que unas semanas después de triunfar la revolución sandinista en Nicaragua muchos revolucionarios estuviesen a punto de utilizar sus armas —las mismas armas que derribaran al dictador— contra el nuevo poder revolucionario porque pretendió torpemente prohibir la procesión solemne de la santa patrona de la capital en el día de su fiesta?

Simultáneamente se documentan casos de extraño sincretismo entre el antiguo lenguaje católico de la salvación y el nuevo discurso marxista de la liberación. Así ha surgido el último avatar del cristianismo de Occidente, como en lejanos siglos se llegó a realizar la increíble simbiosis de Platón y Jesús por obra del númida San Agustín; que eso mismo, en concepto de sus prohombres, pretende ser la "teología de la liberación", apodada por sus adversarios "el Evangelio según San Marx". El mismo romano pontífice ha zanjado la controversia, condenando lo que desde el punto de vista de la ortodoxia católica no puede aparecer sino como una desviación y quizá una herejía. Pero "doctores tiene la Iglesia", y a nosotros sólo nos toca tratar de comprender tan extraño fenómeno, con espíritu independiente y con la ayuda de lo que sabemos de la historia latinoamericana. El tiempo presente, por grande que sea la repercusión de los progresos técnicos y de la "mundialización" de los fenómenos económicos, políticos y también culturales (a consecuencia del desarrollo de los *mass media*), el tiempo presente, insistimos en ello, es ante todo la herencia del pasado. El ayer histórico pesa con fuerza sobre el devenir de hoy, un hoy preñado del mañana inseguro. No se debe perder de vista que el pasado de América Latina está lleno de ambigüedades que se reflejan en la duda de si se tiene que llamar: América Latina, como lo quisieron los franceses del siglo pasado; Hispanoamérica, según prefieren los españoles; Indoamérica, conforme han sugerido varios antropólogos más o menos indigenistas, o Iberoamérica, como otros prefieren. Esta indecisión onomástica es una nueva forma de la antigua controversia respecto del Nuevo Mundo, y queda bien claro que "el ser de América", que diría O'Gorman, ha sido una permanente dependencia o simulacro cultural, un *être pour autrui* y no *pour soi*. Y paramos aquí para no caer en metafísica existencial, no por desprecio a la misma sino porque el símil entre la historia del individuo y la de la sociedad no puede pasar de formal. La sociedad es una realidad *sui generis*, irreductible a principios de ontogénesis. Sentado este punto, ¿qué es de la sociedad o, mejor dicho, de las sociedades de América Latina?

Las conquistas europeas —obra ante todo de grupos de conquistadores españoles— han destruido o alterado profundamente, a partir de fines del siglo xv, a las sociedades indias existentes en las islas y el Continente americanos. Ingleses y franceses, igual que españoles y portugueses, han contribuido a lo que modernamente se ha llegado a llamar un "etnocidio", por analogía con el "genocidio". Genocidio es matar físicamente a toda la población; etnocidio es destruir su cultura e identidad étnica o nacional. Entre el siglo xv y el presente, en la América Latina, y en la anglosajona, se efectuaron el genocidio de los indios nómadas y el etnocidio de los indios sedentarios. La generalidad de los primeros fueron eliminados en vista de la imposibilidad de dominarlos para utilizar su fuerza de trabajo; al contrario, los segundos han sido asimilados culturalmente y explotados económicamente. La diferencia de proceder para con los indios no ha sido —como se ha repetido cien veces— efecto del mayor o menor fanatismo religioso de católicos o protestantes, mayor o menor racismo de españoles y anglosajones de un lado, portugueses y franceses de otro. La destrucción cultural y física de las sociedades indias obedece a la lógica —"mecánica", que diría Montaigne— de una colonización explotadora del suelo y el subsuelo y de una religión expansionista y proselitista. Sobre las ruinas de las culturas indígenas (*tabula rasa*) se han edificado sociedades coloniales, que no vacilamos en llamar neoeuropeas. Pero, cuidado, que ahí se inicia el proceso llamado antes por los antropólogos "aculturación", y hoy más bien "deculturación".

La aculturación en América Latina —en "las Indias", como se decía antiguamente— tiene ante todo un significado de clarificación; a pesar de lo que pretendieron las Leyes de Indias, no se trataba de una simple "transculturación". Dicho de otra manera: las culturas nacidas en América, a raíz de las conquistas europeas, no han sido mero trasunto de las culturas metropolitanas correspondientes. Esta observación es válida, en mayor o menor grado, tanto para Lima o México como para Sucre o Tunja, La Habana o Santiago del Estero. ¿Cómo pudo pensarse que unas minorías europeas, que en muchos casos no pasaban de un dos o tres por ciento (y ni siquiera llegaban a este porcentaje en determinadas regiones) de la población total, iban a poder mantener su cultura europea *en vase clos*? El problema que se les planteó muy pronto a las sociedades criollas de América —con frecuencia aisladas de Europa— fue la segregación, más social y cultural que propiamente racial, no obstante todo lo que se ha escrito al respecto con saña o con sorna. La otra cara de la segregación social tenía que ser la asimilación cultural. Una ínfima minoría de colonizadores —aún heredera política de conquistadores— no puede excluir totalmente, durante siglos, a la inmensa mayoría de la población, tiene que integrarla en alguna forma. Lo pudo intentar, pero tenía que fracasar; el fracaso lo han revelado las guerras de Independencia. Desde aquel momento, la historia política de América Latina está condicionada por la ascensión social de los mestizos, miembros de las antiguas "castas" antes excluidas del mando y la riqueza. Incluso en el caso de la Argentina (país casi desprovisto de indios), José Luis Romero ha llegado a explicar el fenómeno peronista por la reacción de los mestizos del interior en contra de la masa porteña compuesta de inmigrantes europeos recién llegados y (la mayoría) no hispánicos. Paralelo al proceso biológico del mestizaje y al proceso social de la segregación, se ha desarrollado en la América colonial un fenómeno de largo alcance que, desdeñado por los historiadores hasta unos decenios, ha tenido un papel importante en lo que ahora se suele llamar la historia global. Pues bien, forzosamente la historia tiene que ser global o total; la historia parcelaria es una comodidad metodológica, pero queda sin valor para aclarar la evolución de las sociedades. El proceso al que nos referimos arriba, diciendo que ha corrido paralelo al mestizaje y a la segregación, es de índole espiritual. "Espiritual" no quiere decir insustancial, ni tampoco inasible; lo espiritual es causado y causante en el devenir de la historia, y no es mero reflejo de las relaciones económicas, si bien no tiene desarrollo independiente, porque en la vida de las sociedades todo está interrelacionado y la interacción es la ley suprema. Y si privilegiamos el estudio de la vida espiritual y religiosa de América Latina, no es en ningún modo por menospreciar otros aspectos de la vida social, sino para contribuir a llenar un vacío en el campo de la historia. Téngase muy presente que no nos referimos a la historia de la Iglesia, sino a la historia de la actividad religiosa de la conciencia colectiva.

La historia espiritual de América Latina podría resumirse, a grandes rasgos, como la "conquista espiritual" (en términos propios de los primeros evangelizadores), y yo diría "reconquista espiritual" de indios, mestizos y negros africanos, y también de criollos, por el clero católico hispanocriollo. Evidentemente —a pesar de los muchos y justificados reparos que se hacen— el catolicismo romano es la religión de la inmensa mayoría de los latinoamericanos. Esto llega hasta el extremo de que incluso muchos políticos progresistas (rousseauistas, positivistas o marxistas, según las épocas) se sigan proclamando católicos, si bien su ideología es filosóficamente incompatible con la revelación cristiana. De un diputado revolucionario mexicano, acusado en la primera Asamblea de la Revolución de adherirse al clericalismo, se cuenta que dijo para su defensa: "¿Yo? Gracias a Dios, soy ateo." Y entre los corridos populares que atacaban a los hombres de la Reforma, consejeros positivistas de Juárez, hay uno que reza lo siguiente:

> Madre mía de Guadalupe,
> protege a esta nación;
> que protestantes tenemos
> y corrompen la razón.

En estos sencillos versos está cifrada toda la complejidad espiritual de América Latina. La "razón" (es decir, el modo de pensar de la "gente de razón") se confunde con la religión (por cierto, se trata de "la verdadera religión", o sea, la católica romana), y la irracionalidad o la perversión del juicio se identifican con la herejía por antonomasia: la protestante. Toda forma de racionalismo ateo, o simplemente heterodoxo, es asimilado a la herejía. A la inversa, la devoción —en especial la devoción a la Virgen María (en sus distintas imágenes nacionales y regionales)— se ha convertido en la expresión suprema de la verdad y la cultura. Ningún dictador, por omnipotente que sea, se atreverá a renegar públicamente de la santa patrona, y si se atreve, lo derribarán a poco como le pasó a Perón después de su ruptura con la Iglesia. En un país que, como es el caso de México, tiene estricta separación del Estado y la Iglesia, ninguna autoridad pública se atreverá a dudar públicamente de las apariciones del Tepeyac —de las que han dudado muchos historiadores eclesiásticos, y la Iglesia ha tardado más de dos siglos en considerarlas como una tradición posiblemente digna de aprecio. El principal obstáculo que —desde el Siglo de las Luces hasta el tiempo presente— han encontrado las ideologías progresistas ha sido éste: la devoción está más arraigada que la razón raciocinante. Para llegar a propagarse entre el pueblo, las nuevas doctrinas políticas tienen que soslayar las imágenes santas y disfrazarse de evangelismo redivivo. No otra cosa es la "teología de la liberación", cuya realización concreta es la vida comunitaria al estilo de las primitivas comunidades de los tiempos evangélicos.

La "liberación", según el esquema marxista de la lucha de clases, pone fin a la opresión económica, es la liberación del proletariado respecto al poder de la clase burguesa. Pero no es cierto que la mayoría de los indios rurales tengan conciencia de clase, y este desajuste con la teoría complica la tarea del líder revolucionario formado en las aulas del Partido. El indio andino y el mestizo sí tienen conciencia de raza, de identidad étnica o, dicho con otras palabras, tienen auténtica conciencia histórica. Esta conciencia histórica es la de una historia muy distinta de la que dio origen a la teoría de Marx, es una historia que ya movió el brazo de Túpac Amaru; esta secular conciencia histórica es la que todavía hoy puede impulsar al indio andino, antes que la lucha de clases. La conciencia del pueblo está preñada del mensaje cristiano de la salvación y la liberación apetecible, es el acceso instantáneo y la gloria. Y para realizar esta proeza utópica no bastan sindicatos, hace falta un mesías; entre los hombres, sólo el regreso de un enviado de Dios puede operar un trastorno social completo, a favor de los desheredados hijos de la Virgencita, su Santa Madre. Tanto el estudio de las guerras de Independencia de América Latina en el siglo XIX como el de los movimientos revolucionarios de este siglo corroboran esta interpretación.

De muy distinta índole han sido las utopías inspiradas en América Latina por doctrinas socialistas que se suelen calificar de "utópicas". Si bien el carácter realmente utópico de las mismas no es dudoso, descartamos la oposición clásica entre socialismo utópico y socialismo "científico". Tanto el socialismo que convendría calificar de "cientificista" —en vez de científico— como las doctrinas anteriores a la de Marx y Engels tienen en común la aspiración claramente utópica a la sociedad justa o, dicho en términos propios de la escatología cristiana, al "reino de la justicia", esto es, la "era milenaria". "Utópico" no es calificativo despectivo más que en la mente de hombres desprovistos de esperanza humana. Desde Platón hasta Marx, la aspiración utópica, si bien en casos ha acarreado la restauración del Leviatán, ha sido uno de los más potentes resortes de la evolución (y revolución) de las sociedades humanas. Entre los filósofos y economistas del siglo XIX, tanto Saint-Simon como Auguste Comte han sido los precursores inmediatos de Fourier, Marx y Proudhon. La confluencia de la escatología cristiana, a través de Tomás Moro y Campanella, el igualitarismo de Babeuf y el mito de la era positiva, ha engendrado las modernas doctrinas socialistas. En América Latina, Vasco de Quiroga, obispo de Michoacán, en el siglo XVI había intentado realizar en su diócesis el sueño de Moro; y también en México, en el XIX se creó un falansterio furierista, que ha estudiado

Silvio Zavala. En el siglo pasado, en el sur del Brasil fue famosa la secta germánica y protestante de Santa Cecilia. En suma, menudean estos casos.

Para atenernos sólo al presente siglo, vemos que tanto los cristeros mexicanos (reputados reaccionarios rurales) como los partidarios de Emiliano Zapata (precursores de posteriores guerrillas revolucionarias) enarbolaron la bandera de Cristo Rey, los primeros, y la de la Virgen de Guadalupe, los últimos. De hecho, se sabe que los zapatistas pedían la devolución de las tierras que sus antepasados indios habían poseído, y en este sentido eran históricamente "reaccionarios". En el Nordeste del Brasil, el líder agrario Francisco Julião suscitó levantamientos de campesinos con arengas en las que parafraseaba el Nuevo Testamento. El movimiento cristero —estudiado por varios historiadores, mexicanos y franceses— tomó el cariz de una cruzada al estilo medieval europeo. Y no creo que los "rebeldes primitivos" —en el sentido en que se habla de primitivos en la historia de la pintura— estudiados por Hobsbawm, sean una forma simplemente arcaica, imagen todavía imperfecta de los revolucionarios modernos. No pretendo negar el significado de revuelta social, contra la opresión económica, que aparece a todas luces en las *jacqueries* del medievo europeo; pero sí me inclino a pensar que el ingrediente religioso-mesiánico es importante, y todavía hoy, donde falta suele fallar el impulso inicial. Detrás del actual guerrillero latinoamericano se perfila el anarquista andaluz de principios de siglo, milenarista como él. Donde han triunfado "revoluciones" en las sociedades modernas (por revolución se debe entender todo trastorno social que acompaña la toma violenta del poder político) los líderes se han aparecido al pueblo como salvadores: Mussolini en Europa igual que Fidel Castro en América.

En América Latina, cada dictador tradicional y patriarcal ha tratado de dárselas de mesías y demiurgo. Trujillo hizo llover en época de sequía, viajó a España en barco para corresponder la visita a Santo Domingo del almirante Cristóbal Colón, dióle su propio apellido a la capital de la isla, coronó a su hija "reina de la patria", etc. En la megalomanía patológica de ese personaje se revela lo que en otros no llegó a tales extremos, pero que era latente en los Batista, Somoza, Perón, y lo es en algunos más que, como Stroessner, siguen en el poder. Esta actitud no tiene que ver con la ideología o, lo que es también frecuente, la falta de la misma en los dictadores. Se trata de una complicidad entre el jefe y el pueblo que, por decirlo así, exige las señales de lo sobrehumano en su líder. Y lo que vale para el dictador, generalmente conservador de intereses creados, vale igual para el líder revolucionario, cuyo papel es destruir el orden establecido. Entre muchos, el ejemplo del *Che* Guevara está bien claro: primero se habló de su misteriosa desaparición de Cuba, luego se le esperaba por todas partes en los *maquis* de América Latina, y se le llegó a ver donde no se encontraba; una vez muerto por militares bolivianos, la opinión popular negó la evidencia de su muerte, y en una fase posterior, ya indudable su muerte, empezó a crecer la leyenda de su retorno glorioso. Andará muchos años errando por sierras y barrancos, igual que el caballo roano de Zapata, la sombra del que llegó a simbolizar la revolución cubana en lo que tuvo de juvenil y romántico.

Cuando el mesías se convierte en mártir, crece enormemente su eficacia revolucionaria, y no importa que sea militante de una filosofía materialista si aparece como paladín de la liberación de pueblos oprimidos. Bien se nota en esta circunstancia que las creencias y la fe, importan más que las ideas y las doctrinas, antes que la ideología está la religión. En el caso del colombiano Camilo Torres, cura párroco que se convirtió en jefe de guerrilla, el entronque entre espiritualidad cristiana y acción revolucionaria es obvio. Cristo vino a socorrer a los pobres y a los esclavos, vivió con ellos y fue crucificado entre ellos, les prometió la salvación. Camilo interpretó el mensaje evangélico "al pie de la letra", si puede decirse así, y sin esperar el "siglo", la era milenaria, agarró un fusil para salvar a sus parroquianos del hambre y la opresión. No lo detuvo, en su generoso impulso, la consideración de que el cristianismo es una religión de paz. La violencia de la opresión le pareció lo suficientemente intolerable para justificar la violencia de la acción salvadora. Basta leer los escritos suyos —reunidos y publicados en un extenso volumen— para darse cuenta de que el sincretismo de la revelación evangélica y los esquemas de la sociología marxista se habían realizado en su mente y pluma. Además, después de morir como mártir de la causa revolucionaria, Camilo Torres se fue convirtiendo en un santo popular. Todos los clichés de la canonización espontánea, bien conocidos y descritos por los bolandistas, se repiten en este caso: incluso hay tráfico de reliquias prodigiosas de Camilo —objetos que presuntamente le pertenecieron—, leyendas de su supervivencia y supuesta reaparición en determinados sitios o circunstancias, y sobre todo esperanza de su próximo y vencedor retorno. Ejemplos como éstos —escogidos por su importancia en la América Latina del último cuarto de siglo y a los que sería fácil agregar otros, tomados de muchos países latinoamericanos— son la prueba palmaria de la permanencia de los esquemas espirituales judeo-cristianos en la conciencia popular de América Latina. No pretendemos que éste sea el único principio de la vida política en América Latina ni, menos todavía, que estos rasgos de mentalidad tengan vigencia intemporal y eterna; al contrario, son fruto de la evangelización y del papel del clero en la enseñanza y en la sociedad desde hace casi medio milenio. No obstante, donde esto ha cambiado radicalmente, como en Cuba, no se ha borrado —y no parece que se vaya a borrar pronto— la huella de la cultura judeo-cristiana en las conciencias.

Aunque siempre resulta azaroso pretender dar razón de fenómenos que afectan a la gran desconocida que los sociólogos durkheimianos han dado en llamar "la conciencia colectiva", muchos lo han intentado. Entre ellos descuellan por la profundidad de su reflexión el romano Vittorio Lanternari y la brasileña María Isaura Pereira de Queiroz. Sus libros son lo bastante conocidos para ahorrarnos resumirlos en el corto espacio que nos queda para tratar de ahondar en el tema. Se comprende que la cuestión palpitante del nexo entre los movimientos mesiánicos y los movimientos revolucionarios haya preocupado a muchos investigadores, y también a revolucionarios. De los especialistas de la "praxis" revolucionaria no nos toca hablar; ya lo hemos dicho, "doctores tiene la Iglesia" y los tiene también la iglesia marxista-leninista. Entre los antropólogos que han traído alguna luz en esta maraña, cabe mencionar a Wilhelm Mühlmann y Alfred Métraux. Todos han coincidido en considerar que surgen mesías y cruzadas en sociedades amenazadas, o desequilibradas por causas internas o externas. Este esquema se aplica lo mismo a sociedades indígenas que han conservado su politeísmo tradicional —como los tupí-guaraníes estudiados por Métraux— que a sociedades mestizas —las culturas de los caboclos brasileños estudiados por M. I. Pereira de Queiroz. Dicho en forma más explícita, en un grupo étnico o nacional surge un mesías cuando toda solución racional a las dificultades del momento parece inalcanzable. Exaltar una figura de salvador y dotarla mágicamente de poderes carismáticos es otra forma de encomendarse a Dios. En el Brasil, el ejemplo del padre Cicero (al que unos sociólogos de la Universidad de São Paulo han dedicado un película y Ralph della Cava un libro) quizá sea uno de los más destacados, por la extensión geográfica, la duración y la intensidad de la devoción. Sobre el otro aspecto de la cuestión, el de la relación entre mesianismo y revolución, hay opuestos puntos de vista. Unos pretenden que el éxito de esos mesías, como el aludido padre Cicero, se debe a la imposibilidad concreta de una revolución social, por la desigualdad de fuerzas, e interpretan el movimiento mesiánico como una compensación onírica a la impotencia práctica, una fuga hacia la religión para olvidar la inasequible revolución. Otros, al contrario, opinan que el movimiento mesiánico es un movimiento revolucionario espontáneo, al que le falta la suficiente conciencia revolucionaria. En este último caso se acudiría a la expresión religiosa del afán de liberación, sólo por falta de ideología social y política adecuada. Se entiende que, a consecuencia de estos opuestos análisis, ciertos ideólogos revolucionarios combatirán a los movimientos mesiánico-religiosos como a su más inmediato y peligroso competidor, mientras que otros tratarán de "concientizarlos" y utilizarlos para sus propios fines.

Este enfoque del problema mesiánico, como se ve, rebasa tanto los límites de América Latina como la era de extensión del judeo-cristianismo. Mühlmann, singularmente, saca varios ejemplos significativos de los llamados movimientos "nativistas" de África y Oceanía. El hecho de que en esta última región se haya llegado a venerar a un Cristo negro no es fundamentalmente distinto de los casos de la Virgen María "morena" o "india" que se venera en tantos santuarios de América Latina bajo distintos nombres. Es una constante en la expansión del cristianismo, desde los tiempos evangélicos, el que los santos y los santuarios se vuelvan autóctonos. Y a pesar del dicho popular "nadie es profeta en su tierra", tenemos a la vista muchos ejemplos de profetas y mesías regionalistas, que menudean en la historia de América Latina. Por lo general, no se puede pretender que estos fenómenos de conciencia religiosa, o su expresión en movimientos mesiánicos, sean totalmente distintos en América Latina de lo que son en otros territorios. Pero llama la atención que la "densidad mesiánica" —por decirlo así— sea mayor en las sociedades impregnadas por la tradición judeo-cristiana y por la islámica. Y por otra parte, en nuestro siglo se observa que los movimientos mesiánicos aparecen con mayor frecuencia en regiones que siguen en estado de dependencia neocolonial (Tercer Mundo) o de colonialismo interno (Mezzogiorno italiano). De manera que, sin pretender formular una ley universalmente válida, nos inclinamos a ver una relación entre algunos fenómenos de distinta índole: determinada tradición cultural de un lado y cierta estructura político-económica de otro. La conjunción entre una religión mesiánica —cristianismo o islamismo, derivados ambos del mesianismo judaico— y un desequilibrio socioeconómico en la sociedad —asociado a una situación neocolonial en la mayoría de los casos— favorece la aparición de mesías político-religiosos y el surgimiento de cruzadas nacional-religiosas. Donde falta el sustrato religioso, parece que no se producen tales movimientos. Pero donde falta la situación neocolonial, sí pueden producirse. Es notable que en las sociedades no dependientes y superdesarrolladas, desde el punto de vista de la producción de bienes de consumo, sólo aparecen movimientos de tipo mesiánico-carismático en épocas de crisis graves que arruinan la organización social preexistente, como ocurrió en Alemania después de 1918.

Si bien la situación social crítica del gupo étnico, o de la nación, es la que apela al mesías salvador, ello no resulta condición suficiente. E insistimos en este punto porque se trata nada menos que de ponerle coto al determinismo sociológico, o económico, imperante en las ciencias sociales creadas por europeos y norteamericanos. La herencia cultural, y en este caso religiosa, es condición necesaria. Y a pesar de lo que advertimos respecto del islamismo y el judeocristianismo, es de notar que en la India los movimientos mesiánicos se dan con más frecuencia entre los adeptos del hinduismo que entre los musulmanes. Esto se debe al hecho de que el Islam oriental (turco-mongólico) controla más estrictamente la fe religiosa que el Islam occidental, propiciando en el Maghreb la proliferación profético-mesiánica conocida con los nombres de marabutismo en el África blanca y mahdíes en el África negra. Si extendemos la observación a sociedades del Occidente cristiano, llegamos a la mística. Donde hay tradición mística dentro del seno de la Iglesia, la desviación mesiánica —con los modernos avatares políticos que implica— parecerá menos frecuente. Por lo cual llegaremos a suponer que cierta anarquía en la imaginación religiosa, así como el relajamiento de la regla por parte del clero, son las condiciones más propicias a la aparición de movimientos mesiánicos. ¿Y quién negará que ambas condiciones siguen reunidas en las sociedades latinoamericanas? O sea, diríamos que dos factores aparentemente contradictorios: la influencia del clero de un lado y la libertad de las creencias de otro, son la "circunstancia" óptima para el surgimiento de neomesías (o seudomesías) en las sociedades latinoamericanas.

La consideración de lo ocurrido en los siglos coloniales, bajo el imperio de la Inquisición, invita a más reflexiones. A partir de fines del siglo XVI se decidió que los indios escaparían del rigor del Santo Oficio, y entre ellos menudeaban los pequeños mesías sincréticos: medio profetas del politeísmo ancestral (dogmatizadores) y medio remedos de santos católicos. Por otra parte, entre las filas del clero criollo surgieron monjes iluminados, perseguidos formalmente por la Inquisición; muchos de ellos eran activistas políticos, antiespañoles o separatistas antimonárquicos, y apelaban al numen divino para librar a la patria americana de la tutela metropolitana. No entramos en detalles porque ya hemos tocado este punto en otro libro nuestro.

De momento sólo queremos llamar la atención sobre la relación, ya en el siglo XVI, entre el espíritu de novedades (heterodoxia religiosa) y la preocupación (disconformidad política), según se mentaban en la jerga de los inquisidores; inspiración religiosa iluminada era la que respaldaba la reivindicación social o étnica y la protesta política en aquellos siglos, llamados oscurantistas por los historiadores liberales del siglo XIX, epígonos de los ilustrados del XVIII.

Así se ve a las claras que el retorno al estudio de fenómenos mesiánicos del pasado, para entender mejor los del tiempo presente, no es ociosa empresa. La evolución de los movimientos mesiánicos "de infidencia" llegó al clímax en el momento de las guerras de Independencia. Ya hemos apuntado que los primeros conjurados mexicanos se llamaron a sí mismos "los Guadalupes", tomando por emblema a la Virgen del Tepeyac, antes de que el cura Hidalgo enarbolara la bandera en el pueblo de Dolores. Tocaría a otro sacerdote: Morelos, cura párroco de la zona rural, ser el mesías libertador de México y el mártir de la causa patria. Morelos reunió en su personalidad y actuación los rasgos conjuntos de mesías tradicional de la época colonial y de líder revolucionario de la América Latina posterior a la emancipación. En aquella figura, que simbólicamente se reproduce hoy día en las monedas mexicanas, se cifra toda la complejidad y ambigüedad de los movimientos mesiánicos latinoamericanos. Pero más allá de las ambigüedades aparece con destello resplandeciente el perfil de aquel jefe carismático de la cruzada en que se ha llegado a expresar con mayor fuerza la circunstancia patria. Alma del alma del pueblo, es decir, viva encarnación de sus aspiraciones, así aparece el libertador Morelos. De esta misma casta han sido Emiliano Zapata, Camilo Torres y el *Che* Guevara. No así el gran Bolívar, ni Hidalgo, ni Belgrano, hombres cultos nutridos de filosofía inglesa y francesa, sin duda jefes inspirados y de altas miras, pero hijos de la burguesía criolla urbana, en ningún caso emanación del pueblo rural de fe sencilla y ciega confianza. El mesianismo requiere ante todo un acto de fe, fe en el destino del pueblo, en la protección divina y en el carisma del caudillo. Estos tres aspectos complementarios varían en intensidad relativa, según los tiempos, los pueblos y los héroes. Sería atrevido pretender sistematizarlo en exceso, pero razonablemente se puede suponer que, andando el tiempo, el papel de la protección divina viene a menos y el del líder va creciendo. En los siglos pasados, el jefe era el portavoz y el brazo de la supuesta voluntad divina; hoy día, el líder es el instrumento de la voluntad popular, pero al mismo tiempo, y aquí está su carisma, el que forja la voluntad común del pueblo y la "santifica" en la lucha revolucionaria.

Los movimientos mesiánicos no son sino un aspecto, sin duda más espectacular que otros, de un conjunto de fenómenos que afectan a las mentalidades de los países que han sido dependencias coloniales de las potencias europeas en un pasado más o menos reciente. Se trata de la reivindicación y afirmación de la identidad nacional, la cual supone la superación de una contradicción histórica. Las nuevas naciones pretenden borrar la huella infamante del nexo colonial, pero lo hacen acudiendo a los principios liberales, nacionalistas y progresistas que han aprendido de la nación colonizadora. La añorada identidad cultural y étnica busca sus raíces en la realidad, históricamente anterior a la conquista y colonización por europeos. El movimiento indigenista, que ha cundido por casi toda América Latina —con la explicable excepción del Uruguay y la Argentina— en los años treinta de este siglo, es perfecta ilustración de esta contradicción. En vez del restablecido Imperio del joven abuelo Cuauhtémoc, con la restauración del culto a "Quetzalcóatl-Santa Claus" soñado un día por un miembro del PRI, México se ha convertido en la tierra de elección de la especulación inmobiliaria y la inflación fraseológica. Quitando la notable y trágica excepción del lamentado escritor peruano José María Arguedas, ¿quién ha llegado a expresar la cultura y mentalidad del indio americano de hoy? Ni siquiera Miguel Ángel Asturias, cuya obra —genial desde el punto de vista literario— es justamente la más acabada forma de la mitificación del indio (me entran dudas respecto a una sola novela suya: *Hombres de maíz*). Ensayistas como Ezequiel Martínez Estrada en la Argentina, Gilberto Freyre en el Brasil, Octavio Paz en México, y otros, en lo que va del siglo han intentado desenmarañar la enredada realidad de sus respectivas naciones. Pero las lucubraciones de la intelectualidad, por brillantes que sean, no llegan al pueblo. Los pueblos no saben expresarse más que en su folklore y en sus rebeliones. La memoria colectiva ha conservado, en las danzas rituales, los cantos ceremoniales y las modestas producciones de la artesanía, una visión legendaria del pasado nacional o étnico, y es capaz de seguirla creando. Los movimientos mesiánicos representan la salida repentina, explosiva, de la conciencia histórica popular al campo de la política. No les puede poner trabas ninguna aporía filosófica, porque son la vida misma del pueblo, su vitalidad inquebrantable, amasada de héroes anónimos, muertos a lo largo de los siglos. El éxodo rural hacia las ciudades es la última página de esta epopeya del hambre y el dolor.

Merece la pena, sin duda alguna, ir cuestionando la compleja realidad mental de los intelectuales de la América Latina moderna, en especial los llamados indigenistas. El pasado indígena ha sido exaltado por ellos como el rasgo distintivo con relación al mundo europeo occidental. Pero, al mismo tiempo, ambicionaban para sus respectivas patrias todas las formas de progreso : legislativo, técnico, económico y social, que las igualara a las antiguas metrópolis europeas o a la nueva potencia hegemónica del Continente americano : los Estados Unidos. Esta tensión, entre la visión arcaizante del pasado nacional y la aspiración modernista, tenía que traer una reinterpretación del pasado capaz de justificar la orientación del tiempo presente hacia un futuro que, de hecho, le da las espaldas al pasado indígena. Esta alquimia mental de escritores y filósofos no se debe considerar intrascendente porque, a través de novelas, discursos y hasta libros escolares, ha cundido por la clase media —hasta la clase media baja— e incluso ha surtido algún efecto político. Pero el hecho es que hasta hoy día no se ha registrado ninguna rebelión —al menos según nuestro conocimiento— que haya enarbolado el tocado de plumas de quetzal de Cuauhtémoc ni la efigie del indio peruano Túpac Amaru (si bien hubo explícita referencia a este último por parte de los tupamaros, fue en el Uruguay y no en el Perú). Las aspiraciones del indio andino lo llevan a edificar escuelas de primera enseñanza y a apoderarse del solar de los hacendados, no a cambiar modernos tiranos —caciques y gamonales— por antiguos tiranos como lo fueron los incas, los tlatoanis aztecas y otros. Por eso, el entronque de la ideología —sea indigenista, marxista-leninista u otra— con la fe del pueblo es difícil de realizar no obstante los esfuerzos de ideólogos peritos en la violación de la conciencia colectiva. Será que la conciencia popular latinoamericana tiene todavía otros modelos, distintos resortes que si bien la hacen relativamente accesible a los *slogans* elaborados en otro contexto cultural, también la hacen altamente acogedora al mensaje del mesías que sepa captar su confianza. Donde hubo líder carismático —como en el caso de Eva Perón en la Argentina y en el de Fidel Castro en Cuba— el movimiento popular tuvo ambiente de epifanía revolucionaria. Y donde no lo hubo —Pérez Jiménez en Venezuela, Pinochet en Chile— sólo se realizaron golpes militares represivos de los movimientos populares, y nació un nuevo tipo de dictadores. Por lo común, el hombre hispánico —en la medida prudente en que esta entidad tenga algún significado, es decir, al nivel del comportamiento político— se levanta por su fe religiosa o porque se ha herido su sensibilidad, no por un principio. Ante todo, los pueblos latinoamericanos no se guían por una doctrina —que les tiene sin cuidado—, se dejan fascinar por un "caudillo-mesías". La realidad latinoamericana simboliza la antítesis de la teoría que elaboró Lukács respecto del "héroe colectivo"; el radical personalismo hispánico es causa de que la conciencia y la proeza colectivas sólo llegan a cuajar donde hay un héroe individual que las despierte y las sepa encabezar y cifrar en su inspirada personalidad.

Muchos serán todavía los movimientos mesiánicos que en años futuros agitarán al Continente; y no se crea que esta profecía sea arriesgada o pesimista, pues la inspira y conforta tanto la consideración del lejano pasado como la del pasado más reciente. Antes bien, la cuestión candente es la siguiente: ¿la nueva ideología va a suplantar a la antigua religión? El cristianismo en su milenaria existencia se ha tragado al idealismo platónico y al inmanentismo aristotélico, a la revolución cartesiana y a la corpenicana, al modernismo del siglo pasado y al progresismo de los sacerdotes-obreros del xx. ¿Sabrá defenderse también contra el materialismo marxista-leninista, doctrina joven en comparación, pero ya rancia como se ve por los frutos de su intolerancia? La pelota todavía anda en el tejado...

Si bien nadie le ha visto la cara al futuro, es cierto que no se le puede vedar el paso. A la corta o a la larga, por vía de evolución o revolución, tiene que triunfar el cambio. Con el tiempo, pero sólo con mucho tiempo, tras varias generaciones de hombres, América Latina llegará a sanar de su *overdose* (en acertada expresión de Albert Hirschman) de carismas religioso-políticos. Pero ¿quién va a guiar a América Latina por la senda resbaladiza de su destino?; ¿quién va a llegar a superar el cortocircuito actual?; ¿la clase militar o la casta de los licenciados?; ¿la Iglesia o el Partido? En todo caso, nuevos líderes carismáticos harán su papel y tendrán su hora, como la han tenido en anteriores decenios Getulio Vargas y Juan Perón, Lázaro Cárdenas y Fidel Castro. La historia no se repite, es cierto, pero el pasado tampoco se borra en un día, ni en cien años. Cambia la cantidad de riquezas y, aunque en menor proporción, cambia su reparto entre los distintos grupos de ciudadanos. Pero ¿hasta qué punto son ciudadanos todos? También cambia la proporción de ciudadanos y tiende a progresar. Cambia la percepción y apreciación de unos grupos sociales por otros. Se adapta al cambio el mensaje cristiano, pero sigue siendo esencialmente idéntico. Cambia la táctica revolucionaria, pero no ha cambiado la fe en la Revolución, y queda estereotipada la ideología en su fraseología. La rigidez de las ideologías, la inercia de las mentalidades y la escasa movilidad social pesan más en el día de hoy que el incremento masivo de las inversiones.

The Institute for Advanced Study
Diciembre de 1980

I. EL MESÍAS EN EL MUNDO IBÉRICO: DE RAMÓN LLULL A LACUNZA

> Los hechos históricos son, por su esencia, hechos psicológicos.
>
> MARC BLOCH

EN LA judería de Sevilla, actual barrio de Santa Cruz, el pueblo creía ingenuamente que el Mesías judaico había tomado la forma de un pez que evolucionaba en las aguas del Guadalquivir para librarse de las persecuciones del inquisidor;[1] pues bien, esta parábola expresa perfectamente la situación del historiador ante un Mesías que permanece inaprensible. Las manifestaciones mesiánicas en el mundo ibérico han sido casi innumerables en los siglos pasados, y la exigencia previa de precisar de qué Mesías se va a hablar es la primera dificultad. Lo hemos puesto con mayúscula y en singular, ortografía que de ordinario se reserva al Mesías judeo-cristiano, para oponerlo a los "pequeños mesías" de las religiones politeístas.[2] Por sumaria que sea semejante distinción (que ya hemos analizado en otra parte),[3] la aceptaremos, pues provisionalmente nos es cómoda. Puede verse, al punto, que el Mesías por excelencia está aún lleno de ambigüedad, si no de pluralidad; esta ambigüedad es el centro de la cuestión que nos ocupa. Judaísmo y cristianismo, injertados en un mismo tronco, quedan separados por la diversidad de sus Mesías respectivos. El esfuerzo exegético para resolver esta divergencia se confunde en gran parte con la historia de la espiritualidad hispánica, desde el tratado *De adventu Messiae*, de Ramón Llull [o Raimundo Lulio],[4] hasta *La venida del Mesías en gloria y majestad*,[5] de Manuel

[1] Fray Francisco de Torrejoncillo, *Centinela contra judíos, puesta en la torre de la Iglesia de Dios*, Pamplona, 1720, p. 103 (edición original, 1674).

[2] Maria Isaura Pereira de Queiroz, *O messianismo no Brasil e no mundo*, São Paulo, 1965.

[3] Jacques Lafaye, "Note brève sur le messianisme", *Tilas VII, Bulletin de la Faculté des Lettres de Strasbourg*, mayo-junio de 1967.

[4] R. Llull, *De adventu Messiae, Estudis Universitaris Catalans*, enero-junio de 1929, y *Liber praedicationis contra judeos (1305)*, ed. Millás y Vallicrosa, Madrid-Barcelona, 1957.

[5] Manuel Lacunza, *La venida del Mesías en gloria y majestad*. Observaciones de Juan Josaphat Ben Ezra, hebreo-cristiano, dirigidas al sacerdote Crisófilo, Londres, 1826, 3 ts. (edición príncipe, Cádiz, 1812).

Lacunza, a fines del siglo XVIII. En realidad, desde el siglo VII, San Isidoro de Sevilla, San Ildefonso y San Julián de Toledo (judío converso) se habían esforzado por persuadir a los judaizantes a reconocer en Jesucristo al Mesías anunciado por los profetas del Antiguo Testamento.[6] Entre las voces judaicas que se elevaron a favor de la tradición, citemos la de Jacob ben Ruben, autor del *Sefer*, y, del siglo XII, la de Yĕhudá ha-Leví, uno de los primeros sionistas.[7] Las controversias entre judíos y cristianos llenaron con su estruendo a la península ibérica, en los siglos XII y XIII, como habían de hacerlo después las querellas de los teólogos católicos sobre la gracia y el libre albedrío. La famosa asamblea convocada en Tortosa por el papa Benedicto XIII, en la que los rabinos de la corona de Aragón se opusieron a una cohorte de los teólogos más prestigiosos de la Iglesia, marcó el tardío apogeo de tales confrontaciones.[8]

El siglo XV, que había comenzado con las justas oratorias de Tortosa (1413), iba a terminar con la expulsión o la conversión forzosa de los israelitas (1492). La acusación de "Mesías-cidio" (se decía "deicidio") hecha contra el pueblo judío era la justificación última tanto del antisemitismo popular como de las persecuciones inquisitoriales.[9] En el siglo siguiente, el Mesías ocupará en los espíritus un lugar aún mayor; a este propósito, recordemos tan sólo el apogeo del sebastianismo portugués[10] y la influencia de la doctrina milenarista de Joaquín Flora sobre los evangelizadores de América.[11] Los nombres del jesuita Antonio Vieira y del franciscano Jerónimo de Mendieta,[12] el primero en Brasil y el segundo en México, ilustran dos grandes momentos del mesianismo judeo-cristiano confrontado a una gran aventura espiritual: el descubrimiento de los indios de América.[13] La preocupación escatológica, permanente en la cristiandad ibérica desde sus orígenes, ocupó el primer lugar entre las in-

[6] Francisco Cantera Burgos, *El tratado "Contra caecitatem Iudaeorum" de fray Bernardo Oliver*, Madrid-Barcelona, 1965, Introducción, pp. 25 y 38.

[7] F. Cantera Burgos, *op. cit.*, p. 26. José María Millás y Vallicrosa, *Yĕhudá ha-Leví, como poeta y apologista*, Madrid-Barcelona, 1947, pp. 186 y 191.

[8] *La disputa de Tortosa (1413)*, por Antonio Pacios López, M. S. C., Madrid-Barcelona, 1957, pp. 67 y 68.

[9] Torrejoncillo, *op. cit.*, cap. XIII.

[10] Raymond Cantel, *Prophétisme et messianisme dans l'œuvre d'Antonio Vieira*, París, 1960.

[11] Marcel Bataillon, "Nouveau Monde et Fin du Monde", *L'Éducation nationale*, núm. 32, París, 1952.

[12] John Leddy Phelan, *The Millennial Kingdom of the Franciscans in the New World*, 2ª ed. rev., Berkeley-Los Angeles, 1970.

[13] Marcel Bataillon, *Les Indes Occidentales, découverte d'un monde humain. Actes du colloque: La découverte de l'Amérique*, Tours, 1966; París, 1916.

quietudes espirituales de los siglos xv al xvii, como lo muestra la
renovación del quiliasmo [milenarismo] durante este periodo. Joaquinismo y sebastianismo imprimieron una marca duradera sobre
España y Portugal, en el momento en que estos países, cada uno por
su parte, se desviaban de la línea de evolución de las naciones dominantes de la Europa moderna. Diferentes movimientos mesiánicos,
que nacieron en los mismos años, o un poco después, en las sociedades criollas de América, brotaron directamente de los precedentes
peninsulares (lo que no empaña en nada su originalidad); por ejemplo: la tentativa, sofocada por la Inquisición de Lima, de un tal fray
Francisco de la Cruz a finales del siglo xvi [14] y el guadalupanismo
mexicano que, al abrigo de una ortodoxia complaciente, tuvo su mayor florecimiento en el siglo xviii.[15] Una de las expresiones más
tardías de la esfera mesiánica, con espíritu de una reconciliación
entre judíos y cristianos, queda representada en la obra de Lacunza, ya mencionada. El origen y la vida de Lacunza lo destinaron más
que a nadie, sin duda, para desempeñar ese papel. Nacido en Chile,
de padre navarro, él mismo se creía descendiente de judíos conversos, y escogió como seudónimo el nombre de un rabino célebre:
Josafat Ben Ezra. Ingresó muy joven en la Compañía de Jesús, y
tuvo que refugiarse en Italia, como los demás jesuitas de las Indias
Occidentales, cuando en 1767 la Compañía fue expulsada de los reinos de la corona de España.[16] Manuel Lacunza dedicó su tratado
"al Mesías Jesucristo, hijo de Dios, hijo de la Santísima Virgen
María, hijo de David, hijo de Abraham",[17] indicando así, bastante
claramente, su intención de rehacer la unidad espiritual entre judíos
y cristianos, gracias a la identificación del Mesías cristiano con el
Mesías judaico. Este último debía venir a realizar las Profecías, libe-
rando al pueblo de Israel, cuya restauración quedaría consagrada
por la reconstrucción del Templo.[18] Aunque el esfuerzo exegético de
Lacunza terminó en el intento de remendar una túnica desgarrada
para siempre, debe reconocerse que sus manuscritos adulterados se
difundieron como reguero de pólvora y que conquistó numerosos
adeptos.

Si el franciscano Buenaventura Bestard encontró allí oportuni-

[14] Marcel Bataillon, "La herejía de fray Francisco de la Cruz y la reacción
antilascasiana", *Études sur Bartolomé de las Casas*, París, 1966.
[15] Francisco de la Maza, *El guadalupanismo mexicano*, México, 1953.
[16] A. F. Vaucher, *Une célébrité oubliée, le P. Manuel de Lacunza y Díaz
(1731-1801)*, impr. Fides, Collonges sous Salève, 1941, pp. 27-34.
[17] Lacunza, *op. cit.*, página del título.
[18] *Ibid.*, t. II, § 27, p. 307.

dad para escribir una voluminosa refutación,[19] editada por suscripción, y cuyo poco éxito fue reconocido por su propio autor, en cambio el libro de Lacunza, antes y después de ser inscrito en el Índice romano, fue un buen negocio de librería. No es de sorprender que haya sido publicado por primera vez en Cádiz en 1812 y después, sobre todo, en Londres en 1826; estas dos ediciones son en lengua española; además, *La venida del Mesías*... fue traducida al latín, al italiano, etc. Sin embargo, sólo en las posesiones españolas del Nuevo Mundo tuvo la obra repercusión inmediata e influencia duradera, habiendo llegado a suscitar controversias incluso en pleno siglo xx.[20]

Si los pocos datos anteriores se consideran suficientes para reconocer al Mesías una importancia particular en la historia de las sociedades ibéricas e iberoamericanas, también se reconocerá indudablemente que el estudio de los fenómenos mesiánicos puede ser revelador de un pasado lejano o reciente, de apariencia a menudo caótica. El milenarismo y otras formas de la espera mesiánica no han sido, ciertamente, privilegio exclusivo de los países hispánicos, pues se les ha podido observar en otras partes, tanto en el Viejo como en el Nuevo Mundo,[21] pero podemos afirmar que en ninguna otra región de Europa o de América han tenido una influencia tan profunda y tan prolongada. Si cabe hacer una excepción, sería tocante a Rusia; es notable que en este país las comunidades judías hayan sido numerosas y hayan estado en íntimo y permanente contacto con el Islam, como en la península ibérica. En un lenguaje histórico que ha contribuido a falsear el conocimiento del pasado, poco más o menos se hubiese dicho esto: "Los países *atrasados* del mundo hispánico se caracterizan por *residuos* mesiánicos." Es indudable que toda sociedad, hasta las más *avanzadas* de nuestra época de evolución acelerada, presenta una impresionante mayoría de rasgos arcaicos, incluso regresivos. Si, en el caso presente, se renuncia a la facilidad neoescolástica de explicar la involución histórica de la mayoría de las naciones ibéricas por el efecto de *residuos* mesiánicos, o, a la inversa, de explicar una espiritualidad *anacrónica* por una economía *atrasada*, nos encontramos en presencia de una gran cuestión histórica. El *fanatismo* español es un "problema" tan "mal plan-

---

[19] Fray Juan Buenaventura Bestard, *Observaciones que* [...] *presenta al público, para precaverle de la seducción que pudiera ocasionarle la obra intitulada La venida del Mesías en gloria y majestad, de Juan Josaphat Benezra,* Madrid, 1824, t. I, p. 329.

[20] Vaucher, *op. cit.*, pp. 100-132.

[21] Norman Cohn, *The Pursuit of the Millennium, Revolutionary messianism in Medieval and Reformation Europe,* Nueva York, 1957.

teado" como lo era, antes de Lucien Febvre, el de la incredulidad en el siglo xvi; ahora bien, este aspecto del pasado (y del presente) ibérico se debe en mucho al Mesías, es inseparable de la espera ansiosa y de la certidumbre profética.

Así pues, nos parece indispensable remontarnos a la fuente (una fuente que, siendo la Escritura, no ha dejado de estar presente en los espíritus del pasado hispánico) y recordar que el primitivo Mesías judaico apareció como esperanza de salvación para la monarquía davídica en decadencia y para el pueblo de Israel durante el exilio. En virtud de la alianza divina, Yahvé debía eternizar la dinastía, favoreciendo el advenimiento de un príncipe del linaje del rey David; por ello, al Mesías esperado se le llamó "hijo (o retoño) de David". Este Mesías vendría a confirmar la elección del pueblo de Israel; pero tuvo un rápido declinar, en beneficio de un Mesías levítico, y sólo renacería mucho después, bajo el impulso de los "sectarios", si hemos de creer a un eminente especialista.[22] Estas circunstancias, por lo demás bien conocidas, no merecerían ser mencionadas si no mostraran que, desde el Proto-Isaías, la imagen del Mesías ha sido ambigua y heterogénea. Subsiste el hecho de que la espera mesiánica respondía a la esperanza de salvación de un pueblo oprimido y a un designio político de salvación dinástica.[23] Luego llegó Jesucristo, pero a los ojos de los levitas y del pueblo judío pasó por un impostor; no fue reconocido como el Mesías davídico. En el pasado de la península ibérica, donde hasta finales del siglo xv vivieron comunidades judías y donde fueron descubiertos judaizantes en el seno mismo de las grandes órdenes religiosas,[24] el Antiguo Testamento, historia del pueblo de Israel (por lo demás, incorporado a la tradición cristiana) tuvo el valor de un *exemplum*.[25] Es un rasgo típicamente judaico, en particular, que la preocupación escatológica haya sido inseparable de la espera del Mesías.

Pero ya no se trataba del mismo Mesías, y es notable que la espera ortodoxa de la parusía del Cristo no haya impedido la aparición de seudomesías. Las condiciones históricas en que el rey Sebastián de Portugal, muerto en la batalla de Alcazarquivir, había de convertirse después de su muerte en un mesías nacional, se reducen prin-

[22] André Caquot, *Religions sémitiques comparées*, École Pratique des Hautes Études, Ve Section, París, 1968, pp. 118-120.
[23] *Loc. cit.*
[24] Antonio Domínguez Ortiz, *La clase social de los conversos en Castilla en la Edad Moderna*, Madrid, 1955, p. 66, y Américo Castro, *Aspectos del vivir hispánico*, Madrid, 1970, p. 68.
[25] R. Martin-Achard, *Israël et les nations*, Neuchâtel-París, cap. iii y conclusión, pp. 69 ss.

cipalmente a dos: el desplome de la monarquía y la fe popular en una alianza divina.[26] Reconocemos dos factores que dominaron la aparición del Mesías davídico en el Israel de tiempos de Zorobabel; tales saltos en el tiempo y en el espacio son para inquietar, y no llevaremos adelante una comparación que resultaría difícil. Ya hemos observado que la fiebre mesiánica cundía generalmente en las sociedades amenazadas por un enemigo exterior más poderoso o afectadas por una crisis interna.[27] A la analogía de las situaciones vino a añadirse sin duda alguna, en el caso del sebastianismo portugués, la referencia consciente al Mesías davídico, ejemplo difundido por la Escritura con el valor normativo que se conoce. Se ha podido escribir con pertinencia que el sebastianismo fue el "resurgimiento en Portugal del mito judaico del Quinto Imperio".[28] No es éste el lugar para estudiar con detalle la obra de Antonio Vieira y sus fuentes; limitémonos a recordar que los monjes de Alcobaça le habían allanado el camino presentando a Jesucristo como fundador y garante de la monarquía lusitana.[29] Siguiendo el ejemplo de la Antigua Alianza entre Yahvé y el pueblo de Israel, habían planteado la idea de una Nueva Alianza que ligaba a Cristo con el pueblo portugués.[30] El Mesías cristiano, Jesucristo, debía venir a salvar a las *naciones*, así como a Israel, y se prestaba mucho peor que el Mesías davídico a una reducción nacionalista. Así pues, estamos obligados a plantear la difícil pregunta de saber cómo el universalismo cristiano pudo sufrir semejante metamorfosis en los países ibéricos.[31] Los elementos de una respuesta aparecen en dos aspectos del pasado hispánico que ya hemos encontrado: la existencia de vigorosas comunidades judaicas en la península ibérica, y después reminiscencias esporádicas de la espiritualidad judía; y por otra parte la gran difusión del modelo mesiánico davídico y de la idea de pueblo elegido, en virtud de los escritos vétero-testamentarios.[32] Así como el pueblo judío pretendía

[26] Joel Serrão, *Do sebastianismo ao socialismo em Portugal*, Lisboa, 1969; ed. en lengua española, Madrid, 1970, pp. 11-19.

[27] M. I. Pereira de Queiroz, *op. cit.*, pp. 327-360.

[28] Serrão, *op. cit.*, p. 15.

[29] Cantel, *op. cit.*, pp. 32 ss. y 44.

[30] *Ibid.*, p. 66, n. 4: "Vieira no es el único que piensa así; el teatino Ardizone Spinola declaraba en un sermón pronunciado en Goa, en 1641: *tendo ja reprovado aos Hebreos, transferiú o mesmo preceito aos Portuguezes, a quém elegeo por povo seu mimoso em seu lugar (Cordel triplicado de amor a Christo crucificado).*

[31] Martin-Achard, *op. cit.*, p. 53, n. 1. H. Renckens, *Creación, Paraíso y pecado original*, Madrid, 1969, p. 78 (ed. original, La Haya, 1960).

[32] Salvador Carrillo Alday, *El Cántico de Moisés (Dt. 32)*, Madrid, 1970, pp. 149-152.

fundar su nobleza sobre la elección,[33] las *naciones* ibéricas elaboraron una *respuesta, ad hoc*, en forma de una pretensión análoga, que debía tener como consecuencia la ideología de la *pureza de sangre*. Este proceso es comparable al que ha analizado Américo Castro, aclarando el desarrollo de la devoción a Santiago por un contexto de cruzadas contra el Islam (entre otras explicaciones) y como una *respuesta* a Mahoma.[34] En general, la necesidad de ser protegido por una divinidad verdaderamente autóctona es una constante de la historia de las religiones; [35] se ha manifestado en Israel por el culto a Yahvé, en Portugal por el sebastianismo, en México por el guadalupanismo, y en los diferentes países ibéricos por la devoción a la Virgen María bajo sus numerosas invocaciones.

El enfrentamiento secular de la cristiandad ibérica al judaísmo y al Islam ha sido, mucho más que una larga sucesión de guerras, una búsqueda difícil para proteger la pureza de la fe, aunque esta última preocupación se formuló muy tardíamente. La interpenetración de las comunidades, la presencia de judíos a la vez en la cristiandad y en el Islam de España, la existencia de grupos mozárabes y mudéjares, y después de moriscos y de judíos conversos, son un conjunto de hechos lo bastante impresionantes para poder hablar de una simbiosis.[36] Muy importantes han sido, para la vida espiritual, las consecuencias de semejante realidad social. El judaísmo ha resentido sus efectos; ¿cómo no sorprenderse al ver que una de las principales corrientes de la mística judía, el sabbatianismo, haya tenido un mesías apóstata, Sabbatai Zevi, cuya suerte fue comparable al destino histórico de los marranos? ¿Y no fue en España, en Zaragoza, donde en el siglo XIII nació Abraham Abulafia, fundador del cabalismo profético? Pero sólo tras el éxodo de los judíos de España el cabalismo tuvo un florecimiento y llegó a dominar espiritualmente al judaísmo.[37] Si la historia de los judíos de España ha ejercido una influencia decisiva en el pensamiento judío, éste ha influido igualmente en la mística cristiana. Un cabalismo cristiano floreció, hasta bien entrado el siglo XVIII, y una de sus obras más conocidas es el

[33] Martin Achard, *op. cit.*, pp. 37 *ss.*
[34] Américo Castro, *Santiago de España*, Buenos Aires, 1958, pp. 133-139.
[35] Renckens, *op. cit.*, pp. 74-78. Wilhelm Mühlmann, *Messianismes révolutionnaire du tiers monde*, París, 1968, pp. 223-228.
[36] Castro, *Santiago...*, pp. 133-139, y *La realidad histórica de España, passim.* Claudio Sánchez Albornoz, *Españoles ante la historia*, 2ª ed., Buenos Aires, 1969, pp. 216 *ss.*
[37] Gershom G. Scholem, *Les grands courants de la mystique juive*, París, 1968, caps. IV y VII.

De cabbalistis inventis, del cardenal Borromeo.[38] En nuestra perspectiva, hemos de subrayar el hecho de que la expulsión de 1492 fue resentida por el pueblo judío como signo anunciador de la venida de los tiempos mesiánicos. El mesianismo judío se popularizó en aquel momento. El Islam de la península ibérica (y de resultas el del Maghreb, después del exilio de los "andaluces") recibió la doble influencia del cristianismo [39] y del judaísmo. Al menos, hay conciencia cronológica en el siglo xv entre la crisis de la dinastía merínida en Marruecos y la de España, que a la vez entrañó la expulsión de los judíos y la de los moriscos. Fue en esta época cuando el sufismo confirmó su influencia en el Islam maghrebino, con el desarrollo del marabutismo. Los fenómenos que acompañan a los sucesivos *mahdíes* presentan un aspecto en parte mesiánico, sin que pueda suponerse que nos enfrentemos a influencias exteriores al Islam. El ejército saadiano que triunfó sobre el rey Sebastián de Portugal no iba menos animado que éste por un espíritu de guerra santa. Es imposible separar, so pena de empobrecerla y aun de falsearla, la historia espiritual de la península ibérica de la del judaísmo y del Islam maghrebino. En este crisol se elaboraron los innumerables avatares del Mesías.

En esta simbiosis hay que reconocer un lugar privilegiado al judaísmo. El simple hecho de que uno de los mayores santuarios de la cristiandad hispánica, el monasterio jerónimo de Guadalupe, en Extremadura, haya podido ser teatro de prácticas criptojudaicas [40] dice más, al respecto, que largos comentarios sobre la importancia del judaísmo en la España del siglo xv. En otro orden de cosas, es sabido que la famosa *Biblia políglota complutense*, iniciativa del cardenal Jiménez de Cisneros, fue enteramente obra de judíos conversos. La influencia de la exégesis rabínica en los teólogos cristianos es difícil de apreciar; se puede tener un indicio en el caso particular de uno de los más grandes autores espirituales de la España del siglo xvi, el bienaventurado fray Luis de León.[41] Fácil sería multiplicar los ejemplos, pero ello no es necesario para ayudar a comprender que, en el mundo ibérico, el mesianismo cristiano, el marabutismo islámico y sobre todo el mesianismo judaico han producido en diferentes épo-

[38] François Secret, *Histoire de l'ésotérisme chrétien*, École Pratique des Hautes Études, Ve Section, París, 1968, pp. 246 ss.

[39] El lector podrá remitirse a los trabajos de Miguel Asín Palacios y a J. M. Abad El Jalil, *Cristianismo e Islam*, Madrid, 1954.

[40] Castro, *Aspectos del vivir...*, p. 68.

[41] Alexander Habib Arkin, *La influencia de la exégesis hebrea en los comentarios bíblicos de fray Luis de León*, Madrid, 1966.

cas, en virtud de un efecto acumulativo, la aparición de movimientos mesiánicos de importancia muy desigual. Desde el punto de vista de las condiciones de posibilidad de la fiebre mesiánica, bien puede decirse que casi constantemente se han dado reunidas.[42] Las comunidades cristianas han sido físicamente amenazadas en su existencia por las invasiones almohades y almorávides, y después socavadas espiritualmente —deshaciendo su cohesión— por la presencia sospechosa de los nuevos conversos. Aparte de esta circunstancia histórica, la preocupación escatológica no ha sido nunca formalmente descartada por la Iglesia; se ha manifestado en San Pablo y en los padres de la Iglesia como inseparable de la espera mesiánica bajo su forma cristiana de la parusía de Cristo, y consecuentemente, el quiliasmo no ha sido condenado por los concilios cuando no ha dado lugar a herejías de tipo milenarista. Se observa tan sólo, hacia el siglo v, un adormecimiento de la escatología; acaso, como piensan algunos, porque la nueva importancia del sacramentalismo hizo casi inútil la espera mesiánica.[43] Jesucristo, a diferencia del Mesías davídico, ya había conocido una primera epifanía, y la Iglesia hizo de esto un argumento para concebirse a sí misma como el Reino de este mundo.[44] Esta interpretación oficial de la historia de la salvación, que sin embargo no constituía un dogma, no era de naturaleza tal que resultara satisfactoria para la marcha de la cristiandad occidental y oriental, más amenazadas y más influidas, a la vez, por el Islam y por el judaísmo. La corrupción y la decadencia de la Iglesia romana, que iban a engendrar a comienzos del siglo xvi el cisma luterano, no podían dejar de favorecer el auge de las tendencias espirituales purificadoras, el surgimiento de un nuevo y tenso clima de espera apocalíptica.

En la coyuntura espiritual de finales del siglo xvi, naturalmente separada por un buen medio siglo con relación a los accidentes históricos que la hicieron nacer (la expulsión de los judíos de España y el cisma luterano, principalmente), la idea de *tribulación* tuvo una buena fortuna particular. No era nueva, sin duda, pero conoció un resurgimiento de actualidad: el pueblo judío sufrió otra vez las duras pruebas del exilio bíblico, y no es casual que uno de sus portavoces haya sido un judío español refugiado en Aviñón. En su crónica de la moderna *tribulación*, Josef ha-Kohen narra los diferentes epi-

---

[42] M. I. Pereira de Queiroz, *op. cit.*, pp. 327-360 en particular.

[43] R. Bultmann, *Histoire et eschatologie*, Nuechâtel, 1959, p. 46, sobre todo la nota 1.

[44] Gregorio López, *Tratado del Apocalipsis*, cap. xii, pp. 143 *ss.*, y Lacunza, *op. cit.*, t. II, pp. 290-292.

sodios de la diáspora judaica contemporánea.[45] Tanto de su libro como del de Samuel Usque,[46] contemporáneo suyo, se recibe la impresión de que cuanto más se prolongaba y se hacía insoportable la *tribulación*, tanto más se consideraba como necesaria e inminente la venida del Mesías.[47] El Eterno había dicho por voz del profeta Esdras: "Haré de ti [Israel] la luz de las naciones" (Esdras, 49, 6); la Palabra tenía que cumplirse, e inevitablemente había de venir la nueva Jerusalén.[48]

Sin embargo, las *naciones* habían elaborado en España una ideología de combate, fundada sobre la Nueva Alianza. La Iglesia, por medio de la Inquisición de Castilla, denunció la influencia nefasta de la exégesis rabínica, que daba una importancia excesiva a la versión caldaica de la Escritura; esta cuestión se debe en mucho al lugar que se pretendía dar al Mesías.[49] Por haber ignorado que en adelante la *Vulgata* era el único texto canónico (si no en derecho canónico, al menos en la práctica), fray Luis de León y otros fueron perseguidos y encarcelados.[50] Los sebastianistas portugueses no fueron los únicos en considerar a su *nación* como el nuevo pueblo elegido, y gracias a audacias exegéticas que superan todo entendimiento, los aragoneses y después de ellos los peruanos, los mexicanos... vieron en su capital regional o nacional la Nueva Jerusalén.[51] Al mismo tiempo, los pueblos ibéricos leían su historia nacional en la historia sagrada, la del pueblo de Israel. Así, la *tribulación* de la cristiandad hispánica después de la derrota de la Armada Invencible ha sido presentada por el jesuita Ribadeneyra como el castigo infligido por Dios a su pueblo elegido, para castigarlo de sus pecados. La casuística de Ribadeneyra se funda en un tejido de citas de los Salmos, del Eclesiástico y del Libro de los Jueces, y, por tanto, es constante la

[45] Yosef ha-Kohen, *'Emeq ha-Bakha*, crónica hebrea del siglo XVI, trad. y anotada por Pilar León Tello, Madrid-Barcelona, 1964.

[46] Samuel Usque, *Consolaçam as tribulações de Israel*, Ferrara, 1552.

[47] Yosef ha-Kohen, *op. cit.*, §134, p. 192.

[48] Arias Montano, *Antiquitatem judaicarum*, Lyon, 1593. Isaac Cardoso, *Las excelencias de los hebreos*, Amsterdam, 1679. Lacunza, *op. cit.*, t. II, § 27, p. 307.

[49] R. P. Diego de Gatica, *De adventu Messias, adversus Iudaeos*, Madrid, 1648, prólogo, y B. Bestard, *op. cit.*, t. I, p. 19.

[50] Habib Arkin, *op. cit.*, pp. 192-198. *Proceso criminal contra el hebraísta salmantino Martín Martínez de Cantalapiedra*, ed. y estudio por Miguel de la Pinta Llorente, O. S. A., Madrid-Barcelona, 1946, pp. XCVII a CII. Marcel Bataillon, *Erasmo y España*, FCE, 2ª ed., 1966.

[51] A. M. Zorrilla y Caro, *La transmigración de la Iglesia a Guadalupe*, México, 1745. El maestro Ita y Parra exclamó en un sermón solemne, pronunciado en la ciudad de México, en 1749: "En esto no sólo a Israel, a todas las naciones del mundo se adelanta el [pueblo] indiano."

referencia al modelo israelita.[52] Por su exclusivismo, el sentimiento religioso-nacional de los países ibéricos en el siglo XVI *sólo* es comparable al de Israel. Esta semejanza se encuentra agravada a principios del siglo XVII, cuando en España (medio siglo después en Portugal) la conciencia de su decadencia vino a dar un contenido patético a la *tribulación*.

Acabamos de indicar una palabra clave, y de seguir su línea hasta 1620 por lo menos, pero es necesario retroceder en el tiempo para dejarle lugar a un episodio que fue considerado como un momento capital por la gente de la época: el descubrimiento del Nuevo Mundo. En el esquema pecado-caída-encarnación-parusía, subyacente por entonces en toda concepción de la historia humana, el descubrimiento de América y de sus poblaciones ocupó un lugar de primer orden.

Allí se produjo un encuentro providencial entre la visión de España y de Portugal, nuevos pueblos elegidos, y lo que pareció como la confirmación de la Nueva Alianza. La misión evangelizadora confiada a las monarquías ibéricas por el sumo pontífice, pero sobre todo reservada para ellas por la Providencia, acababa de colocar a España y a Portugal ante los indios de América en una posición idéntica a la de Israel ante las *naciones* de la Antigua Alianza.[53] Esa relación entre la dialéctica de la redención, la elección divina de España, y viajes, conquistas, etc., que hoy nos parecen debidos a la geografía y a la historia, aclara una frase, a menudo citada, del historiador de las Indias López de Gómara: "La mayor cosa después de la creación del mundo, sacando la encarnación y muerte del que lo creó, es el descubrimiento de Indias; y así las llaman Mundo Nuevo."[54] Este descubrimiento fue interpretado por muchos evangelizadores como un signo precursor de la venida del Mesías. En vista de que esto le dio nuevo aliento, el mesianismo cristiano-nacional ibérico entró en lucha más abierta que nunca con Israel, para disputarle el título de "luz de las naciones".[55] Ahora bien, justamente lo que permitía al pueblo judío, en su *tribulación*, esperar y sobrevivir espiritualmente era la promesa divina de la próxima venida del Mesías, hijo

[52] Pedro de Ribadeneyra, S. J., *Tratado de la tributación*, 1589.

[53] Martin-Achard, *op. cit.*, cap. IV y p. 70. Toda la historiografía de las Indias Occidentales es providencialista en el siglo XVI, y tanto Colón como Cortés son presentados como el hombre predestinado a llevar la palabra a los gentiles del Nuevo Mundo.

[54] Francisco López de Gómara, *Hispania victrix*, primera y segunda partes de la *Historia general de las Indias*, 1551, epístola dedicada a Carlos V (B. A. E., t. XXII, p. 156).

[55] Esto nos remite a la evidencia de toda la historiografía de las Indias en el siglo XVI, y habría hasta un exceso de fuentes para citar textos.

de David,[56] promesa que la Nueva Ley había hecho caducar y que en cierto modo había sido transferida a los pueblos cristianos ibéricos. Así, a la vez, el apego al Mesías judaico se convirtió en núcleo irreductible de la fe judía, su forma patética y principal reproche de los antisemitas. Este aspecto aparece claramente en un escrito bastante tardío intitulado *Centinela contra judíos*,[57] reeditado en Pamplona en 1720, a tiempo para reanimar lo que Julio Caro Baroja ha llamado "la gran represión final".[58] El franciscano Torrejoncillo, inspirado en gran parte por un opúsculo portugués anterior intitulado *Perfidia judaica*,[59] consagra todo el capítulo VII a denunciar "las ansias que tienen los judíos de ver venir al Mesías"[60] y a enumerar a todos los seudomesías judaicos de España y de Portugal de que había tenido conocimiento. Esos falsos Mesías le parecían tanto más peligrosos cuanto que hasta personas letradas se habían dejado seducir, y ello podía venir a socavar la fe aún incierta de los judíos conversos. El autor concluye suplicando a los prelados no admitir a los conversos al sacerdocio.[61] Podemos ver así, al menos, la confesión de que, más de dos siglos después de la expulsión de los sefarditas y de la conversión forzosa de los que se quedaron en la península, aún se temía hasta ese punto la influencia del judaísmo, es decir, principalmente la del mesianismo judío.[62] Añadamos que, pese a la discriminación de que fueron objeto los conversos y a las barreras jurídicas levantadas por la monarquía castellana, numerosos judíos, provenientes sobre todo de Portugal, emigraron al Nuevo Mundo.[63] La mayoría de ellos fueron a México y al Perú, pero no todos. Las condiciones particulares de las Indias Occidentales favorecieron la aparición de una conciencia criolla original en varios virreinatos, y esos embriones de conciencia nacional se desarrollaron en un clima mesiánico aún perceptible en nuestros días en ciertos casos.[64]

---

[56] Samuel Usque, *op. cit.*

[57] Torrejoncillo, *op. cit.*, y Caro Baroja, t. II, cap. VI, pp. 424 *ss.*

[58] Julio Caro Baroja, *Los judíos en la España moderna y contemporánea*, Madrid, 1961, t. III, cap. IV, pp. 80-118.

[59] Vicente de Acosta Matos, *Perfidia judaica*, Lisboa, 1626.

[60] Torrejoncillo, *op. cit.*, pp. 97 *ss.*

[61] *Ibid.*, cap. XIV, p. 229.

[62] Caro Baroja, *op. cit.*, t. I, pp. 404-413.

[63] Seymour Liebman, *A Guide to Jewish References in the Mexican Colonial Era (1521-1821)*, Filadelfia, 1964. Robert Ricard, "Pour une étude du judaïsme portugais au Mexique pendant la période coloniale", *Revue d'Histoire Moderne*, nueva serie, t. VIII, núm. 39, agosto-septiembre de 1939. El lector podrá remitirse, en particular, a los estudios de José Toribio Medina sobre la Inquisición de Lima y la de México.

[64] Marcel Bataillon, *Annuaire du Collège de France*, 1953. Lucía García de

En torno de la figura central del Mesías, fuese cual fuese su identidad, una historia ya escrita en las *Profecías* había de desarrollarse según un plan cronológico muy discutido. El Apocalipsis o, antes bien, los apocalipsis y los profetas ofrecían un vasto campo a la exégesis.[65] ¿Duraría realmente mil años el Reino, o se trataba de la expresión de un misterio? ¿Sucedería el juicio final inmediatamente a la parusía de Cristo? ¿Sería la venida del Anticristo el signo precursor de la venida del Mesías o, por lo contrario, este último gran combate de la humanidad antes de la liberación final sobrevendría al término del reino mesiánico? Preguntas todas ellas angustiosas, muy apropiadas para mantener una fiebre que la Iglesia se esforzó constantemente por reducir. La obra que durante largo tiempo constituyó autoridad en este dominio fue la de un dominico español, Tomás Maluenda, *De Antichristo*.[66] En el libro I, el autor aparta todas las tentativas anteriores, que habían tendido a identificar al Anticristo con algún personaje de la época, por ejemplo: Lutero, Fernando de Aragón y hasta el propio Papa.[67] En el libro II cataloga las diferentes posiciones adoptadas en los límites de la ortodoxia a propósito de la fecha de la venida del Anticristo (da un lugar de honor a San Vicente Ferrer, apóstol de los judíos de Valencia), y concluye diciendo que, según Marcos y Mateo, sólo Dios Padre conoce la hora de esta venida, que debe preceder a la del Mesías.[68] En el libro IV, Maluenda evoca una condición necesaria para la venida del Anticristo: que el Evangelio haya sido predicado por toda la Tierra; es ahí donde la expansión misionera americana, de los siglos XVI a XVIII, cobra todo su significado escatológico.[69] La expresión del padrenuestro: "venga a nos tu reino" no era, en aquellos siglos de fe, una fórmula ritual un tanto vacía, sino la aspiración apasionada de muchos cristianos, en particular en los países hispánicos que eran el instrumento o el teatro de la renovación misionera. Es significativo que los evangelizadores del Nuevo Mundo hayan ocupado un lugar especial en esta búsqueda espiritual. Ya hemos señalado a Mendieta y sobre todo a Vieira; observemos aún que el venerable Gregorio

Proodian, *Los judíos en América, siglo XVII*, Madrid, 1966, l. II, cap. v. Manasseh ben Israel, *Origen de los americanos, esto es esperanza de Israel*, Amsterdam, 1650.

[65] P. Prigent, *Apocalypse 12, histoire de l'exégèse*, Tubinga, 1959.
[66] R. P. Tomás Maluenda [o Malvenda], O. P., *De Antichristo*, Roma, 1604 (citamos esta obra según la edición de Lyon, 1647).
[67] *Ibid.*, l. I, caps. VIII, XX y XXVI.
[68] *Ibid.*, l. II, cap. XXXIII: *De die autem illo vel hora, nemo scit, neque angeli in caelo, neque Filius, nisi solus Pater.*
[69] *Ibid.*, l. IV, cap. XXI: *De Novo Orbe Occiduo excursus*, pp. 258 ss.

López había pasado la parte esencial de su vida en México y que su *Tratado del Apocalipsis de San Juan*[70] fue uno de los libros más leídos sobre esta cuestión tan controvertida.[71] Con el interés por el Apocalipsis llamado de San Juan y por su figura central: la mujer, en los países hispánicos del Antiguo y del Nuevo Mundo iba ligada la devoción a la Virgen María.[72] La corriente principal identificaba a esta mujer con la Iglesia misma, pero en el mundo hispánico los exégetas preferían ver en ella a la Virgen María, y algunos hasta llegaban a precisar: la Inmaculada. Recordemos que el culto a la Inmaculada Concepción se desarrolló en España en los primeros decenios del siglo XVII, y llegó a ser dogma religioso nacional mucho antes de su promulgación por la Iglesia romana. El proceso de naturalización de la mujer del Apocalipsis llegó a su punto más extremo en México, donde la visión del apóstol fue considerada como una prefiguración de la aparición milagrosa de María en el cerro del Tepeyac, bajo la advocación de Guadalupe de México.[73] Por lo contrario, un autor como el chileno Lacuza reconocerá bajo los rasgos de la mujer del Apocalipsis al pueblo de Israel, la esposa expulsada pero no proscrita y por último vuelta al lugar de honor para el "fin de los tiempos", según la promesa divina.[74] Disponemos de muy poco espacio para desarrollar esos diversos aspectos, por lo demás bien conocidos: alrededor de la figura del Mesías, centro del drama humano y cósmico, evoluciona un coro cuyos protagonistas son el Anticristo y la mujer del Apocalipsis, y la abundante literatura que les ha sido consagrada (juntos o por separado) forma un todo, desde San Beato de Liébana hasta Lacunza; esas obras de exégesis aclaran la historia y la historiografía ibérica con auténtica luz.

El Mesías ha sido el centro permanente de las aspiraciones místicas o populares, y la noción que se encuentra a propósito de todos los grandes aspectos del pasado hispánico. Ante todo, el antisemitis-

[70] Gregorio López, *Tratado del Apocalipsis de San Juan, traducido del latín al castellano, con su explicación interlineal* (citamos según la edición de Madrid, 1804).

[71] P. Prigent, *op. cit.*

[72] P. Vargas Ugarte, S. J., *Historia del culto de María en Iberoamérica*, Buenos Aires, 1947 (2ªed., corregida).

[73] A. M. Zorrilla y Caro escribió en su aprobación a *La transmigración de la Iglesia a Guadalupe*: "en el capítulo doce del *Apocalisis* donde tan al vivo está expresa la milagrosa aparición de la Señora de Guadalupe a renglón seguido de havérsele aparecido al evangelista extático" (México, 1748).

[74] Lacunza, *op. cit.*, t. II, p. 304: "Es en suma la antigua esposa de Dios [...] arrojada de sí en cuanto esposa, por su iniquidad y enorme ingratitud, para el tiempo en que sea llamada a su dignidad, y restituida en todos sus honores, según queda dicho y probado."

mo tenía por origen el martirio de Jesús; el agustino Bernardo Oliver escribió que la prueba de que Jesucristo era el verdadero Mesías no es otra que los mil doscientos cuarenta y siete años de *cautiverio* infligidos al pueblo judío, por haberlo entregado a sus verdugos.[75] Los judíos eran considerados como *innobles*, porque, de derecho, la nobleza se perdía por regicidio; así pues, *a fortiori* por deicidio.[76] Tanto los judíos conversos como los moriscos de Granada elaboraron respuestas específicas a esta acusación: los *falsos cronicones*, documentos apócrifos destinados a lavarlos de tal crimen.[77] En el *Cronicón de Julián Pedro*, invocado ante la Inquisición, los judíos de Toledo pretendieron demostrar que su gran rabino Eleazar, encontrándose en peregrinación a Jerusalén, había sido convertido por el propio Jesucristo; a su regreso, todos los judíos de Toledo se habían convertido a la nueva fe, ¡de manera que sus descendientes eran los más antiguos *cristianos viejos* de la península! [78] En ese mismo siglo XVI, los misioneros franciscanos se apresuraban febrilmente, bautizando a los indios por millares, pensando allanar así el camino al Mesías. Dos siglos y medio después, en el momento de la Independencia americana, unos predicadores verán en ese acontecimiento la mano de la Providencia y el anuncio de los tiempos.[79] ¿No es revelador ver aparecer en Toluca (México), después del triunfo de "las luces", una *Consulta a los sabios sobre la aproximación de la segunda venida de Nuestro Señor Jesucristo*, en 1835? [80] Más cerca de nosotros en el tiempo, y en la propia España, señalemos *La profecía del Apocalipsis y los tiempos actuales*, publicada en Madrid en 1929.[81] El

---

[75] Fray Bernardo Oliver, *op. cit.*, cap. VIII, p. 139: *Ergo [quia] per peccatum commissum contra Christum judei incurrrerunt maiorem penam in ista ultima captivitate que iam duravit MCCXLVII annis [...] Ergo Christus erat Deus.*

[76] Torrejoncillo, *op. cit.*, cap. XIII: "De cómo los hebreos no tienen de presente honra, o nobleza alguna, y la grande que tenían la perdieron en la muerte de Christo."

[77] Jerónimo Román de la Higuera, *Flavii Lucii Dextri*, Sevilla, 1627; *Fragmentum Chronici*, Barcelona, 1619; *Luitprandi subdiaconi toletani* (véase la nota siguiente). Darío Cabanelas Rodríguez, O. F. M., *El morisco granadino Alonso del Castillo*, Granada, 1965. David Gonzalo Maeso, *Garnata al Yahud*, Granada, 1963.

[78] Domínguez Ortiz, *op. cit.*, apéndice I, p. 214: *Cronicón de Julián Pedro.*

[79] Javier Ocampo, *Las ideas de un día*, México, 1969, segunda parte, cap. VI, pp. 238-240.

[80] Obra de un magistrado mexicano. En ella puede encontrarse esta pregunta (p. 232): "Convertidos los judíos al cristianismo, ¿quiénes serán en éste preferentes, ellos, o los demás cristianos que no son judíos?"

[81] Joaquín de Sangrán y González, *La profecía del Apocalipsis y los tiempos actuales*, Madrid, 1929.

mesianismo, ortodoxo o heterodoxo, ha sido, y aún puede serlo en pleno siglo xx, una de las formas que han tomado las convulsiones sociales. Los levantamientos del pasado, que no disponían de ideología revolucionaria, a menudo han tenido el aspecto de movimientos mesiánicos. En una época reciente, el anarquismo ibérico, que aspiraba a una revolución súbita y total de la sociedad, ¿no fue heredero de la antigua utopía mesiánica, cuya inspiración ha sido laicizada, pero cuya reivindicación social no ha variado fundamentalmente? En el otro extremo, la falta de apertura al reformismo de la mayor parte de los gobiernos de los países ibéricos nos parece debida a unos hábitos mentales heredados de un pasado en que los hombres remitían al Mesías su porvenir en la Tierra. Vemos como otro rastro de los seudomesías judaicos y de los *chorfas* islámicos la atmósfera carismática que rodea a ciertos jefes de Estado o de facciones políticas. Cierto, los países hispánicos no han tenido el privilegio exclusivo de esos fenómenos, que también pueden observarse en otras naciones, y nuestra intención tan sólo es subrayar el hecho de que la huella del Mesías ha sido más profunda en el mundo ibérico que en otras partes. En los siglos pasados, el Mesías bien pudo servir de pretexto a la avidez de la plebe antisemita, o de coartada a los oscuros designios de Fernando de Aragón; no por ello ha dejado de alimentar la esperanza de religiosos y de laicos en el periodo en que las naciones hispánicas han tomado su configuración moderna, que no ha sido fundamentalmente modificada a la hora actual. En el cruce de todas las grandes vías hispánicas encontramos, radiante u oculta, la imagen del Mesías. Al publicar en Lima en 1730 su *Historia de España vindicada*,[82] Pedro de Peralta Barnuevo, criollo adicto a España y rector de la Universidad de San Marcos, sintió naturalmente la necesidad de ilustrarla con retratos de soberanos, santos y hombres ilustres españoles, y a la cabeza colocó al Mesías. Este gesto de un "vengador" del pasado hispánico bastaría para confirmar el sentido de los renglones anteriores, pero Peralta Barnuevo lo ha explicado incidentalmente: "Como que fue [España] primero monarquía celeste, que terrena, y que la fe debía ser preludio del Imperio."[83]

Si hubiese que dar una conclusión a estas páginas, cuya insuficiencia y carácter disperso comprendemos bien, nos gustaría colocar los primeros hitos de investigaciones más sistemáticas en el campo del

---

[82] Pedro de Peralta Barnuevo, *Historia de España vindicada*, Lima, 1730.
[83] *Ibid.*, prólogo.

mesianismo, que se ha abierto ante nosotros al margen de nuestros estudios americanistas, pero no sin relación con éstos.

Ahora que disponemos de trabajos magistrales sobre la historia de los judíos en la península ibérica (Caro Baroja, Domínguez Ortiz, Révah, etc.) y de más ediciones,[84] y más rigurosas, de textos fundamentales gracias a la escuela del llorado Millás y Vallicrosa (en Barcelona), tal investigación, casi imposible hace quince años, podría ser emprendida hoy mismo. En primer lugar, el mesianismo judeo-cristiano parece indicado y promete vastas cosechas. La riqueza y la diversidad del tema no permite, desde luego, abordarlo por todas sus facetas; sin embargo, arriesgaremos algunas sugerencias con la prudencia de un neófito:

1º Hacer un catálogo, tan completo como sea posible, de los escritos (publicados o inéditos; buscar estos últimos donde puedan encontrarse) relativos al Mesías, al Anticristo, al Apocalipsis, a la tribulación, a la salvación. Se dirá que ello representa la mayor parte de la literatura espiritual ibérica, pero hay que comenzar por una enorme redada, y en seguida seleccionar los materiales así reunidos, apartando algunos y, por lo contrario, añadiendo otros. Los métodos de trabajo de los siglos pasados, que daban gran valor a la compilación, sobre todo en ese dominio, permitirán hacer importantes reagrupaciones de obras espirituales en torno de una fuente común.

2º Las palabras claves del mesionismo se organizarían bastante fácilmente en campos semánticos, y ello facilitaría una exposición más rigurosa de los momentos espirituales que las evocaciones, demasiado fugitivas, antes propuestas (reino, tribulación, etc.).

3º Aparte de la historia de la espiritualidad en general y la historia del judaísmo peninsular, el estudio de la historiografía ibérica, cuyas presuposiciones espirituales rara vez son explícitas, recubiría de las investigaciones sistemáticas sobre el mesianismo una luz nueva (y en consecuencia, la ideología política, estudiada a menudo unilateralmente, quedaría situada, articulada a la espiritualidad cuyo subproducto ha sido en gran parte).

4º Podemos considerar que debe ser objeto de investigaciones prio-

---

[84] En el momento en que terminamos este artículo acaba de aparecer una obra voluminosa, que al menos presenta una parte de gran interés histórico: las *Actas del 1º Simposio de Estudios Sefardíes*, Madrid, 1970. En particular, señalamos al lector el proceso verbal de las discusiones que han seguido a cada una de las comunicaciones; las intervenciones de Margarita Morreale y de Révah, especialmente, aportan informaciones sobre el pasado del judaísmo ibérico y no sólo sobre el estado actual de las comunidades sefarditas.

ritarias el periodo que va del primer cuarto del siglo xvi al final del xviii; engloba, a la vez, la Cábala de Luria, el neojoaquinismo franciscano, el profetismo de Vieira, los falsos cronicones, los principales procesos inquisitoriales contra el criptojudaísmo y las tendencias hebraizantes de la exégesis.

Observemos, de paso, que la edad de oro del mesianismo en la península ibérica coincide bastante bien con el Siglo de Oro de las letras hispánicas. Tema vasto, el Mesías sigue siendo, y lo será durante largo tiempo, un tema de actualidad.

APÉNDICE

El advenimiento del Mesías

Pero en el tiempo marcado por el sexto sello del primer estado fue castigada la antigua Babilonia; así, por concordancia, y bajo el sexto sello del segundo estado, será castigada la nueva Babilonia. Y como, en este mismo periodo del primer estado, los asirios y los macedonios aplastaron a los judíos, vemos hoy a los sarracenos atacar a la cristiandad, y pronto veremos surgir a los falsos profetas que deben seguir a esos fautores de desastre y que, haciendo ellos mismos un mal profundo sobre la tierra, producirán una tribulación como nunca vieron los hombres. Pasadas esas pruebas, sonará por fin la hora del tiempo bienaventurado, del tiempo que será semejante a las fiestas pascuales, la hora en que, habiéndose disipado las sombras en el cielo al fin abierto, los fieles verán a Dios cara a cara. Desde ese momento, nadie oirá jamás a nadie negar que el Cristo sea el hijo de Dios. La tierra estará toda llena de la ciencia del Señor, con excepción, sin embargo, de las naciones que el diablo debe perder al llegar el fin del mundo. Este estado será el tercero, reservado al reino del Espíritu Santo.

JOAQUÍN DE FLORA

Liber introductorius in expositionem in Apocalipsim, cap. v.

Vengar al Mesías

En el año 5266, que corresponde a 1506, dos monjes dominicos salieron a las calles de la ciudad de Lisboa, blandiendo una cruz; amotinaron a la gente del pueblo para arrastrarla a vengar al Mesías. Como osos y lobos del desierto, los amotinados cayeron de pronto sobre los conversos, pasaron a cuatro mil a cuchillo y se entregaron al pillaje; violaron a sus sirvientas, hijas y sus esposas; precipitaban por las ventanas a las mujeres embarazadas y las recibían con sus lanzas; la madre se aplastaba sobre sus hijos en el día de la cólera divina. A uno de los monjes, que trató de violarla, una mujer le dio muerte con ayuda de un instrumento doméstico que tenía a mano. Los jueces, por efecto de la misericordia de Yahvé hacia los sobrevivientes, se apresuraron a sofocar el motín, y también el rey vino precipitadamente de la ciudad de Abrantes, y puso fin a la carnicería. Un monje fue detenido y quemado, y algunos de quienes habían tomado parte en la sedición descendieron al Seol ahogados en su sangre y conocieron la humillación.

Muchos de los nuestros salieron entonces de Portugal y partieron a Oriente, con el fin de servir a Yahvé, nuestro Señor, como antes; hoy día aún viven allá. Otros muchos se quedaron en la península, y oscilaban indecisos entre las dos creencias: conservaban hacia Yahvé un santo terror, y juraban por los ídolos de los cristianos e iban a la iglesia todos los días. Desde entonces, no ha quedado en todo el reino de España un solo hombre que lleve nombre israelita.

JOSEF HA-KOHEN

'Emeq ha-Bakha, 127.

EL PUEBLO ELEGIDO

Por consiguiente, si los profetas han predicho una alianza nueva y eterna, alianza de amor, de conocimiento y de gracia divina, es fácil demostrar que sólo se refiere a los justos; así hemos visto que en el capítulo de Ezequiel antes citado se dice expresamente que Dios los separará de los débiles y de los rebeldes; y así Sofonías (cap. III, versículos 12 y 13) dice que Dios destruirá a los orgullosos y salvará a los miserables; por ello, siendo esta elección de los pobres la recompensa que aguarda a la verdadera virtud, no hay razón para creer que sólo sea prometida a los justos de Israel, con exclusión de todos los demás justos; debe pensarse, por lo contrario, y con seguridad, que los auténticos profetas de los gentiles (ya hemos demostrado que todas las naciones han tenido profetas) han prometido la misma elección a los fieles de su país igualmente y los han consolado de la misma manera...

Así pues, los judíos de hoy no deben imaginarse que tienen ventaja alguna sobre el resto de las naciones. Y en lo que respecta a su larga dispersión, no hay nada de sorprendente en que hayan subsistido durante tan largo tiempo, si se considera que se han encontrado separados de los otros pueblos, atrayéndose el odio de todos, no sólo por causa de sus ritos completamente incompatibles, sino por el signo distintivo de la circuncisión, signo que han observado religiosamente. Que el odio de las naciones haya sido un principio de conservación para los judíos es un hecho de la experiencia.

Cuando el rey de España los obligó a abandonar su reino o abrazar la religión católica, gran número de ellos adoptaron este último partido; y como al hacerse cristianos quedaban habilitados para adquirir todos los privilegios de los demás españoles y llegaban a ser dignos de los mismos honores, al cabo de muy poco tiempo no quedó de los judíos ni el rastro ni el recuerdo. Todo lo contrario ocurrió en Portugal: obligados a abrazar el cristianismo pero excluidos de las dignidades y de los privilegios dispensados por el Estado, han permanecido, aunque convertidos, en aislamiento.

BARUCH SPINOZA

Tractatus theologico-politicus, cap. III.

II. RECONQUISTA, "DJIHAD", DIÁSPORA: EN LA ESPAÑA DE LOS REYES CATÓLICOS

> Así, España tiene dos fronteras: una limita con la región de los infieles, la otra con el océano.
>
> IBN HAUQAL, *Kitah Surat al-Ard* (t. I, p. 108)

UN ESPÍRITU de cruzada colorea la visión que la mayoría de los historiadores europeos, especialmente los españoles, tienen del pasado de la península ibérica. El concepto clásico de la Reconquista —del territorio invadido por los moros y redimido para la cristiandad al término de una guerra secular (en la que el Cid, figura legendaria, y Fernando el Católico se cubrieron de gloria)— ha sido grandemente limitado, pero sin abandonarlo por completo.[1] Dejando aparte las controversias modernas, trataremos de hacer alguna luz sobre los orígenes de la ideología de la Reconquista; pues no es más que eso: una ideología cuyo objetivo era justificar cierta acción política. Podremos comprender mejor su significado si la comparamos con las otras dos ideologías que entonces competían por la península ibérica: la guerra santa islámica (*djihad*) y la esperanza escatológica judaica vinculada con la diáspora de los sefardíes.

No hay razón para dudar de la existencia de una cruzada antiislámica, ya en el siglo VIII, entre las comunidades cristianas de la cordillera Cantábrica, en forma de un culto dedicado al apóstol Santiago (Santiago "matamoros").[2] Pero esta fe militante popular tan sólo llegaría a ser tema de explicación histórica a fines del siglo XV, época en que los musulmanes quedaron neutralizados como fuerza política y militar. Al examinar los materiales historiográficos, parece ser que la explotación del "miedo a los moros", con fines políticos, y la victoria de los Reyes Católicos sobre el reino de Granada siguieron la pauta de un esfuerzo concertado. Un aforismo latino resume bien esta visión, por entonces completamente nueva, de la historia española: *Hispania tota sibi restituta est*;[3] después de anexar el reino

---

[1] Ramón Menéndez Pidal, *España y su historia*, Madrid, 1957, t. I, *Cristiandad e Islam*, pp. 355 ss.

[2] Américo Castro, *Santiago de España*, Buenos Aires, 1958, pp. 30-38.

[3] Robert B. Tate, *Ensayos sobre la historiografía peninsular del siglo xv*, Madrid, 1970, p. 296.

de Granada a la corona de Castilla, España había recuperado todo su territorio: estaba "completa una vez más" (el autor de este aforismo, Antonio de Nebrija, fue un humanista que había de crear la primera gramática de la lengua española). Pero detrás de la Reconquista se encontraba la *conquista* de un doble futuro para la monarquía castellana (unida al reino de Aragón por el matrimonio de Fernando e Isabel): por una parte, estaba en juego la unidad política de la península bajo la hegemonía castellana (Castilla era el reino más densamente poblado en aquella época), y por la otra, el predominio europeo en España, tarda restitución a los imperios de Roma y de Carlomagno, la *translatio imperii*.[4] Después de siglos de fragmentación de los poderes económicos, políticos y militares en el Mediterráneo, y precisamente cuando los galeones de Berbería estaban amenazando a las costas españolas e italianas, los soberanos de Castilla y Aragón se concertaron para enfrentarse al desafío en nombre del Occidente cristiano. Esta *Weltpolitik* de la monarquía castellana era completamente nueva (y, con las conquistas efectuadas en el Continente americano, de envergadura mundial desde el principio) y necesitaba encontrar una tradición histórica con la que pudiera justificarse. Esta tarea fue delegada a los cronistas de la corte, especialmente a Hernando del Pulgar[5] (descendiente de judíos conversos)[6] y a Andrés Bernáldez.[7] Tenían que elaborar una imagen del pasado español que justificara las acciones políticas de Fernando el Católico, así como sus ambiciones a más largo término. Carlos V, el soberano "extranjero", al principio apenas aceptado por la nobleza castellana, había de realizar el gran plan de Fernando, al ascender al trono de un imperio, y Felipe II continuaría por la misma senda, enviando fuerzas españolas a las batallas del norte contra los príncipes luteranos de Alemania y de los Países Bajos, y contra los protestantes franceses. La ideología de una "Reconquista" cristiana alcanzaría su plena elaboración, curiosamente, con uno de los historiadores menos conformistas de comienzos del XVII: el jesuita Mariana.

En su *Historia general de España*,[8] que cubre el periodo entre la

[4] John H. Elliott, *La España Imperial (1469-1716)*, Barcelona, 1965, pp. 27-31.

[5] Hernando del Pulgar, *Crónica de los Reyes Católicos*, J. de Mata Carriazo, ed., Madrid, 1943.

[6] Francisco Cantera Burgos, "Hernando del Pulgar and the Conversos", *Spain in the Fifteenth Century*, Nueva York, San Francisco, Londres, 1972, pp. 296-393.

[7] Andrés Bernáldez, *Memorias del reinado de los Reyes Católicos*, M. Gómez Moreno y J. de Mata Carriazo, eds., Madrid, 1962.

[8] Juan de Mariana, *Historia general de España*, 1601 (ed. utilizada: Madrid, 1780, 2 tomos).

llegada del héroe mítico Túbal (un poblado de Portugal, Setúbal, guarda su memoria) y el año 1621, Juan de Mariana dedica una parte importante de su obra a la España romana. Tan sólo en el libro IV es introducida la era cristiana; Mariana habla "de la venida del Hijo de Dios al mundo", y afirma que "de las primeras provincias del mundo que abrazaron esta religión [la cristiana], y de las que más recio en ella tuvieron, fue una España" (t. I, pp. 174 *ss.*). Digno heredero de Nebrija y de Marineo Sículo, Mariana estableció un vínculo doble y privilegiado entre España y el Imperio romano, por una parte, España y la Iglesia, "el templo santo a la traza del celestial" fundado en la tierra por el propio Hijo de Dios, por la otra. Éste fue el primer fundamento trascendental de la nueva cruzada anti-islámica y de la hegemonía española. Además, el pasado reciente de España y especialmente el año de 1492, que en tantos aspectos fue decisivo, eran considerados a la luz de esta afiliación divina o, mejor dicho, como una misión providencial "de todos los tiempos" para España, es decir, para la España cristiana. En el último capítulo del libro XXV, evocando la conquista de Granada por Fernando, que se llama a sí mismo "el Católico", Mariana no vacila en decir: "Por conclusión, que toda España con esta victoria quedaba por Cristo Nuestro Señor, cuya era antes" (t. II, p. 599). Este acontecimiento, el primero de los tres acaecidos en 1492, le pareció a Mariana, la primera tabla de un tríptico enviado por Dios, tríptico que también estaba compuesto por "el descubrimiento de las Indias Occidentales [...] cosa maravillosa y que de tantos siglos estaba reservada para esta edad" (t. II, p. 605). Antes que Mariana, con otro soberano reinante, y más cerca de los hechos, Francisco López de Gómara [9] había subrayado la relación que un espíritu moderno consideraría fortuita: el descubrimiento de América y la conquista de Granada habían ocurrido al mismo tiempo, "de modo que los españoles estarían incesantemente en guerra con los infieles" (*op. cit.*, dedicatoria a Carlos V). El tercer acontecimiento del año fue la expulsión (o conversión forzosa) de los judíos sefarditas. Ésta era la tercera tabla del tríptico, y expresaba el deseo de echar fundamentos trascendentales a la política de intolerancia religiosa y romper con nueve siglos de coexistencia entre la fe cristiana, la islámica y la judaica, religiones que se practicaban libremente en la península. Esta coexistencia no siempre había sido pacífica, pero aun cuando las hegemonías políticas, el pago de tributos y actos similares causaron numerosas guerras, la presencia en tierra española de miembros de las tres co-

[9] Francisco López de Gómara, *Historia general de las Indias - Hispania victrix* (1552), Biblioteca de Autores Españoles, t. XXII.

munidades religiosas y culturales nunca había sido seriamente desafiada. En particular, los musulmanes toleraban a los judíos y a los mozárabes; los cristianos toleraban a los judíos, especialmente a los sabios, financieros y médicos judíos... No nos proponemos negar la existencia de *pogroms*, pero éstos fueron movimientos populares, desaprobados y combatidos por la monarquía portuguesa en el siglo XVI. Fernán Pérez de Guzmán, predecesor y mentor de Hernando del Pulgar, consideraba a los judíos y a los moros de Castilla como sus compatriotas.[10]

La "nueva política" de Fernando e Isabel, seguida en la conquista del reino moro de Granada, la expulsión de los sefardíes y el establecimiento de la Inquisición, y completada, después de estos soberanos, con la expulsión de los moriscos, ha sido ocasionalmente explicada como consecuencia de una "demanda popular". Por falta de espacio, no tenemos la intención de verificar esta hipótesis, que sigue careciendo de pruebas, pero sí podemos cuestionar su validez por la extrema coherencia que revela la expresión historiográfica de esta política. O acaso debiéramos decir la "literatura histórica" o las "crónicas apologéticas"; en el pasado, ¿no fue siempre la historia un vehículo de ejemplificación moral y un campo privilegiado en que el rey aparece como héroe y su política como epopeya? Los cronistas de la corte de los Reyes Católicos trataban de interpretar cada acontecimiento cual si fuese signo providencial del favor de Dios otorgado a la pareja real de la monarquía bicéfala ("tanto monta..."), y de presentar su política (dentro y fuera de España) como un combate por la fe cristiana, como una cruzada. En este aspecto, la idea de una "Reconquista", aunque no correspondiera mucho a la realidad de la historia medieval de España, sí cumplía con la búsqueda de un principio trascendente y legitimador de la "nueva política" inaugurada por Fernando e Isabel, cuyo ascenso al trono fue, para sus contemporáneos, comparable al de la propia Virgen María.[11]

Presentar la conquista del reino de Granada por los ejércitos de Fernando como el fin de una división secular de España, que siempre había sido enteramente cristiana, parece ser una muy idealizada visión del pasado. La expulsión de los sefardíes y los moros de Granada fue sentida, por todos los expulsados, como una expatriación; podemos verificar esto si examinamos la historiografía árabe y judaica de la época. Uno de los más grandes historiadores del Islam occidental, Ibn Jaldún, que murió a principios del siglo XV, fue de

---

[10] H. del Pulgar, *Claros varones de Castilla*, Robert B. Tate, ed., Oxford, 1971, p. L.

[11] J. Pérez, *L'Espagne des Rois Catholiques*, París-Montreal, 1971.

extracción granadina; en su *Historia universal* [*al Muqaddima*][12] dedica varios capítulos a España (Al-Andalus), y habla de los "andaluces" (en la moderna ciudad de Fez existe el llamado barrio de los "andaluces") refiriéndose a los musulmanes españoles. Para Ibn Jaldún, España era tierra musulmana, un distrito del Islam árabe-maghrebino, como parecía indicarlo la historia. Veía una España a la que consideraba refinada (la herencia del califato de Córdoba) pero ya decadente, y atribuía esta declinación a la conquista de Al-Andalus por los cristianos. "La tradición científica ha desaparecido de España junto con la *civilización*" (*op. cit.*, t. II, p. 893), escribió, y recordaba con nostalgia aquella civilización que "había alcanzado una cúspide [bajo los grandes califas de Córdoba] que sólo tenía paralelos en Irak, Siria y Egipto" (*op. cit.*, t. II, p. 820). Analizando las causas de la retirada de la "civilización" islámica frente a la "barbarie" cristiana y la persona a la que llama "el Déspota" (el rey Fernando III de Castilla, llamado "el Santo"), Ibn Jaldún se remonta al fin de la dinastía omeya: "Para ellos, es cuestión de que desaparezca el espíritu de clan", escribe, y añade: "habiendo caído el nivel de súbditos, los individualistas españoles se vieron sometidos a la fuerza y la humillación" (*op. cit.*, t. I, p. 58). Este mismo debilitamiento del espíritu de clan es la explicación que da Ibn Jaldún del ascenso de la dinastía nazarí en Granada, pese al odio que los árabes de España sentían hacia los beréberes, cuyo poder sucedió a la monarquía omeya. "Ibn al-Ahmar buscó apoyo en los jefes zenagas contra 'el Déspota' [...] pero los soberanos merínidas [zenagas] de Marruecos esperaban conquistar España" (*op. cit.*, t. I, p. 325). Podemos observar que los mahometanos del Maghreb tenían intenciones conquistadoras sobre la península, análogas a las de los reinos cristianos, pero durante muchos siglos unos y otros carecieron de una visión política lo bastante amplia para satisfacer estas ambiciones, y sus divisiones internas los paralizaron. El fundador de la dinastía, nazarí de Granada arruinó las intenciones de los gobernantes marroquíes, "traspasó su poder real a sus herederos, que continúan ejerciéndolo hoy" (*ibid.*), escribió Ibn Jaldún: "hoy" es el año de 1397, casi un siglo antes de la caída de Granada [1492] ante Fernando el Católico. Como los cristianos, los musulmanes basaban su visión del mundo [13] y de la historia (en la que el pasado, el presente y el futuro

---

[12] Ibn Jaldún, *Discours sur l'histoire universelle (al Muqaddima)*, Vincent Monteil, ed., UNESCO: Colección de Obras Representativas (3 tomos), Beirut, 1967. (FCE, 1978.)

[13] Ibn Hauqal, *Configuration de la terre (Kitab surat al-ard)*, J. H. Kramers

estaban, por decirlo así, homogenizados en un campo trascendente) sobre un plan providencial. Opuesta a la *cruzada* cristiana que reconquistaba a la península ibérica, la *djihad* (guerra santa) de los mahometanos fue sancionada canónicamente en el Islam, pero su expansión militar estuvo complementada por una gran tolerancia religiosa, igual para los judíos que para los cristianos; por ejemplo, sabemos que Cristo es considerado como uno de los profetas del Islam. Sin embargo, para Ibn Jaldún (cuya obra es mucho más importante que los limitados escritos hispano-musulmanes de Ibn Hayyan y de Al-Mas'udi) la confusión de las esferas política y religiosa fue tan completa como para sus homólogos cristianos. A sus ojos, el califato de Córdoba llegó a su apogeo cuando el califa omeya Abd al-Rahman III tomó el título de "Comandante de los fieles" y el sobrenombre de *An-Nasir li-din Allah* [victorioso en nombre de la fe de Alá] (*op. cit.*, t. I, p. 454). Ibn Jaldún nunca perdió de vista la unidad del Islam, que hacía de la España islámica un apéndice o el corazón del territorio islámico hispano-maghrebino, de acuerdo con la época, tras la caída del califato de Córdoba, una extensión política del imperio merínida de Marruecos. Bajo esta luz, la España musulmana parece haber tenido nexos más estrechos con el destino del Maghreb [14] que los que tuvo el reino de Castilla (por entonces) con los reinos libres, incluso Navarra. Esto es igualmente cierto en el aspecto historiográfico.

Es fácil imaginar la significación que Ibn Jaldún habría atribuido a la caída de Granada en 1492. Dos veces se refirió a la "reconquista" de España por el Mahdí en el año 683 de la hégira (es decir, en 1284); y sus predicciones (*op. cit.*, t. II, pp. 632 y 667) no eran inconcebibles: durante el reinado de Carlos V, Europa vivió con el temor a "el Turco" y los musulmanes desembarcaron en Nápoles, y después estuvieron a punto de tomar Viena. Las profecías corrientes en el mundo musulmán anunciaban la conquista de Roma (capital de la cristiandad occidental), de Constantinopla (hecho que en realidad ocurrió, en 1453), así como la reconquista de España, país que parecía desempeñar un papel importante en la confrontación entre el Islam y el cristianismo, la cual se exacerbó durante la segunda mitad del siglo xv. A partir de una comparación historiográfica, podemos ver que la "reconquista", presentada por ambos bandos como la recuperación del territorio que había sido arrancado a un imperio

y J. Wiet, eds., UNESCO: Colección de Obras Representativas, París-Beirut, 1964, t. I, *Spain*, pp. 107-116.

[14] André Miquel, *La Géographie humaine du monde musulman*, París-La Haya, 1967, pp. 259-262.

mítico, basado en un grado igual de fe, era simplemente una conquista. El imperio cristiano, el "Sacro Imperio", ya no era más que una idealización, y hacía mucho tiempo que el imperio turco había sido desmembrado. La trascendencia, como ha indicado Benedetto Croce, desempeñó un papel primordial en las ideas de los historiadores de la Edad Media.[15] Hispania y Al-Andalus sólo eran modelos ideales, pues nunca fueron realidades territoriales estables.

Esta tierra, disputada por musulmanes y cristianos, también era el hogar de otra comunidad religiosa: los judíos, que tomaron el nombre de sefardíes del que ellos mismos daban a España: *Sefarad*. Su establecimiento en la península fue, para algunos de ellos, anterior al de los cristianos y los musulmanes, ya que databa de antes del Imperio romano. Su expulsión, en 1492, fue descrita con acentos bíblicos por el cronista Yosef ha-Kohen,[16] en un libro evocativo escrito casi un siglo después del acontecimiento. Este cronista, nacido en Aviñón de padres originarios de Cuenca (España), evoca la caída de Granada en los términos siguientes: "Granada estuvo bajo dominio árabe durante setecientos años; Fernando e Isabel, soberanos de España, pusieron largo sitio a la ciudad [...] que se rindió en 1492. Los judíos que allí vivían constituyeron un botín y una presa" (*op. cit.*, p. 116). Éste es el aspecto menos conocido de la caída de Granada: las penalidades sufridas por los judíos durante el pillaje. Ha-Kohen recuerda luego que los judíos de la España cristiana se habían aliado con las familias distinguidas del reino hasta la época de Fernando e Isabel, quienes instituyeron la Inquisición y, a la postre, exiliaron a los sefardíes: "Todos los ejércitos del Señor [Yahvé], todos los exiliados de Jerusalén que estaban viviendo en España, salieron de esta *tierra de maldiciones* en el quinto mes del año 5252, es decir, en 1492. Se dispersaron por los cuatro rincones de la Tierra" (*op. cit.*, p. 117). Entre aquellas infortunadas víctimas de esta moderna diáspora, un hombre, que fue abandonado en una isla cercana de las costas de Provenza, vendió a su hijo para comprar un poco de pan con que alimentar a su padre agonizante; pero el anciano murió inmediatamente después y, dice el autor, su hijo gritó: "¡Ahora, Señor no tardes más; corre a salvarnos, pues en tu nombre se nos mata cada día; se nos considera como un rebaño que se envía al matadero; apresúrate a socorrernos!" (*op. cit.*, p. 117). Estos pasajes de la historia de Yosef ha-Kohen divergen de su fuente

[15] Benedetto Croce, *Théorie et histoire de l'historiographie*, Ginebra, 1968; *L'historiographie médiévale*, 1925, pp. 230-232.
[16] Yosef ha-Kohen, *'Emeq ha-Bakha (El valle del llanto)*, trad. Pilar León Tello, Madrid-Barcelona, 1964.

principal, Samuel Usque,[17] y parecen haber sido inspirados por Ibn Verga. No obstante, podemos observar cómo la diáspora de los sefardíes ocasionó un renacimiento de las esperanzas escatológicas de la judería europea. Como ha indicado G. Scholem,[18] la asociación de la catástrofe histórica con la fe en la inminencia de la redención impuso un tono de *pathos* a la cábala. Recordemos que ya en el siglo XIII un judío de Zaragoza, Abraham Abulafia, considerándose el nuevo Mesías, había pedido al Papa que liberara al pueblo elegido de Dios.

Así pues, los Reyes Católicos aparecen a los ojos del cronista judío como a los de los historiadores árabes, y en particular, el retrato de la reina Isabel constituyó la piedra angular de las tres incompatibles visiones providenciales de la historia de España.

Hernando del Pulgar describe así a Isabel la Católica: "Era mujer muy aguda y discreta [...] Guardaba tanto la continencia del rostro, que aun en los tiempos de sus partos encubría sus sentimientos [...] Era católica y devota; hacía limosnas secretas" (*op. cit.*, cap. XXIV). Andrés Bernáldez fue más lejos aún: "¿Quién podrá narrar los prodigios de esta dichosa y cristianísima reina, digna de eterna alabanza?" (*op. cit.*, cap. CCII). Según Ha-Kohen: "Sobre ella y sobre su soberano esposo cayó la ira de Dios: ¡Yahvé es justiciero! El Señor mostró claro celo por Su pueblo y dio a estos dos gobernantes justo castigo por sus actos: su hija murió en Portugal; el hijo mayor * [...] murió de la peste y no quedó heredero varón para sucederles. La reina Isabel, la *maldita* [...] que arrastró su lánguida vida [...] ha muerto" (*op. cit.*, p. 120). La bendición de los historiadores cristianos tuvo como eco la amarga condenación del cronista sefardí, así como la ya mencionada del historiador musulmán que calificó al ejemplar Fernando III, "el Santo", como "el Déspota". Tras estas visiones contrastantes de los protagonistas históricos de España a finales del siglo XV se encuentran, desde luego, los propios acontecimientos y, sobre todo, la adhesión a tres visiones trascendentales de la historia que determinaron tres fuerzas políticas antagónicas. A la vieja Alianza del pueblo judío con Yahvé se opuso la nueva Alianza de los cristianos de España con Jesucristo, un Mesías judaico impugnado por quienes seguían aguardando a un nuevo Mesías daví-

_____

* Juan de Aragón (1478-1497), que no era el hijo mayor, sino el segundogénito; príncipe heredero y único hijo varón de los Reyes Católicos. [T.]

[17] Samuel Usque, *Consolaçam as tribulações de Israel*, Ferrara, 1552.

[18] Gershom Scholem, *Les grandes courants de la mystique juive*, París, 1968, cap. VII.

dico.[19] Juntamente, y en contra, surgió el poder de la conquistadora fe del Islam, tolerante de una manera dogmática, abierta a los infieles, pero ansiosa de expansión militar.[20]

Desde la perspectiva del providencialismo cristiano, el descubrimiento de las Indias Occidentales pareció "la mayor cosa después de la creación del mundo, sacando la encarnación y muerte del que lo creó", según López de Gómara (op. cit.). Las riquezas de América fueron consideradas como un maravilloso salvavidas arrojado del cielo al cristianismo, que estaba en peligro de zozobrar; el descubridor se llamaba, misteriosamente, Cristóbal —es decir, "portador de Cristo"—, y quizá fuese sefardí, pero esto en realidad nunca se probó. El nexo común de los tres hechos importantes de 1492 fue la fe de los vencedores y de las víctimas, que en consecuencia arreglaron los hechos como mejor les pareció. El Papa en Roma, el "Comandante de los fieles" en Damasco y el Kohen de los judíos eran los dirigentes espirituales de tres comunidades religiosas que habían cohabitado en España durante nueve siglos. Esta tripartición espiritual del mundo, que Ibn Jaldún nos recuerda, correspondió misteriosamente a las vestiduras del sumo sacerdote y al templo, según el historiador judío Josefo (Antigüedades judaicas). A este respecto, España era como un modelo reducido del universo que entonces se conocía (y transcurrió más de un siglo antes de que América encontrara lugar en este modelo, puesto que América constituía un cuarto continente). Dentro de los límites del territorio español se sobreponían la historia de tres pueblos y las aspiraciones conquistadoras de dos de ellos. A finales del siglo xv, uno de estos dos, insatisfecho con la mera dominación política y económica, trató asimismo de imponer su fe. Desde entonces, Sefarad se convirtió en el recuerdo de una "tierra de maldiciones", y Al-Andalus en la imagen nostálgica de un paraíso perdido; Hispania —la España cristiana— fue, a tal precio, no restituida (restituto) sino arrancada. El historiador no puede permitirse soñar la historia, pero resulta difícil no imaginar lo que habría ocurrido si las tres comunidades hubiesen continuado coexistiendo en la península ibérica, y qué papel habría podido desempeñar hoy la "triple España": Hispania, Sefarad, Al-Andalus. Tras esta visión utópica de las cosas se encuentran algunos difíciles problemas históricos. ¿Fue la "nueva política" de Fernando e Isabel una respuesta a

[19] Jacques Lafaye, "Le Messie dans le monde ibérique: aperçu", Mélanges de la Casa de Velázquez, t. VII (1971), pp. 163-185.
[20] Una crónica anónima de Abd al-Rahman III al-Nasir, E. Lévi-Provençal y E. García Gómez, eds., Madrid-Granada, 1950, (4), (22), (34).

cierto determinismo histórico, a una necesidad vital de una España resurgente tras largo periodo de anarquía? ¿Hemos de acusar a la maquinaria burocrática de Aragón? [21] ¿Aún era viable la coexistencia de las tres comunidades de fe, que prometía un gran futuro, o estaba condenada a desaparecer por causa de las tensiones políticas militares entre la cristiandad y el Islam? En el siglo siguiente, la literatura española ofreció algunas respuestas indirectas a estas preguntas. La moda de las novelas moriscas; las evocaciones nostálgicas de los abencerrajes de Granada en la poesía, las novelas y el teatro; [22] el tema de la "soledad" como expresión de la pérdida de los sefardíes, [23] que encontramos especialmente en la novela picaresca; la condena, por Cervantes, de la expulsión de los judíos y los moros; pero esto suena como una protesta de la conciencia pública respecto a la "Reconquista" que, junto con las dos expulsiones, fue, en realidad, una doble amputación para España.

[21] José María Font y Rius, "The Institutions of the Crown of Aragón in the First Half of the Fifteenth Century, *Spain in the Fifteenth Century*, pp. 171-192.
[22] María S. Carrasco Urgoiti, *El Moro de Granada en la literatura*, Madrid, 1956, primera parte, *Origen y difusión del tema hasta 1700*, pp. 19-90.
[23] Antonio Domínguez Ortiz, *Los judeoconversos en España y América*, Madrid, 1971, cap. X, pp. 193-217.

III. LAS RELIGIONES INDÍGENAS DE AMÉRICA VISTAS POR LOS CRISTIANOS DE LOS SIGLOS XVI Y XVII

TRATAR un tema así de vasto exigiría un curso anual; por ello, tendré que limitarme a algunos puntos de referencia, en una media hora.

Habría que presentar las religiones amerindias que, del norte al sur de América, ofrecen gran diversidad. En ellas se encuentran politeísmos dotados de un panteón rico, de una cosmología precisa, de un clero y de un ritual complejo. Dioses tutelares que pueden ser el pico de una montaña, un volcán, un lago, pero también un antepasado totémico, un jaguar u otro animal. Muchas de esas religiones honraban a un dios o héroe civilizador, que se llamaba Kukulkán entre los mayas, Quetzalcóatl entre los aztecas, Viracocha entre los incas, Pay Zumé entre los tupinambas, etc. Hay dioses tectónicos entre los agricultores sedentarios, y dioses uranios entre los nómadas cazadores. Pero no voy a seguir las huellas de Mircea Eliade; esos métodos y esas cuestiones son familiares a todos nosotros.

Los indios de América tenían también muchas creencias mágicas, y a menudo prácticas terapéuticas o propiciatorias, que de aquéllas se derivaban; la astrología y la adivinación gozaban de gran favor entre ellos, como en el Occidente cristiano de aquella época, precisémoslo. Con frecuencia, las grandes religiones politeístas amerindias parecen, a los ojos de los misioneros, comparables a las de los griegos y los romanos (Sahagún en particular ha comparado a los dioses entre sí, uno por uno). Los indios eran los últimos gentiles.

Hay dos textos que en cierta manera constituyen la carta espiritual y muestran la actitud de los cristianos de España hacia los indios de América y sus religiones ancestrales. El primero es la bula *Inter caetera* de 1493, cuyo facsímil (publicado por Baltasar de Tobar) tengo aquí; es la primera de las famosas *bulas alejandrinas*, por las cuales el papa Alejandro VI hizo donación del Nuevo Mundo a la corona de Castilla, a los Reyes Católicos, Fernando e Isabel, encargados por él de evangelizar a los indios. El artículo primero prevé expresamente esta misión, requiere que "prosiguiendo la conquista de las dichas islas y tierras procuren que los pueblos sean persuadidos a recibir la fe católica". El fundamento jurídico de la empresa de conquista y de colonización es la misión evangelizadora. La bula hablaba de "tierras e islas descubiertas o que llegaran a serlo". Así pues, no se sabía con precisión lo que era América, y esta incertidumbre durará hasta mediados del siglo XVII, mucho después de la muerte de Colón.

El otro texto clave es la bula *Sublimis Deus* de 1537, del papa Paulo III (Alejandro Farnesio), preparada por el breve *Cardinali Toletano* y que, retomada en sustancia por las *Nuevas Leyes de Indias*, constituirá indirectamente la carta antiesclavista, protectora de los indios, durante todo el periodo colonial. He comentado y estudiado esos textos en un artículo, utilizando documentos de los archivos de la *Propaganda fide*, y tan sólo deseo recordar que la bula *Sublimis Deus* proclama la plena humanidad de los indios —por tanto, su capacidad de salvación eterna— y pone fin a los ensueños (a menudo interesados) que veían en ellos a bestias, monstruos o seres "mixtos".

En torno a esos dos puntos se ha desarrollado toda una literatura a la vez jurídica, canónica y antropológica, cuyas obras maestras son, sin la menor duda, las *Relectiones de indis* de Francisco de Vitoria, en Salamanca, y la *Apologética historia* de Las Casas; sería fácil prolongar esta lista, pero hoy no es éste nuestro objeto.

En la realidad de la práctica conquistadora, la actitud de los cristianos españoles ante las creencias de los amerindios no fue ni unánime ni exenta de duda y de ambigüedad. Hay que distinguir en particular a los conquistadores de los misioneros. Los soldados de la conquista quedaron asombrados por las analogías simbólicas (representaciones en forma de cruz) o rituales (tonsura, circuncisión) con el cristianismo o el judaísmo. Muchos de ellos, que habían participado en guerras contra el Islam, asimilaron naturalmente los indios a los infieles musulmanes. Por la forma de las almenas que coronaban la techumbre, calificaron espontáneamente de "mezquitas" a los templos construidos en la cumbre de las pirámides de Mesoamérica. Pero no cabe duda de que su sentimiento dominante fue el horror ante ciertas prácticas: la antropofagia y la sodomía, ambas muy extendidas por la mayor parte de las poblaciones del Nuevo Mundo. Recordemos que la antropofagia representaba, en las religiones amerindias, un rito de comunión. Algunos, como los aztecas de México, se comían a sus enemigos sacrificados; otros, como los tupíes de América del Sur, se comían a los muertos de su propio clan para conservar su principio vital. (Se ha pretendido, en la época moderna, que también era una manera de paliar el déficit orgánico en sales minerales.) La antropofagia podía aplicarse a los miembros, al tronco y a las vísceras; en otras ocasiones sólo se absorbían los huesos, molidos y mezclados con un brebaje de origen vegetal.

Sabido es el horror que sintieron Cortés y su lugarteniente Bernal Díaz del Castillo ante el muro de cráneos de las víctimas, conserva-

dos al pie del gran templo de México-Tenochtitlan. El conquistador
prohibió, en cuanto pudo hacerlo, la práctica conjugada del sacrificio humano y de la antropofagia ritual.

La sodomía, practicada corrientemente entre los mayas y los indios de las llanuras de América del Norte descritos por Álvar Núñez
Cabeza de Vaca ("había hombres casados con otros hombres"), no
escandalizó menos a los conquistadores españoles. Al "pecado ne-
fando" (el de sodomía) le vieron un solo remedio: hacer que los
culpables fuesen devorados por los perros. Así, Las Casas pudo describir escenas en que los molosos —perros que los conquistadores
habían llevado— devoraban vivos a indios convictos de homosexua-
lidad. Tal fue, en un primer impulso, la respuesta cristiana al amor
contra natura.

Pero bien se puede pensar que los primeros misioneros católicos
tuvieron una visión más matizada y reacciones menos brutales ante
las religiones amerindias. Baste con recordar que pertenecían a las
órdenes mendicantes (recién reformadas): agustinos, dominicos,
franciscanos (hermanos menores). Todos esos hombres estaban animados de un espíritu de proselitismo digno de los tiempos evangélicos, que trataban de hacer revivir para apresurar la venida del Reino
Milenario. Estos pescadores de almas no vacilaron en disputar in-
cansablemente sus catecúmenos indios a los cazadores de esclavos.
Bautizaban con ahínco: uno de ellos, el franciscano Motolinía, se
quejaba de tener el calambre del bautismo al término de la jornada.
También se jactaba de haber bautizado personalmente a más de cien
mil indios.

Asimismo, los casaban en masa. Pero los sacramentos eran inefi-
caces contra las prácticas ancestrales. Los indios, como los romanos
del Imperio ante las divinidades helenísticas orientales, estaban dis-
puestos a admitir, en el ya rico panteón de sus dioses, a los dioses
recién llegados, pero no comprendían el exclusivismo intolerante del
monoteísmo cristiano. En resumen, el cristianismo de los españoles
les había parecido un politeísmo comparable al suyo propio, y creían
que la pareja original (el padre y la madre de los dioses y de los
hombres) eran Santiago y la Virgen María, su esposa. Ni el bautismo
ni el catecismo les impedían ofrecer sacrificios a los dioses de sus
antepasados o practicar sus ritos funerarios; ni el matrimonio cristiano estorbaba la poligamia de los caciques, fuente y signo a la
vez, de riqueza y de poder.

Los misioneros católicos eran asimilados por los indios a esos
pequeños mesías (pay zumé, en tupí) que han descrito el capuchino
Claude d'Abbeville entre los tupinambas del Marañón y el jesuita

Ruiz de Montoya entre los guaraníes del Paraguay. Esto no ha cambiado; hace tres años un jesuita español, misionero en el Chaco, me resumía así la situación: "Antes, éramos nosotros los que los bautizábamos; hoy, ¡son ellos los que nos bautizan!"

En presencia de esos riesgos de sincretismo —es decir, en su espíritu, de herejía— los religiosos españoles pusieron en acción una política de *tabula rasa* de las religiones amerindias. Los primeros franciscanos, en especial, no quisieron ver en las creencias y las prácticas de los indios (sobre todo las que se aproximaban al cristianismo) más que *parodias diabólicas* destinadas a mantener en las tinieblas a esas ovejas extraviadas del rebaño de Dios. Con buena lógica, emprendieron la *extirpación* de la idolatría, sin retroceder ante ningún medio. Fueron utilizadas, concurrentemente, la conversión de los niños, que en seguida se volvieron espías y delatores de sus padres, la exhumación y la cremación de las momias de antepasados, la destrucción de los ídolos y la muerte en la hoguera de los nuevos cristianos que fueran considerados como renegados. Pero los indios inventaron recursos: mercado negro de momias y reinhumación clandestina, ocultación de ídolos bajo el altar mayor de las iglesias, fabricación de falsos ídolos destinados a los autos de fe, etc., y también la contraevangelización, a cargo de los sacerdotes politeístas (*dogmatizadores*) sobre todo, según lo ha manifestado Pierre Duviols, en el Perú, pero también en México.

Como en Asia, los jesuitas se mostraron más tolerantes hacia las creencias tradicionales de los aborígenes. La Compañía, última de las órdenes religiosas llegadas a América, dio pruebas de gran audacia, buscando entre las creencias indias los signos precursores del cristianismo. Esta visión pragmática, que se apoyaba en las creencias y los ritos antiguos para hacer más fácil la asimilación de la nueva religión, era el polo opuesto de la *tabula rasa* de los franciscanos. Un jesuita del Brasil, el padre Nóbrega, ha descrito de manera conmovedora una peregrinación en que él mismo y sus compañeros siguieron, con todo un clan de indios encabezados por el cacique y su mujer, las huellas consideradas milagrosas del apóstol Santo Tomás, supuesto primer evangelizador de las poblaciones del Nuevo Mundo.

Con bastante rapidez se impuso la idea de que Santo Tomás y San Bartolomé habían evangelizado a América, porque las *Acta Thomae* —reconocidas después como apócrifas— pretendían que Tomás (en realidad un segundo Tomás helenístico) había predicado a los gentiles *supra Gangem*. Más allá del Ganges bien podía interpretarse como más allá de América, puesto que en los siglos XVI y XVII prevalecía la creencia de que Asia y América eran de una sola pieza. Al dirigirse hacia el oeste por tierra, a través de las llanuras de América del Norte, se pensaba llegar a la India o a la China. Se inició un juego de descubrimiento de las huellas del apóstol sobre esas bases geográficas erróneas y sobre apócrifos fundamentos de las Escrituras. Esta convicción se reforzó a medida que los misioneros españoles —pasado el entusiasmo del principio— fueron más engañados por los neófitos indios. Se acordaron de que Santo Tomás, al volver del otro lado del Ganges, había dicho a Jesús: *"Mitte quo vis, sed non ad Indos."* (No hago más que resumir brevemente lo que ha sido expuesto por Marcel Bataillon en sus cursos, y cuyo estudio he continuado en el libro II de *Quetzalcóatl y Guadalupe.*) La práctica misionera de los jesuitas se fundaba, en último análisis, sobre el postulado de que la *ignorancia invencible de Dios* no existe en ninguna población; así pues, el papel de los misioneros consistía en desarrollar aquel germen innato, como lo ha mostrado un jesuita de las Filipinas, el padre Achútegui. (Abro aquí un paréntesis para manifestar mi asombro de que la Compañía de Jesús, tan centralizada desde su origen, haya practicado en América una política bastante distinta —mucho más prudente— que en Asia. No ha habido una querella de los ritos americanos, análoga a la de los "ritos chinos" que evocaba el señor Gernet esta mañana.)

Una cuestión dominaba a todas las demás, incluida la de la evangelización apostólica de los indios: la venida del Mesías en gloria, rodeado de todos los santos. En su tratado *De Antichristo*, publicado en Roma a comienzos del siglo XVII, el dominico Malvenda evocaba las muy numerosas poblaciones del Nuevo Mundo que aún quedaban por evangelizar, episodio tardío de una controversia subyacente en muchas otras obras de misioneros de las Indias Occidentales. La mayoría de estas obras permanecían inéditas, sometidas a la previa censura del Consejo de Indias. Otro dominico, Gregorio García, había desarrollado todas las hipótesis contradictorias relativas al origen de los indios y a su evangelización apostólica. Ciertos autores, como el dominico Diego Durán, pretendían —inaugurando así una larga tradición— que los indios de América eran la descendencia de los judíos ocultos, de la primera diáspora del tiempo del rey Salmanasar. Se asimilaba la migración de los aztecas a la huida a Egipto o a la marcha hacia la Tierra Prometida. En una América mal dominada por la corona de Castilla, y en la que muchos sefardíes de España y de Portugal se habían refugiado para huir de las pesquisas inquisitoriales, semejantes creencias podían servir de detonador a rebeliones y secesiones. El monogenismo y la interpretación literal de la *Vulgata* —del mensaje de Cristo: *Ite et docete omnes gentes*— también estaban en juego. La exégesis bíblica y la antropología se confundían. El joaquinismo de los franciscanos inquietó al Consejo de Indias. En todo este asunto, el jesuita Acosta, confesor de la infanta y confidente de Francisco de Toledo, virrey del Perú, desempeñó un papel de primer orden, como he tratado de mostrarlo en mi edición de la historia del México antiguo, conocida con el nombre de *Manuscrito Tovar*. Las dos obras maestras de Acosta, el *De indorum salute* y la *Historia general y moral de las Indias*, contribuyeron a bajar la fiebre milenarista, generadora de movimientos a la vez heréticos y políticamente subversivos.

El caso de Francisco de la Cruz, dominico de Lima (los agustinos y los dominicos eran más abiertos o menos dogmáticos, en general, que los franciscanos) y nuevo profeta de aquel Nuevo Mundo, resulta revelador al respecto, y ha sido estudiado, aquí mismo, por Marcel Bataillon en sus cursos de los años cincuenta. En torno de este personaje iluminado se ve surgir a la sociedad criolla de finales del siglo XVI, en su clima de ansiedad escatológica. En aquel momento se produce un gran cambio: los indios ya no aparecen como almas por salvar, "cristianos hechos a punta de lanza", y los monjes criollos tratan de librarlos de una maldición secular, rescatar su pasado, apropiarse de su herencia cultural y revalorizar, al mismo tiempo, la patria americana, que también era suya.

En esta nueva perspectiva, que Bataillon había descubierto en su artículo (resumen de un curso anual) *Origines intellectueles et religieuses du sentiment américain*, las religiones americanas salían transfiguradas. El más célebre de los mestizos, Garcilaso de la Vega, fruto de la unión de un conquistador español y de una princesa inca, a comienzos del siglo XVII escribió una historia agustiniana del Imperio de los incas, sus tíos. Para el Inca Garcilaso, el Imperio andino de sus antepasados maternos (como el Imperio romano según el obispo de Hipona) no habría tenido otra razón de ser que la de preparar el terreno al cristianismo. El empleo de una lengua de relación: el quechua, la construcción de puentes y caminos y la centralización política habían facilitado efectivamente la conquista realizada por los hermanos Pizarro, y después la división misionera. Esta visión providencialista del pasado indio es el punto más extremo al que ha llegado un pensamiento asimilador cuyos esfuerzos tendían a captar toda la novedad de aquel Nuevo Mundo que inicialmente había desconcertado a los europeos.

A falta de una conclusión, para terminar deseo prevenir críticas eventuales, pues sólo he tratado un aspecto de las cosas. No cabe duda de que habría sido más emocionante exponer —como puede hacerse respecto a las religiones orientales— la visión que los indios hayan podido tener del cristianismo. Pero carecemos totalmente de fuentes escritas —puesto que los indios no poseían la escritura, salvo la pictografía entre los mexicanos— y todas las informaciones de que disponemos nos han llegado a través del latín o el castellano de los misioneros. Hasta los manuscritos en náhuatl descubiertos en México por el padre Garibay y publicados por su discípulo León-Portilla son obra de catecúmenos indios, diríase en el lenguaje de la antropología actual: de indios aculturados. Así pues, el número de conjeturas es muy considerable en todos los trabajos consagrados a este envés del espejo de la conquista y de la evangelización de América.

BIBLIOGRAFÍA

ABBEVILLE, CLAUDE D': *Histoire de la mission des Pêres Capucins en l'Isle de Maragnon*, ed. facsimilar, Graz, 1964.

ACOSTA, JOSÉ DE: *De Indorum salute* e *Historia natural y moral de las Indias*, B. A. E., t. LXXXIII.

ACHÚTEGUI, PEDRO S. DE: *La universalidad del conocimiento de Dios en los paganos según los primeros teólogos de la Compañía de Jesús*, CSIC, Roma, 1951.

BATAILLON, MARCEL: "Origines intellectuelles et religieuses du sentiment américain en Amérique Latine", *Cahiers de l'Institut des Hautes Études de l'Amérique Latine*, núm. 6, París (s. f.).

—: *La herejía de fray Francisco de la Cruz y la reacción antilascasiana*, miscelánea de estudios dedicados al doctor Fernando Ortiz, La Habana, 1955.

—: *Annuaire du Collêge de France*: 1949-1950, *L'esprit des évangélisateurs du Mexique*. 1951-1952, *La découverte spirituelle du Nouveau Monde, de Las Casas a Acosta*.

—: *L'unité du genre humain, du Père Acosta à Clavigero. Mélanges à la mémoire de Jean Sarrailh*, Ed. Hispaniques, París, 1966.

CASAS, BARTOLOMÉ DE LAS: *Apologética historia de las Indias*, B. A. E., t. CV.

CORTÉS, HERNÁN: *Cartas de relación de la conquista de México*, Biblioteca Porrúa, México, 1963.

DÍAZ DEL CASTILLO, BERNAL: *Historia verdadera de la conquista de la Nueva España*, Biblioteca Porrúa, México, 1960.

DURÁN, DIEGO: *Historia de las Indias de Nueva España*, ed. México, 1967.

DUVIOLS, PIERRE: *La lutte contre les religions autochtones dans le Pérou colonial*, París-Lima, 1971.

GARCÍA, GREGORIO: *Origen de los indios del Nuevo Mundo*, Valencia, 1607.

GACILASO DE LA VEGA, EL INCA: *Comentarios reales, que tratan del origen de los incas*, B. A. E., tomos CXXXIII-CXXXV.

LAFAYE, JACQUES: "L'Église et l'esclavage des Indiens, de 1537 à 1708", *Bulletin de la Faculté des Lettres de Strasbourg*, año 43, núm. 7, abril de 1965.

—: *Quetzalcóatl et Guadalupe*, Bibliothèque des Histoires, Gallimard, 1974 [FCE, 1977].

MALVENDA, TOMÁS: *De Antichristo*, Roma, 1604.

Monumenta historica Societatis Iesus : Monumenta brasiliae, vol. I, Roma.

NÚÑEZ CABEZA DE VACA, ÁLVAR: *Naufragios y comentarios*, B. A. E., t. XXII.

LEÓN-PORTILLA, MIGUEL: *Visión de los vencidos*, UNAM, México, 1959.

RUIZ DE MONTOYA, ANTONIO: *Conquista espiritual del Paraguay*, Bilbao, 1892.

SAHAGÚN, BERNARDINO DE: *Historia general de las cosas de Nueva España*, Biblioteca Porrúa, México, 1956.

TOBAR, BALTASAR DE: *Bulario índico*, I, CSIC, Escuela de Estudios Hispano-americanos, Sevilla, 1954.

TOVAR, JUAN DE: *Origines et croyances des Indiens du Mexique (Manuscrit Tovar)*, UNESCO, Graz, 1972.

VITORIA, FRANCISCO DE: *Relectiones de indis*, Corpus Hispanorum de Pace, vol. VI, CSIC, Madrid.

NOTA: Sobre estas cuestiones habría que citar, asimismo, los trabajos de Ernest J. Burhus, Lino Gómez Canedo, Guillermo Lonmann Villena, John Leddy Phelan, Robert Ricard, Silvio Zavala, etc., pero no hemos querido prolongar demasiado esta nota bibliográfica.

IV. LOS "MILAGROS" DE ÁLVAR NÚÑEZ CABEZA DE VACA (1527-1536)[1]

LA ODISEA de Álvar Núñez, quien fue uno de los sobrevivientes de la expedición a la Florida que mandaba el adelantado Pánfilo de Narváez y atravesó el continente americano para llegar ocho años después a México, ha sido objeto de estudios lo bastante numerosos y profundos para que sea inútil relatarla aquí, así fuera brevemente.[2] Nuestra ambición se limitará, por tanto, a estudiar la fortuna literaria de uno de los episodios más notables de la *Relación* que hizo el héroe: las curaciones milagrosas entre los indios que a la sazón ocupaban el oeste del actual estado de Tejas. El análisis y la comparación de algunos textos, que a este episodio se refieren, proyectan viva luz sobre el espíritu de una época que a menudo ha sido excesivamente modernizada, por el afán de purificar las fuentes del racionalismo contemporáneo.

Al enviar al conde de Benavente su *Historia de los indios de la Nueva España*, Motolinía la acompañaba de una carta, en la que especialmente puede leerse:

> Más larga cuenta dará a vuestra señoría el portador de ésta, porque él con otros tres compañeros estuvieron cautivos por esclavos más de siete años, que escaparon de la armada de Pánfilo de Narváez, después se huyeron, y otros indios los trajeron y sirvieron camino de más de setecientas leguas, *y los tenían por hombres caídos del cielo.*[3]

Estos renglones, fechados el 24 de febrero de 1541, son muy posteriores a la llegada de los cuatro sobrevivientes a México: junio de 1536, fecha que, hasta donde sabemos, es la primera que aparece en las alusiones a la peregrinación de Álvar Núñez, en un texto de importancia histórica notable. En efecto, esta epístola servirá de pre-

[1] Este artículo es la versión refundida de una conferencia dada por el autor en el Instituto Nacional de Antropología e Historia de México el 7 de septiembre de 1960. La grabación se encuentra en los archivos de la Escuela Nacional de Antropología e Historia, Moneda 16, México, D. F.

[2] Véase la excelente *Historiografía paraguaya* de Efraín Cardozo, ed. Instituto Pan-Americano de Geografía e Historia, Comisión de Historia, 83, México, 1959.

[3] *Epístola proemial de un fraile menor al ilustrísimo señor don Antonio Pimentel, sexto conde de Benavente.*

facio a la *Historia* de Motolinía, en sus sucesivas ediciones, y es interesante que, en ese breve resumen, el franciscano no dice palabra de los "milagros" de Álvar Núñez, el episodio más célebre según todos los historiadores posteriores.

La prudencia de Motolinía es tan grande como la de Sahagún, tanto en lo que concierne a los milagros como a la interpretación de los mitos o de los ritos indígenas. Uno y otro fueron actores, sostenidos por una fe inquebrantable, y testigos exigentes. Cuando Álvar Núñez y sus compañeros llegaron a México, fray Toribio de Benavente, llamado Motolinía, se encontraba allí desde hacía doce años. Este misionero, uno de los doce primeros franciscanos enviados para evangelizar a la Nueva España [4] —y no de los menores—, hombre de una curiosidad incansable y ocupado por entonces en trabajos históricos, no hay duda de que fue uno de los primeros en interrogar a los supervivientes.

Como la fuente de los renglones antes citados fue oral, ¿podemos determinarla exactamente? Los otros tres sobrevivientes, aparte de Álvar Núñez, de la expedición de Pánfilo de Narváez fueron: Estebanico —"un negro de Azamor",[5] esclavo cuyo crédito no debía ser muy grande—, Alonso de Castillo Maldonado y Andrés Dorantes. Sabemos que Esteban fue muerto en Nuevo México, en 1539, cuando acompañaba a fray Marcos de Niza. Las opiniones se dividen en lo concerniente a Castillo Maldonado. Es sabido que Andrés Dorantes entró al servicio del virrey Mendoza y que se encontraba en la ciudad de México en 1541. El propio Álvar Núñez había vuelto a España en 1537. En suma, la fuente oral inmediata de Motolinía (Dorantes, o quizá Castillo Maldonado) [6] o bien no habló de los "milagros" realizados entre los indios, o bien Motolinía no creyó necesario registrar este episodio.

La última hipótesis es la menos probable. En el México de 1541, un milagro es un hecho que no se omite en el relato —así sea resumido— de una epopeya. Como la carta iba confiada a uno de los sobrevivientes —que "dará más larga cuenta"—, esta omisión la desautorizaría de antemano. Así pues, tenemos buenas razones para pensar que Dorantes o Castillo Maldonado, los compañeros de Álvar Núñez,

[4] Robert Ricard, *La "conquête spirituelle" du Mexique*, París, 1933, *passim*.
[5] Robert Ricard, "Azemmour et Safi en Amérique", *Études sur l'histoire des Portugais au Maroc, Coimbra*, 1955, pp. 325-330.
[6] Hemos tomado estos datos del padre Francis Borgia Steck, *Motolinía's History of the Indians of New-Spain*, Publications of the Academy of American Franciscan History (Doc. Series, Volume One), Washington, Introductory Letter, n. 1.

no dieron a los "milagros" la importancia que les atribuye la *Relación*, publicada en Zamora al año siguiente, en 1542.[7]

¿Conocía Motolinía el manuscrito inédito de Álvar Núñez? Dado que éste debió renunciar a embarcarse antes de la primavera de 1537, como nos dice él mismo, y pasó el invierno de 1536 a 1537 en México, quizá aprovechó esta tregua para escribir la *Relación*. En el momento en que Motolinía firma la carta del 24 de febrero de 1541, Álvar Núñez se encuentra en altamar, dirigiéndose al Paraguay como adelantado. Así pues, parece lo más indicado pensar que después de su regreso a España, y con objeto de obtener la capitulación en 1540, por la cual llegaría a ser adelantado, Álvar Núñez redactó y publicó el relato de sus tribulaciones americanas. Si ello ocurrió así, Motolinía no había leído la *Relación* cuando escribió su carta al conde de Benavente, y sus breves renglones pueden parecer un resumen de la *Relación* porque, como ésta, siguen el mismo plan cronológico, propio de un relato oral.

Resulta difícil aceptar que Motolinía no haya oído a Álvar Núñez en 1536. Las palabras, más recientes, de Dorantes o de Castillo ¿han borrado de su memoria el recuerdo de los "milagros"? ¿O bien nacieron en la imaginación de Álvar Núñez, durante la travesía o después de su regreso a España, por necesidades de una causa demasiado clara y cuando estaba separado de los únicos testigos que habrían podido contradecirlo? Por lo demás, esos testigos ¿lo habrían refutado? Obrar así no les interesaría. Sin duda, otras tantas preguntas se quedarán para siempre sin respuesta. Veamos, antes bien, lo único que poseemos, la propia *Relación*:

> En aquella isla que he contado [la isla de Malhado] nos quisieron hacer físicos sin examinarnos ni pedirnos los títulos, porque ellos curan las enfermedades soplando al enfermo, y con aquel soplo y las manos echan de él la enfermedad, y mandáronnos que hiciésemos lo mismo y sirviésemos en algo; *nosotros nos reíamos de ello, diciendo que era burla*, y que no sabíamos curar; y por esto nos quitaban la comida hasta que hiciésemos lo que nos decían.[8]

Por consiguiente, el punto de partida de las curaciones milagrosas es —a los ojos de Álvar Núñez y de sus compañeros, médicos a su

---

[7] *La relación que dio Álvar Núñez Cabeza de Vaca de lo acaecido en las Indias en la armada donde iba por gobernador Pánfilo de Narváez. Desde el año de veinte y siete hasta el año de treinta y seis que volvió a Sevilla con tres de su compañía*, Zamora, 1542.

[8] *Naufragios de Álvar Núñez Cabeza de Vaca y relación de la jornada que hizo a la Florida con el adelantado Pánfilo de Narváez*, B. A. E., t. XXII, Historiadores primitivos de Indias, I, cap. XV, col. II, p. 528.

pesar— una "broma" trágica planeada íntegramente por los indios, a los que tratarán de curar para librarse del hambre:

> La manera que ellos tienen en curarse es ésta [...] La manera con que nosotros curamos era *santiguándolos* y soplarlos, y rezar un pater-nóster y un avemaría, y rogar lo mejor que podíamos a Dios nuestro Señor que les diese salud y espirase [*sic*] en ellos que nos hiciesen algún buen tratamiento. Quiso Dios nuestro Señor y su misericordia que todos aquellos por quien suplicamos, *luego que los santiguamos decían a los otros que estaban sanos y buenos.*[9]

Como "soplar" era un procedimiento tomado de la medicina india, los españoles añaden, de su cosecha, el llamado a la misericordia de Dios. Y la gracia les es concedida; obtienen el don de curar, según creen, para salvar su vida y no la de sus enfermos. En adelante irán precedidos de un renombre extraordinario:

> Luego el pueblo nos ofreció muchas tunas, porque ya ellos tenían noticia de nosotros y cómo curábamos, y de las *maravillas* que nuestro Señor con nosotros obraba, que, aunque no hubiera otras, harto grandes eran abrirnos caminos por tierra tan despoblada, y darnos gente por donde muchos tiempos no la había, y librarnos de tantos peligros.[10]

Álvar Núñez no establece distinción cualitativa entre la curación de los indios y la supervivencia de él y sus compañeros, en el orden del milagro. El recurrir a las curaciones milagrosas se convierte en procedimiento normal de abastecimiento para los cuatro hombres:

> Aquella misma noche que llegamos vinieron unos indios a Castillo, y dijéronle que estaban muy malos de la cabeza, rogándole que los curase; y *después que los hubo santiguado y encomendado a Dios*, en aquel punto los indios dijeron que todo el mal se les había quitado; y fueron a sus casas y trajeron muchas tunas y un pedazo de carne de venado [...] y tantos eran que no sabíamos adónde poner la carne.[11]

Asistimos aquí a una verdadera multiplicación de los panes, por curaciones milagrosas interpuestas: "Dimos muchas gracias a Dios porque cada día *iban creciendo su misericordia y sus mercedes.*"[12]

[9] *Ibid., infra.*
[10] *Ibid.*, cap. xx, col. ii, p. 533.
[11] *Ibid.*, cap. xxi, col. ii, p. 533.
[12] *Loc. cit.*

Siguiendo su camino hacia el oeste, se elevan efectivamente hasta el milagro supremo, que estaba reservado (¿por casualidad?) no a Castillo, autor de los anteriores, sino al propio Álvar Núñez, el narrador:

Otro día de mañana vinieron allí muchos indios y traían cinco enfermos que estaban tullidos y muy malos y venían en busca de Castillo que los curase [...] y él los recibió y a la puesta del Sol los santiguó y encomendó a Dios nuestro Señor, y todos le suplicamos con la mejor manera que podíamos les enviase salud, *pues él veía que no había otro remedio para que aquella gente nos ayudase, y saliésemos de tan miserable vida*; y él lo hizo tan *misericordiosamente*, que venida la mañana todos amanecieron tan buenos y sanos, y se fueron tan recios como si nunca hubieran tenido mal ninguno. Esto causó entre ellos muy gran admiración, *y a nosotros despertó que diésemos muchas gracias a Nuestro Señor, a que más enteramente conociésemos su bondad, y tuviésemos firme esperanza que nos había de librar y traer donde le pudiésemos servir y de mí sé decir que siempre tuve esperanza en su misericordia* que me había de sacar de aquella captividad, y así yo lo hablé siempre a mis compañeros [...] y como por toda la tierra no se hablase sino de los *misterios que Dios nuestro Señor con nosotros obraba* [...] vinieron a nosotros unos indios de los susolas [13] y rogaron a Castillo que fuese a curar a un herido y a otros enfermos, y dijeron que entre ellos quedaba uno que estaba muy al cabo. Castillo era médico muy temeroso, principalmente cuando las curas eran muy temerosas y peligrosas, y *creía que sus pecados habían de estorbar* que no todas veces sucediese bien el curar. Los indios me dijeron que yo fuese a curarlos [...] y así *hube de irme con ellos*, y fueron conmigo Dorantes y Estebanico, y cuando llegué cerca de los ranchos que ellos tenían, *yo vi el enfermo que íbamos a curar que estaba muerto*, porque estaba mucha gente alrededor de él llorando y su casa deshecha, que es señal de que el dueño estaba muerto; y ansí cuando yo llegué *hallé al indio con los ojos vueltos y sin ningún pulso*, y con todas las señales de *muerto*, según a mí me pareció, y lo mismo dijo Dorantes. Yo le quité una estera que tenía encima, con la que estaba cubierto, *y lo mejor que pude supliqué a Nuestro Señor fuese servido de dar salud a aquel* y a todos los otros que de ella tenían necesidad; y *después de santiguado y soplado muchas veces*, me trajeron su arco [...] hecho esto nos volvimos a nuestro aposento, y nuestros indios a quien di las tunas se quedaron allá; y a la noche se volvieron a sus casas y *dijeron* que aquel que estaba *muerto* y yo había

[13] Los susolas y los avavares son tribus desaparecidas. A propósito de los indios encontrados por Álvar Núñez, véase la obra ya clásica de John R. Swanton, *The indian tribes of North-America*, ed. Smithsonian Institution, Bureau of American Ethnology, Bulletin 145, Washington, 1952.

bien curado en presencia de ellos, *se había levantado bueno* y había paseado, y comido y hablado con ellos.[14] Esto causó gran admiración y espanto, y en toda la tierra no se hablaba de otra cosa [...] Nosotros estuvimos con aquellos indios avavares [15] ocho meses [...] y decían que verdaderamente nosotros *éramos hijos del Sol.*[16]

Nos ha parecido indispensable citar este largo pasaje, en que la misericordia de Dios parece verdaderamente infinita. Puede verse que los españoles no se sentían autores de milagros, sino tan sólo beneficiarios ocasionales de los prodigios que Dios realizaba por intermedio de ellos ("con nosotros") a fin de sacarlos de una situación sin salida natural. Álvar Núñez escribe, con una ingenuidad que nos confunde, que Castillo se sentía demasiado impuro para ser el instrumento elegido de Dios, en tanto que él mismo está animado de una esperanza sin límites en la misericordia divina. Actualmente nos es difícil admitir que esta misericordia pueda llegar hasta el milagro, pero encontramos en esa divergencia entre Castillo y Álvar Núñez el eco atenuado de las controversias de entonces sobre la fe y las obras. Grande es nuestra sorpresa al ver a Álvar Núñez suplicar que "Nuestro Señor fuese servido de dar salud a *aquél*". La diferencia entre la enfermedad y la muerte, entre la curación y la resurrección, parece insignificante al narrador, ya acostumbrado al milagro por los numerosos precedentes. Lo sobrenatural se ha vuelto tan familiar a él, que no trata de verificar la aseveración de "nuestros indios, a quien di las tunas". Sin embargo, él mismo nos da razones para dudar de su buena fe:

Y dijeron de nosotros todo lo que los otros [los anteriores] les habían enseñado, y *añadieron mucho más*, porque toda esta gente de indios son grandes *amigos de novelas* y muy mentirosos, *mayormente donde pretenden algún interés.*[17]

Y más aún:

Decían que éramos *hijos del Sol*, y que teníamos *poder para sanar a los enfermos, y para matarlos, y otras mentiras aun mayores que éstas*, como ellos las saben mejor hacer *cuando sienten que les conviene.*[18]

14 Álvar Núñez Cabeza de Vaca, *op. cit.*, cap. XXII, col. II, p. 534, y col. I, p. 535.
15 Véase, *supra*, n. 13.
16 Véase, *supra*, n. 14.
17 Álvar Núñez Cabeza de Vaca, *op. cit.*, cap. XXIX, col. I, p. 540.
18 *Ibid.*, cap. XXVII, col. II, p. 539.

O bien ese "muerto" no estaba muerto, pues los signos clínicos que presentaba podían ser los de un sujeto en estado cataléptico, del que habría salido naturalmente o bajo el efecto de los "soplos" de Álvar Núñez; o bien no volvió realmente a la vida: los indios ("nuestros indios"), que se beneficiaban con los presentes que recibían los españoles, a fin de acrecentar más aún el renombre del "patrón" y ver afluir los víveres corrieron el rumor de que el muerto había vuelto a la vida. Lo más asombroso no es la credulidad complaciente de Álvar Núñez, sino que más adelante califique de "mentiras mayores", sin distinción, la expresión "hijos del Sol" y el "poder para sanar a los enfermos". Esto nos confirma que no se creía dotado de un poder sobrenatural, sino simple instrumento, médium o intercesor. Apremiado por los indios a hacer milagros, se limitaba a transmitir la petición a la instancia superior: Dios, bello ejemplo de mestizaje religioso en que la creencia pagana aparece como el motor o, si se quiere, como la causa próxima del milagro cristiano.

Siendo tal la *Relación*, se plantean dos problemas antes de abordar su evolución entre los historiadores posteriores: ¿cómo fueron inducidos los indios a atribuir dones de curanderos a los españoles? y ¿cómo éstos, cediendo a la solicitud de aquéllos, ellos mismos llegaron a creer que habían efectuado curaciones y una resurrección?

En lo que toca al primer punto, es importante distinguir entre los indios cocos,[19] encontrados por Álvar Núñez y sus compañeros en la isla de Malhado, y los susolas y avavares, moradores de lo que se convertirá en el país de las siete ciudades y después en Tejas. Los primeros, emparentados con los caddos que vivían en las costas situadas frente a la isla (en la actual región de Mobile), hablaban un dialecto del grupo karan kawan, y aún subsistían dos mil ochocientos en 1690. Los quilotes, mencionados igualmente por Álvar Núñez, también parecen ser caddos. Las creencias religiosas de los caddos, hoy completamente desaparecidos, son muy mal conocidas por nosotros. Esta ignorancia nos permite —con poco riesgo de error— suponerlas análogas a las —escasamente diversificadas— de la gran mayoría de los indios de las llanuras de América del Norte. La principal institución religiosa era el chamanismo. En vista de que presentaban caracteres antropológicos desconocidos en América, hablaban una lengua diferente y practicaban ritos nuevos, los españoles reunían numerosas condiciones propicias para ser "chamanificados" en cierto modo, y esto ocurrió cuando "nos quisieron hacer *físicos*". Chamanes a su pesar en la isla de Malhado y precedidos de una

---

[19] John R. Swanton, *op. cit.*

reputación de chamanes entre los avavares, los sobrevivientes de la expedición de Narváez, después de haber sido esclavos entre los ochus, serán "hijos del Sol" en Tejas.

Este último caso es de un interés mucho más considerable. En efecto, si los avavares y los susolas, mencionados tan sólo por Álvar Núñez, han desaparecido, gracias a él se ha podido identificar su morada en el oeste de Tejas. Y pese a la reciente evolución de las ideas sobre las migraciones de poblaciones en lo que se ha convenido en llamar Aridamérica (por analogía con Mesoamérica), sigue siendo probable que susolas y avavares pertenecieran al grupo chichimeca, que pobló el México septentrional y central y cuya última oleada, los aztecas, reinaba sobre el país en el momento de la conquista española. Ahora bien, en México, igualmente, unos viajeros extraviados fueron tomados en el siglo XVI por "hijos del Sol".[20] Más precisamente aún, Grijalva y Cortés pasaron —al menos durante un tiempo— por Quetzalcóatl, personaje semihistórico, semilegendario, que había sido el Sol y debía regresar por el este. Álvar Núñez y sus compañeros, al dirigirse de la Florida a lo que creían que era el Pánuco, y que casi era California, habían llegado, *stricto sensu*, del lado del Sol. Ese sentido propio es tan importante que, una vez realizada la reunión con los españoles llegados de México, Álvar Núñez y los suyos continuaron beneficiándose entre los indios del favor que se negaba a los demás cristianos: "unos con otros entre sí platicaban, diciendo que los cristianos mentían, porque *nosotros veníamos de donde salía el Sol, y ellos de donde se pone*; y que nosotros sanábamos a los enfermos, y ellos mataban a los que estaban sanos".[21] ¡Extraña coincidencia de un desplazamiento espacial con una cosmología periódica! Del Sol viene la vida, la época nueva será un Sol nuevo; Quetzalcóatl, el héroe de la religión y de la sabiduría, el inventor del calendario, el chamán por excelencia, volverá por el este; del oeste, país de las mujeres (¿acaso de las amazonas?) y región del ocaso, los indios no esperan la renovación. Estando el espacio cósmico cualitativamente dividido,[22] los sobrevivientes de la expedición de Narváez fueron como empujados por un viento espiritual cuya existencia ignoraban, pero cuya influencia era tan poderosa que hizo soplar so-

[20] Véase en particular la *Relación de Ameca* (estado de Jalisco), 1579, editada por Jesús Amaya, en *Protofundación mexicana. El origen de su propiedad rural*, México, 1951.

[21] Álvar Núñez Cabeza de Vaca, *op. cit.*, cap. XXXIV, col. I, p. 545.

[22] Véanse: Jacques Soustelle, *La pensée cosmologique des anciens Mexicains*, París, 1940 (*El universo de los aztecas*, FCE, 1980), y Miguel León-Portilla, *La filosofía náhuatl*, ed. UNAM, México, 1956.

bre ellos al Espíritu. La activa propaganda a que se dedicaban los compañeros indios de los cuatro sobrevivientes no podía dejar de favorecer la aparición de "milagros", como fenómenos de psicología colectiva. Puesto que lo sagrado impregnaba los actos más anodinos de su existencia, vivían en clanes, practicaban ritos colectivos y su vida individual era muy reducida, los indios tenían que presentar un terreno selecto para las oleadas de entusiasmo religioso.

Ya hemos señalado, de paso, la extensión inaudita de la fe de Álvar Núñez en la misericordia de Dios; hemos de insistir en ello. Tras esta fe personal, y en torno de ella, está la conciencia de toda una época, o al menos de una generación, que proponemos llamar "la generación del Nuevo Mundo". No es la de Cristóbal Colón, el precursor, sino la de los conquistadores y de los evangelizadores, de Álvar Núñez y de Bernal Díaz, de Motolinía y de fray Pedro de Gante, la del segundo cuarto del siglo XVI. Se le podría dar por lema las primeras palabras de la dedicatoria de la *Historia general de las Indias*, del capellán de Cortés, Francisco López de Gómara:

> La mayor cosa después de la creación del mundo, sacando la encarnación y muerte del que lo creó, es el descubrimiento de Indias; y así las llaman Mundo Nuevo [...] Quiso Dios descubrir las Indias en vuestro [de Carlos V] tiempo y a vuestros vasallos, para que las convirtiésedes a su santa ley, como dicen muchos hombres sabios y cristianos.[23]

Nuestro pensamiento, hijo del racionalismo moderno, ve retrospectivamente, en el descubrimiento y la conquista de las Américas, una extensión de los conocimientos geográficos, la primera etapa del dominio del mundo por Europa y principal fuente de la grandeza de España, y luego de su decadencia. Antes bien, los actores y los testigos del acontecimiento —como Gómara, que escribiera: "Comenzaron las conquistas de indios, acabada la de moros, porque siempre guerreasen españoles contra infieles"—[24] lo consideraron la prosecución de la guerra santa contra los infieles, en cuya primera línea estaba España. Pero arrojados los moros de España, o convertidos, y combatida la herejía luterana por el emperador, no cabe duda de que la catolicidad pronto iba a merecer su nombre y llegar a coincidir

---

[23] Francisco López de Gómara, *Hispania victrix*, primera y segunda partes de la *Historia general de las Indias*, dedicatoria "A don Carlos, emperador de romanos, rey de España, señor de las Indias y Nuevo Mundo", B. A. E., t. XXII, p. 156.
[24] *Loc. cit.*

con los propios límites del universo. El descubrimiento de América y las conversiones de indios en masa constituían el término de una impresionante aventura espiritual, la de la cristiandad entera. *Nuevo Mundo* significa: "mundo recién llegado al cristianismo", como después del bautismo el hombre viejo deja el lugar a un hombre nuevo; tal es el primer sentido del adjetivo. Tan cierto es ello, que fray Julián Garcés, el primer obispo de Tlaxcala, escribe: "Siendo muy regular que Dios repitiese en la *Iglesia nueva* lo que había hecho en la antigua." Como la Iglesia de los apóstoles, la Iglesia de América tenía, en cierto modo, derecho a sus milagros, a sus mártires, a sus apariciones. La Virgen de Guadalupe aparecerá en México, y fray Jerónimo de Mendieta narra la vida de sus compañeros, riquísima en prodigios, en la *Historia eclesiástica indiana*. Descubridores, conquistadores y evangelizadores estaban convencidos de ser los instrumentos, si no los actores, de un designio sobrenatural y los testigos del momento más formidable que la humanidad haya conocido desde la Encarnación. La analogía con la aparición de la antigua Iglesia en el Mundo Antiguo, debía hacer reconocer sin dificultad los milagros; mejor aún, podía exigirlos. Tanto más que, según la Escritura —o cierta interpretación por entonces prevaleciente de la Escritura—, cuando el universo entero fuese convertido sobrevendría el apocalipsis. La historia providencialista, como la concebirá doctrinalmente Bossuet, iba a llegar, por tanto, a su "consumación".[25]

Este trasfondo espiritual explica ampliamente la credulidad de Álvar Núñez, y la mayor aún de sus lectores. Hasta sorprende que él mismo no se haya atrevido a emplear el término de "milagro". Fuera de la aportación de ideas milenaristas, que hemos mencionado, Álvar Núñez llevaba la herencia de una Edad Media española muy crédula, que admitía sin dificultad las intervenciones de Santiago en los combates de la Reconquista, y luego en los de la Conquista, que no eran más que una sola y misma guerra de la cristiandad contra los infieles. ¿Quién vendrá en auxilio de los soldados de Dios, si no es Dios mismo?

Una segunda edición de la *Relación* de Álvar Núñez aparece en Valladolid, en 1555,[26] seguida por la traducción italiana de Ramusio,[27] la cual había de tener una gran difusión. La reedición de la

---

[25] Marcel Bataillon, "Nouveau Monde et fin du monde", *L'éducation nationale*, núm. 32, diciembre de 1952; en portugués: "Novo Mundo e fim do mundo", *Revista de História*, núm. 18, São Paulo, 1954.
[26] *La relación y comentarios del gobernador Álvar Núñez Cabeza de Vaca, de lo acaecido en las dos jornadas que hizo a las Indias*, Valladolid, 1555.
[27] Terzo volume delle *Navigationi et viaggi* nel quale si contengono le naviga-

Relación, con los *Comentarios* del gobierno del Paraguay y el nuevo título de *Naufragios*, parece que no llevaba modificaciones con relación a la edición príncipe. En cuanto a la versión de Ramusio, en general es fiel, textualmente, al original español, y en particular en el pasaje que nos ocupa:

> *Io viddi l'infermo il quale andavamo a curare, che giá era* morto [...]
> *e cosi quando io arrivai, lo trovai con gli occhi rivolti, et senza alcun*
> *polso, et con tutti i segnali di* morto, *et a mi cosi parea che fusse et il*
> *medesimo mi disse Dorantes. Io gli levai una stuora che teneva disopra*
> *per coperta, et como potei il meglio p^ngai* [sic] *nostro Signore, che mi*
> *dessi gratia di dar sanitá a* quello infermo [...] *e i nostri indi* [...]
> *dissero, che colui che era giá* morto, *il quale io haveo curato* [...] *s'era*
> *levato sano, et havea passegiato.*[28]

Puede verse que —aparte del eufemismo introducido: *quello infermo*, traducción de "aquel", más indeterminado— Ramusio se mantiene fiel a la primera versión del milagro.

La palabra aparecerá por primera vez bajo la pluma de Gómara. En 1551 —antes de la segunda edición de la *Relación*— la epopeya de Álvar Núñez es evocada largamente en la *Historia general* de Gómara, obra que había de tener particular fortuna y llegaría a ser una de las fuentes principales de la historia de las Indias Occidentales para los historiadores del siglo XVI, del XVII y hasta de gran parte del XVIII.

Con el título de "El descubrimiento de la Florida", Gómara narra las expediciones sucesivas a ese país, cuyos contornos aún eran muy inciertos. Pero dedica un capítulo aparte a la desventurada empresa de Pánfilo de Narváez, con el título de "Río de Palmas". Ante todo, observemos que esta desproporción se debe a la existencia de la *Relación* de Álvar Núñez, la única importante que fuera inspirada por una de las expediciones a la Florida, y no olvidemos que Gómara es un compilador, su resumen de la *Relación* ocupa tres columnas en la edición de la B. A. E.[29] En esta misma edición, la propia *Relación* ocupa treinta y una páginas de dos columnas, o sea, sesenta y dos columnas. El resumen de Gómara sólo retiene lo esencial o lo que así le parece al autor de la primera síntesis histórica consagrada al Nue-

tioni al Mondo Nuovo, Giovanni Battista Ramusio, Venecia, 1556. *Di Álvaro Núñez detto Capo di Vacca relatione di cio che intervenne nelle indie alla armata, della quale era governator Pamphilo Narváez dell'anno 1527, fino al 1536, che ritorno in Sibillia con tre soli suoi compagni,* fol. 310.
28 Ramusio, *op. cit.*, fol. 321.
29 Gómara, *op. cit.*, B. A. E., t. XXII, "Río de Palmas", p. 182.

vo Mundo: ante todo, no omitir ningún nombre propio y describir las costumbres más sorprendentes de los indios entre los que ha vivido Álvar Núñez, sin olvidar la flora, la fauna y demás riquezas del país. Por último, el relato de los milagros ocupa aproximadamente la quinta parte del resumen, lo que constituye una amplificación relativa muy sensible de la relación de los mismos hechos por Álvar Núñez. Además, en la breve exposición de Gómara desaparecen los matices y las contradicciones de la *Relación*; he aquí el texto más característico: "y confiados en Jesucristo, que obra sanidades, y por conservar sus vidas entre aquellos bárbaros, lo *santiguó y sopló tres veces* Álvar Núñez, *y revivió, que fue milagro*.[30] El carácter mágico de la señal de la cruz, la repetición del gesto tres veces y la supresión del plazo de la resurrección dan al milagro un poderoso relieve que no tenía en Álvar Núñez: "a la noche [...] dijeron que". También es un abuso de Gómara el afirmar: "así lo cuenta él mesmo",[31] y al final del capítulo añade: "resucitaron un muerto, según ellos dijeron", "ellos" representa, en realidad, tan sólo a Álvar Núñez. Pero Gómara, utilizando documentos de primera mano para difundirlos en una gran síntesis, no tuvo tiempo de cuidarse de matices.

Por lo demás, el subtítulo de su *Historia general* no disimula su propósito: *Hispania victrix*, victoriosa de los infieles. Se trata de las "*maravillas* y grandeza de las Indias, y conozcan que las obras igualan, *y aun sobrepujan, a la fama que della anda por todo el mundo*".[32] La leyenda de Gómara supera a la propia leyenda: él aparece como el creador literario de un Álvar Núñez autor de milagros, personaje que será tomado —más de Gómara que de los *Naufragios*, menos difundidos— y enriquecido por los principales historiadores posteriores. Gómara es el primero que insiste en los milagros, pues sirven a su gran designio: glorificar a los descubridores y a los conquistadores, para justificar las pretensiones políticas de éstos (las de Cortés en particular), y de ahí su insistencia: "Año del 41 fue al mesmo río de la Plata, por adelantado y gobernador, Álvar Núñez Cabeza de Vaca, natural de Jerez, el cual, como en otra parte tengo dicho, *había hecho milagros*.[33] Sus milagros se han convertido en su signo distintivo; lo mismo que se decía Escipión el Africano, se dirá "Álvar de los milagros", y se lo deberá a Gómara, al menos tanto como a él mismo.

[30] *Loc. cit.*
[31] *Loc. cit.*
[32] *Ibid.*, "A los trasladadores", p. 155.
[33] *Ibid.*, "El río de la Plata", p. 211.

En su exquisita *Historia de la Florida*,[34] publicada en 1605, el Inca Garcilaso de la Vega relata la expedición del adelantado Hernando de Soto y evoca en algunos renglones el fracaso de la expedición anterior, la de Pánfilo de Narváez: "como lo cuenta en sus *Naufragios* Álvar Núñez Cabeza de Vaca que fue con él por tesorero de la Hacienda Real. El cual escapó con otros tres españoles y un negro, y habiéndoles hecho Dios nuestro Señor tanta merced que llegaron a *hacer milagros* en su nombre, con los cuales habían cobrado tanta reputación y crédito con los indios que les adoraban por dioses".[35] Puesto que cita la *Relación* con el título de *Naufragios*, es en la segunda edición (la de Valladolid) en la que Garcilaso había leído a Álvar Núñez. Como Gómara, al que no podía desconocer, le atribuye milagros, pero sin insistir en ellos. Sin embargo, observemos que Garcilaso es aún más afirmativo: "llegaron a hacer milagros"; ha desaparecido el "según ellos dijeron" de Gómara. Notemos también que el Inca, ignorante de las creencias de los indios de América del Norte, y nutrido él mismo de cultura clásica, traduce "hijos del Sol" por "dioses" lo que desnaturaliza bastante profundamente los hechos que antes hemos analizado.

Diez años después, la historia oficial, por la pluma de Antonio de Herrera, da un nuevo destino a los milagros de Álvar Núñez, que de nuevo se encuentran consagrados por una alta autoridad intelectual; constituyen el tema del capítulo III en el primer libro de la sexta década de la *Historia general de los hechos de los castellanos en las Islas y Tierra Firme del Mar Océano*. Este título no es menos expresivo que el de intención apologética que lleva la obra de Gómara. Sin embargo, Herrera retrocede ante el milagro principal: "llegados al enfermo peligroso, le hallaron *casi muerto*, y mucha gente que le lloraba [...] estaba los ojos vueltos y sin pulso [...] y de los indios, sus amigos, que allí quedaron *entendieron* después que el que estaba *casi muerto* se había levantado".[36] Se reconoce, palabra por palabra, la descripción dada por Álvar Núñez, con la diferencia de un *casi*, deliberadamente añadido por Herrera y que limita singularmente la importancia del milagro. ¿Obedeció Herrera a una consigna de prudencia, inspirada por la desgracia de Gómara?[37] O más sencillo, ¿era sinceramente incrédulo? Él da por buenas

[34] *La Florida del Inca. Historia del adelantado Hernando de Soto*, Lisboa, 1605.

[35] Garcilaso, *op. cit.*, ed. Fondo de Cultura Económica, Biblioteca Americana, México, 1956, p. 17.

[36] Herrera, *op. cit.*, *loc. cit.*, p. 7, col. I, en ed. Madrid, 1730.

[37] Véase: Marcel Bataillon, "Hernán Cortés, autor prohibido", *Libro jubilar*

las curaciones milagrosas: "Fue tal su misericordia, que a cuantos hacían la señal de la cruz, y tocaban, en la forma referida, sanaban."[38] Curar por la imposición de las manos, con soplidos, y hasta con tres señales de la cruz, estaba dentro del orden de las prácticas corrientes en esta época; pero resucitar a un muerto es una gracia que sólo podía descender sobre un santo. Por ello, pronto unos religiosos dudaron de que un simple laico, como Álvar Núñez, que no gozaba de particular reputación de santidad, hubiese podido ser el instrumento escogido por el cielo para realizar un milagro reservado al propio Hijo de Dios. Sobre este punto, uno de los más severos censores de Álvar Núñez fue el padre Honorio, de las Filipinas, y puso en duda la buena fe de Álvar Núñez en todos sus relatos, fundándose en la inverosimilitud de sus milagros. En torno a los milagros de la Florida surgió una verdadera querella, que desembocó en 1736 (¡un siglo después!) en un *Examen apologético de la histórica narración de los naufragios, peregrinaciones y milagros de Álvar Núñez Cabeza de Vaca en las tierras de la Florida y del Nuevo Mundo*,[39] en el que el marqués de Sorito examina, a la luz de la Escritura,

de Alfonso Reyes, UNAM, México, 1956, estudio que permite atribuir una causa política al "casi muerto" de Herrera. Pero no es menos probable que desde 1615 se hubiese iniciado una reacción romana contra la inflación de los "milagros" del Nuevo Mundo, hacia los cuales los franciscanos siempre se habían mostrado reservados, pero que los jesuitas habían aceptado con bastante facilidad, cuando no eran ellos mismos los portadores de la noticia, como en el caso que nos ocupa. (Tocamos aquí un vasto tema que constituye el objeto de nuestras investigaciones, el papel desempeñado por los jesuitas en la aparición de una espiritualidad criolla original, en apoyo de un espíritu de separatismo político más antiguo de lo que se supone generalmente.) Con una prudencia que permite sospechar ciertos llamados al orden, dirigidos anteriormente a la Compañía, Francisco de Florencia, S. J., precede su *Historia de la Provincia de la Compañía de Jesús de Nueva España*, México, 1694, de una *Protesta*, en la que declara obedecer dos decretos de la Sagrada Congregación de la Universal Inquisición Romana, de 1625 y de 1634, los cuales disponen "que no se imprima libro, que contenga la santidad de algún varón célebre en ella por sus virtudes, *milagros* y revelaciones, o beneficios, que por sus méritos e *intercesión* se hayan hecho, y por la fama de santidad que entre los hombres tenga, o por *la opinión de milagros* que haya obrado, sin recognición y aprobación del Ordinario; y los que sin ella se han impreso, los da por nulos". ¿Nulas las historias oficiales de la Compañía de Jesús de Pérez de Ribas, de Del Techo, de Charlevoix? Hay que pensar, antes bien, que la firmeza de la Inquisición romana flaqueó ante la fuerza de las devociones americanas nuevas y la tenacidad de las leyendas hagiográficas. La consagración de los cultos de Guadalupe o de la Virgen de Copacabana —sostenidos por los jesuitas— es indicio seguro.

[38] Herrera, *op. cit., loc. cit.*, p. 5, cols. I y II.
[39] Véase: Efraín Cardozo, *op. cit.* en n. 2, p. 147. No hemos tenido entre

los milagros de Álvar Núñez, para inferir la glorificación de su autor y la confusión del padre Honorio. Desde la primera generación criolla surgió el afán de fundar la Nueva Iglesia y el Nuevo Mundo sobre las profecías del Antiguo Testamento o sobre la literatura patrística, gracias al establecimiento de correlaciones dudosas con hechos de la época o creencias indias.[40]

Con gran anticipación al *examen apologético*, pero treinta años después de Herrera, el padre Andrés Pérez de Ribas, provincial de la Compañía de Jesús en la Nueva España, ratifica de nuevo los milagros de Álvar Núñez, en su *Historia de los triunfos de nuestra Santa Fe*:[41] "vinieron caminando por medio de innumerables naciones bárbaras y obrando entre ellas, por virtud y voluntad divina, *prodigios y milagros* con la señal de la santa cruz".[42] La función desempeñada por los jesuitas en el Paraguay es bastante conocida, pero conviene añadir que, por doquier, se esforzaron por crear un mundo nuevo en el Nuevo Mundo, y que buscaron, con un celo que no siempre estuvo exento de imaginación, los signos del favor particular de Dios hacia las Indias Occidentales.

Otro jesuita, francés éste, el padre Nichole du Toit, más conocido con el nombre hispanizado de Nicolás del Techo, evocará a su vez los milagros de Álvar Núñez, adelantado del Paraguay, en la *Historia Provinciae Paraguariae*,[43] terminada en 1657: "*in Barbarorum manus venit: narrantque primae notae scriptores, eum tantae bonitatis fuisse, ut in decennali captivitate apud Mexicanos populos, invocato Divinae Triadis nomine, multa supra naturae vires, miracula pa-*

manos el *Examen apologético*, y quedaríamos agradecidos al lector que nos diera indicaciones relativas a la conservación de dicho texto.

[40] No desarrollamos este tema, pese a su interés, porque no es éste el lugar para hacerlo. Por otra parte, lo estudiaremos extensamente en otra ocasión, en particular una de sus manifestaciones más importantes: la creencia en que el Nuevo Mundo ya había sido evangelizado por el apóstol Santo Tomás. Hemos indicado los grandes lineamientos de ese problema en "Aspectos de Quetzalcóatl", conferencia pronunciada en el Instituto Francés de América Latina (IFAL), Nazas 43, México, D. F., el 8 de agosto de 1960; esta conferencia no fue grabada.

[41] *Historia de los triunfos de nuestra Santa Fe...*, por el padre Andrés Pérez de Ribas, provincial en la Nueva España, natural de Córdoba, año J. H. S., 1645, ed. Luis Álvarez y A. de la Cadena, México, 1944, l. I, cap. VII: "De las primeras noticias y descubrimientos de la provincia de Sinaloa y de sus naciones y términos".

[42] *Loc. cit.*

[43] *Historia Provinciae Paraguariae Societatis Jesu.* Authore P. Nicolao del Techo ejusdem Societatis Sacerdote Gallo-Belga Insulensi. Leodii. Ex. off. typog. Joahn Mathiae Hovii, MDCLXXIII.

trârit".[44] Este texto, que hablando propiamente constituye literatura, también es el primero que invoca la autoridad de los *primae notae scriptores*. Ahora bien, nosotros los conocemos. Hemos visto cómo Gómara, al resumirla, ha hecho más rígida la *Relación* de Álvar Núñez, que ya era una fuente muy dudosa. El Inca se contentó con acortar más aún el resumen de Gómara, incluso si había leído a Álvar Núñez. Es sabido que Herrera utilizó como fuente al Inca Garcilaso, aparte de a Álvar Núñez; la influencia de Gómara es igualmente probable. La convergencia de esos *primae notae scriptores*, invocada aquí por Del Techo, no tiene en absoluto el valor de verificación y de autoridad que él sugiere; es el efecto de una serie de plagios. Si hoy sabemos que el plagio, en arte o en literatura, no era un acto inmoral en el siglo XVI, hemos de considerar la historia de ese tiempo como un género literario. Sus fines eran los de los antiguos: proponer ejemplos edificantes, glorificar personajes, y los de los modernos: exaltar valores espirituales, confundidos con los intereses nacionales o políticos; por último, presentar, bajo una forma elegante, hechos que elevaran el espíritu. La idea misma de objetividad en historia pasaba inadvertida; epopeya en prosa, obra de propaganda, historia natural, crónica familiar, la historia del Nuevo Mundo no puede ser utilizada por el historiador moderno más que como historia de las ideas, y no de los hechos. En el caso que nos ocupa, presenciamos un efecto de bola de nieve en torno a la palabra "milagro" lanzada por primera vez por Gómara, con hermosa seguridad.

La idea de que los milagros realizados por Álvar Núñez se debieron a su virtud (*eum tantae bonitatis fuisse*) aparece por primera vez en Del Techo, ciento veinte años después del retorno de Álvar Núñez a España. En el curso de aquel largo siglo, el recuerdo del hombre se ha borrado poco a poco, para dejar el campo libre al desarrollo de su leyenda. Para un religioso que escribe a propósito de un hombre al que no conoce y que ha hecho milagros, es natural pensar que era "un hombre santo"; así, ya no es Álvar Núñez el que ha hecho los milagros, son los milagros los que han hecho a Álvar Núñez, y era más fácil para Del Techo caer en la hagiografía puesto que el adelantado había dejado en el Paraguay, después de su breve gobierno, fama de gran conocedor de los indios y de hombre honrado al que la depravación de sus subordinados había precipitado a un destino contrario. A la vez héroe y mártir en el Paraguay, Álvar Núñez se volvía más seguramente aún el autor de los milagros en

---

[44] *Ibid.*, l. I, cap. XIII, p. 10 (en ed. Lieja, 1673).

América del Norte, incluso durante su vida: el porvenir reaccionaba contra el pasado.

En la más oficial *Historia general de la Florida*, de Gabriel de Cárdenas Cano, aparecida dos siglos después de la epopeya de Álvar Núñez, puede verse que sus milagros han sido peligrosamente multiplicados por todas las trompetas de la Fama: "porque obraban *infinitos milagros, dando en nombre de Dios salud a los indios enfermos prodigiosamente*".[45]

Sin embargo, había de corresponder a otro jesuita francés, el padre Charlevoix, terminar la elaboración literaria del personaje de "Álvar Núñez-Milagros". A diferencia de sus predecesores, Charlevoix nunca había visto el Paraguay ni América. Escribía, en *La Flèche*, historias de la Compañía en el Japón, o en el Paraguay, según las necesidades. Poseía una documentación selecta, trabajaba con escrúpulos que lo honran y con un afán de corrección y de edificación digno de los historiadores latinos. Este conjunto de condiciones y los doscientos veinte años que lo separaban de los milagros de Álvar Núñez habían de permitir al padre Charlevoix hacer de su personaje un héroe y de su héroe un santo. Leamos: "Don Álvaro se ganó pronto el respeto de aquellos bárbaros, sobre todo por el gran número de curaciones que entre ellos efectuó. Los propios infieles las juzgaron por encima de las fuerzas de la naturaleza y quisieron concederle los *honores divinos*." [46] Estos renglones ("pronto") nos permiten suponer que Charlevoix no había leído los *Naufragios*, reeditados, sin embargo, en 1731 y 1749 en Madrid, por Barcia (la primera traducción francesa será la de Ternaux-Compans, en 1837). En efecto, es sabido que Cabeza de Vaca fue esclavo durante seis años, y después buhonero, antes de "ganarse el respeto de aquellos bárbaros". Además, el estilo de Charlevoix huele a la legua a su Tito Livio, más que al conocimiento de los indios de América; de ahí la sabrosa transposición de "decían que verdaderamente nosotros éramos hijos del Sol" por "quisieron concederle los honores divinos". No volveremos a insistir en lo que sólo puede parecer un verdadero contrasentido. Veamos la continuación de este retrato ejemplar: *Su conducta, además, era tan edificante que sus compañeros de cautiverio se persuadieron de que varias de esas curaciones eran milagro-*

---

[45] *Ensayo cronológico para la historia general de la Florida*, Gabriel de Cárdenas Cano, Madrid, 1723, década III a, año MDXXXIV, p. 13.

[46] *Histoire du Paraguay*, padre Pierre François-Xavier de Charlevoix, de la Compañía de Jesús, París, MDCCLVI, 1. I, año 1540, p. 51; año 1541, p. 53, y año 1542, p. 59.

sas.[47] Toda esta frase es la explicación del *tantae bonitatis* de Del Techo, principal fuente de Charlevoix, al que él mismo cita con frecuencia. "Sus compañeros se persuadieron de que" se deriva igualmente de *tantae bonitatis*, porque la reputación de santidad siempre emana de los que rodean al hombre santo. Ahora bien, sabemos con qué desvergonzado aplomo ha acreditado el propio Álvar Núñez sus "milagros". Charlevoix se sitúa en el grado de evolución extremo del mito de Álvar Núñez, puesto que las circunstancias que han engendrado ese mito, la *Relación*, aparecen aquí como su producto. El desarrollo de la leyenda obedece a una perfecta lógica interna, a partir del momento en que se admiten los milagros. Álvar Núñez, gobernador del Paraguay, hace escala en la isla de Santiago (cerca de la costa brasileña), donde "el aire es malsano y causa ordinariamente gran mortandad en las tripulaciones; sin embargo, don Álvaro no perdió un solo hombre durante los veinticinco días que allí permaneció; esto fue considerado como una *maravilla*, y trajo a la memoria el recuerdo de las que, según decíase, había hecho durante su cautiverio".[48] Y más adelante: "No se podía dejar de atribuir a su prudencia y a *una protección especial del cielo* el que hubiese atravesado tan grande extensión del país, habitada por bárbaros, de los que no había recibido más que muestras de respeto."[49] Pero el deseo de hacer de don Álvaro un elegido de Dios es llevado hasta el absurdo por Charlevoix: "Quizá no sea la *prueba* menos marcada de la *protección especial del cielo sobre el virtuoso don Álvaro* el que sus enemigos no hayan tomado, para hacerle perecer, el medio más breve y más seguro: sólo les habría costado un crimen [. . .] Pero el que ha puesto límites a la mar . . ."[50] He aquí a un adelantado —que estuvo dotado de todos los poderes, y que pasó años de hambre y de esclavitud entre los indios— desprestigiado de la noche a la mañana, aprisionado en una mazmorra oscura y húmeda, al que se intenta envenenar, al que se envía a España bajo buena guardia y que, asegurado con grillos, padece una tempestad en altamar: ¡otras tantas pruebas, en verdad, de la "protección especial del cielo"! Esta protección queda confirmada por el hecho de que sus arrepentidos verdugos, en el curso de la tempestad, lo liberan: "No hubo persona que no se creyera deudora, a la virtud y a los méritos de un *hombre tan santo*, por haber escapado de tan grande peligro."[51] Los aconte-

[47] *Loc. cit.*
[48] *Loc. cit.*
[49] *Loc. cit.*
[50] *Ibid.*, 1. II, año 1544, pp. 94 y 99; año 1545, pp. 102 *ss.*
[51] *Loc. cit.*

cimientos posteriores y hasta los peores reveses de la vida de Álvar Núñez, iluminados por la luz de los milagros que se le atribuyen porque él se los ha arrogado, son completamente tergiversados, hasta el punto de que sus males se convierten en señales del favor divino.

Luego, como para dar la última mano a la leyenda, Charlevoix nos informa de este rasgo verdaderamente providencial:

> Pocos días después, García Venegas (uno de sus principales detractores) murió súbitamente, *sin haber podido proferir una sola palabra y con los ojos saliéndosele de las órbitas*; casi al mismo tiempo, Cabrera expiró en un acceso de frenesí, después de haber matado a su mujer.
>
> No he podido saber dónde estaban entonces los dos religiosos, que habían pasado de la Asunción al Brasil, para llevar a España información contra don Álvaro. Tan sólo se nos dijo que también habían muerto súbitamente y de manera muy triste.[52]

Diez años después, en 1766, el padre Domingo Muriel tradujo al español la obra de Charlevoix e hizo algunas correcciones; pero los pasajes que acabamos de citar fueron traducidos textualmente, y en ellos Álvar Núñez es calificado de "un hombre tan *santo*".[53]

Si releemos ahora, a la luz de lo precedente, la *Relación* en que Álvar Núñez califica de "mentiras" las afirmaciones de los indios: "decían que éramos *hijos del Sol*, y que *teníamos poder para sanar a los enfermos, y para matarlos*",[54] habremos de reconocer que la última palabra corresponde a los avavares, puesto que Álvar Núñez se ha convertido en "un hombre tan santo" bajo la pluma de los historiógrafos de la Compañía de Jesús, lo que corresponde sensiblemente a ser "hijo del Sol" entre los pueblos del Sol, y a que sus enemigos mueran súbitamente, de muerte violenta, antes de haber podido causarle algún daño. Estamos en presencia de una aportación inesperada de las civilizaciones de "Aridamérica" a la historia de Europa y de la Iglesia. No parece dudoso que los avavares, colectivamente, obligaran a Álvar Núñez a hacer milagros (cuyos autores

---

[52] *Loc. cit.*

[53] Véase: *Historia paraguajensis Patri Francisci Xaverii de Charlevoix, ex gallico latina, eum animadversionibus et supplemento*, Venecia, MDCCLXXIX, apud Franciscum Sansoni, y la edición española de la *Historia del Paraguay*, escrita en francés por el padre Pedro Francisco Javier de Charlevoix de la Compañía de Jesús, con anotaciones y correcciones del padre Muriel, traducida al castellano por el padre Pablo Hernández de la misma Compañía, Madrid, 1910 (t. I) y 1912 (t. II), t. I, p. 187.

[54] Véase, *supra*, n. 18.

fueron sin duda, con doblez y malicia, los propios indios), y que después lo persuadiesen de que él los había realizado; y de esta sugerencia se deriva toda la ulterior evolución literaria. En el curso de sus años de tribulaciones entre la bahía de Tampa y la Nueva Galicia, Álvar Núñez fue un ejemplo vivo de mestizaje cultural o de aculturación, uno de los primeros, hasta entonces, y de los más intensos. Su historia personal, vista en esta perspectiva, "tiene algo de milagro" y de la experiencia de laboratorio sociológico, pero esto sería precisamente otra historia.

V. LA UTOPÍA MEXICANA

ENSAYO DE INTRAHISTORIA

EL SELLO de la *Utopía* ha marcado la historia de México desde sus orígenes coloniales. En 1516 apareció en Lovaina la *Utopía* de Tomás Moro, tres años antes de que Cortés desembarcara en la costa del golfo de México, y veinte años después Vasco de Quiroga, primer obispo de Michoacán, intentaría realizar el idario de la *Utopía* en su diócesis. Cuando el sabio viajero Alejandro de Humboldt hizo en los primeros años del siglo pasado las investigaciones que habían de desembocar en el *Ensayo político sobre el reino de la Nueva España*, pudo comprobar la supervivencia, entre los indios del país, del recuerdo del "venerable Vasco" (*Tata Vasco*).[1] Más allá de una leyenda hagiográfica (podríamos citar legiones de ellas) y de una tradición regional igualmente significativas, el historiador comprueba que las aspiraciones utópicas y la espera mesiánica han sido características permanentes de la conciencia nacional del México en vías de formación.

Dos factores tuvieron, en el origen, una importancia determinante: la receptividad del politeísmo mexicano y la fe milenarista de los primeros evangelizadores. Los indios recibieron el mensaje evangélico como la asombrosa confirmación de su propia inquietud escatológica, al menos en los primeros tiempos. Después se vio el levantamiento de poblaciones al anuncio del reino mesiánico de Quetzalcóatl, que vendría a barrer con la dominación española. Como el antiguo politeísmo romano, el panteón mexicano había estado dispuesto a asimilar a Cristo, pero el monoteísmo cristiano era de esencia exclusiva. La conmovedora confrontación entre los "doce" —primeros franciscanos llegados a Nueva España— y los sacerdotes aztecas no podía tener futuro. Se emprendió la erradicación de la "idolatría", se organizaron autos de fe, de ídolos y objetos de culto, y fueron quemados algunos "hechiceros" indígenas (a menudo caciques, como los de Texcoco y de Yanhuitlán). Pronto hubo que rendirse a la evidencia de que casi todos los neófitos indios habrían merecido juicios inquisitoriales por continuar con las prácticas rituales de su religión ancestral. A partir de 1570, fecha de instalación

---

[1] Alejandro de Humboldt, *Essai politique sur le royaume de la Nouvelle-Espagne*, París, 1811, t. II, p. 306.

de un tribunal de la Inquisición (función ejercida hasta entonces por el arzobispo) en México, la población india quedó, de pleno derecho, fuera de la jurisdicción inquisitorial. Al abrigo de esta inmunidad, México nos parece, en examen retrospectivo, como una reserva natural de creencias "salvajes".

Puede considerarse que medio siglo después de la conquista española casi todos los sacerdotes de la religión mexicana habían muerto. De la nobleza mexicana no quedaban más que individuos asimilados por la nueva sociedad mestiza o arruinados por las expoliaciones. La tradición religiosa más elaborada, cuyo hogar radiante había sido Texcoco, se degradó. La invención mítica popular pudo desarrollar, bajo la influencia de los "hechiceros" (curanderos que en ocasiones se convertían en cabecillas políticos), sus creencias sincréticas de motivaciones liberadoras. Como en casi todas las sociedades bajo tutela colonial, abierta o disfrazada, la explotación económica y la opresión política mantuvieron permanentemente en México un clima de exaltación mesiánica. Ésta no procedía tanto de una aspiración al más allá como de una actitud de desesperación respecto a toda reforma que aportase alguna mejora. Las autoridades del virreinato reprimieron por la fuerza las numerosas revueltas de indios ocurridas en el curso de los tres siglos de vida colonial; pero no siempre vieron que esas convulsiones eran los epifenómenos de una aspiración mesiánica latente por doquier. Si el espíritu milenarista de los primeros franciscanos inspirados por Joaquín de Flora hubiese sobrevivido a la primera generación misionera, acaso se hubiera visto nacer una nueva herejía (como lo temieron algunos, en tiempos de Felipe II), un cisma que habría servido de apoyo espiritual a una secesión política. Pero la evicción progresiva de las órdenes mendicantes de sus zonas de misión, a partir de la llegada del arzobispo Moya de Contreras, devolvió considerable libertad espiritual a los indios, dos años después de que fueron sustraídos a la acción de los inquisidores. Así pues, el Mesías cristiano no se impuso en detrimento de los mesías indígenas, que empezaban a proliferar. En no pocos aspectos fue un renacimiento del politeísmo, apenas disfrazado, lo que se presenció en este final del siglo XVI.

El proceso de asimilación del cristianismo español por la conciencia religiosa india (a través de una diversidad regional bastante grande) presenta un semblante de conjunto poco original, pero muy revelador. Reinterpretaciones anacríticas, análogas a las que ha señalado Wilhelm Mühlmann [2] para Nueva Guinea, pueden observarse

² Wilhelm Mühlmann, *Messianismes révolutionnaires du tiers monde*, ed. Gallimard, París, 1968 (ed. original: *Chiliasmus und Nativismus*, Berlín, 1961).

en México desde los primeros años que siguieron a la conquista española. Por ejemplo, de las figuras mitológicas, nacidas de la simbiosis de un apóstol de Cristo y de una divinidad mexicana, quedan testimonios en las minutas de los primeros procesos inquisitoriales de indios, en 1536. La asimilación del héroe civilizador del México antiguo, Quetzalcóatl ("Serpiente emplumada"), al apóstol Santo Tomás, presunto evangelizador del Nuevo Mundo, en la literatura espiritual criolla, no es más que un caso privilegiado entre muchos otros.[3] Lo que puede observarse en los mitos no es menos cierto en los símbolos (la cruz cristiana confundida con la señal de las direcciones del espacio en los códices mexicanos) y en los ritos (la tonsura y la circuncisión, el ayuno) que dieron lugar a interpretaciones asimiladoras de parte de los religiosos evangelizadores. Recíprocamente, el cristianismo español se prestaba (pese a sus actividades represivas de la heterodoxia) a tentativas de asimilación por el politeísmo ancestral de los mexicanos. El culto a los santos era tan vivo (en la devoción popular) que pareció a los indios un nuevo politeísmo. El lugar que ocupaba la espera mesiánica con su corolario apocalíptico coincidía con la concepción de los soles aztecas. La devoción a la Virgen María, tan intensa desde las primeras horas de la conquista, facilitó el resurgimiento del culto a la diosa madre de los mexicanos: Tonantzin. El carácter específico de las devociones populares españolas y de las oraciones propiciatorias se confundió fácilmente con los conjuros mágicos utilizados en el México indígena. El dominico criollo Mier resumió esta situación, a finales del siglo XVIII, en una fórmula concisa: "Nadie ha podido jamás sacar a los indios de la cabeza que su antigua religión fue la nuestra."[4]

El conjunto de las creencias anárquicas que se desarrollaron en México desde la conquista española hasta mucho después de la Independencia ha sido como el terreno propicio de una religión nacional, mantenida al principio dentro de los límites muy indecisos de una ortodoxia católica e imperial. Hasta la segunda mitad del siglo XVIII, los religiosos misioneros fueron los principales guardianes de ese depósito sagrado. En aquel momento, el fortalecimiento de la tendencia reagalista de la monarquía española termina expulsando a la Compañía de Jesús y metiendo en cintura a las órdenes religiosas mediante el retorno a la regla. La herencia espiritual, cuya crisis acababa de revelar el contenido patriótico, fue recogida entonces por los curas rurales. Resulta sintomático que una fuerte proporción

[3] Jacques Lafaye, *Quetzalcóatl et Guadalupe*, ed. Gallimard, París (*Quetzalcóatl y Guadalupe*, FCE, 1977).

[4] Fray Servando Teresa de Mier, *Memorias*, México, 1946, t. I, p. 42.

de los primeros jefes del movimiento de Independencia, menos de
medio siglo después, haya estado constituida por *curas guerrilleros*.
Su irrupción en la escena política de América Latina data de 1810:
Hidalgo, el primero que ejerció una función decisiva, es el héroe
nacional mexicano; pero, al lado de una docena de otros, el más re-
presentativo fue, sin duda, Morelos, hombre del pueblo rural, arre-
batado por el entusiasmo de los campesinos. Las referencias a la
gloria, a la génesis y a la consumación de los tiempos salpican los
discursos y las proclamas de los libertadores de México. La atmósfera carismática que ha iluminado la carrera fulgurante y el martirio
final del mesías Morelos es el producto ocasional (en una crisis nacional que también fue una crisis de conciencia religiosa) del clima
espiritual cuyos componentes y orígenes hemos indicado a grandes
rasgos.

Las matanzas de la guerra de Independencia, aquellas comuniones
sangrientas, consagraron la existencia de una diosa patria no menos
sedienta de sangre que la antigua divinidad tutelar de los aztecas:
Huitzilopochtli. Hay que remontarse más allá, al pasado indígena,
para elucidar en su dinámica propia la noción mexicana de patria.
México es un país vasto que no constituye una región natural; su
falta de unidad física tiene por corolario la dispersión orográfica, la
variedad de climas y de suelos, y sobre todo la diversidad étnica.
La idea de frontera como símbolo de la patria (al igual que "la línea
azul de los Vosgos" en la Francia de tiempos pasados) debe quedar
descartada, pues sólo aparece tardíamente, como consecuencia de la
anexión de Tejas por los Estados Unidos. La única frontera de México antes de mediar el siglo XIX era su "frontera" interior, el límite
fluctuante de las tierras colonizadas del México útil con los territorios de nomadismo de los indios. Había también una frontera social,
que separaba a los criollos de las diversas castas de mestizos, de
mulatos y de indios. La desaparición incompleta de esta última, imposible de encontrar en un mapa, pero cuyo desplazamiento puede
leerse fácilmente en las curvas demográficas, es uno de los últimos
obstáculos a una completa integración nacional.

En el campo religioso, la resistencia a la patria ha revestido una
forma pluralista. La escala de la vida del México antiguo era la etnia,
y cada etnia mantenía un nexo mítico con una divinidad tutelar.
Toda la evolución que ha llevado a la Nueva España colonial a su
emancipación política y a integrar una nación ha consistido particularmente en la postergación progresiva de las divinidades étnicas en
provecho de los neomesías nacionales que han sido sucesivamente
Hidalgo, Morelos, Iturbide, Juárez, Pancho Villa y Lázaro Cárdenas.

¿Quién se atrevería a negar que la autoridad de este último —recién fallecido— aún pesa en la vida política del México actual?

Sin embargo, la imagen más permanente de la patria mexicana es una auténtica divinidad tutelar: la Virgen María, en su imagen de Nuestra Señora de Guadalupe. Ésta ha logrado superar, desde el comienzo del siglo XVII en la fe popular y a mediados del XVIII en la Iglesia misma, a todas las otras imágenes competidoras: la Virgen de Ocotlán —patrona de los indios tlaxcaltecas—, el Señor de Chalma, la cruz de Tepic, etc. La Virgen María escogió a México como morada terrestre, quiso ser "criolla mexicana". Fue como un resurgimiento criollo de la dominación azteca sobre un México extendido. La identificación de la imagen del Tepeyac con la mujer del Apocalipsis en la visión de San Juan, dio a la fe nacional mexicana una dimensión escatológica. El papel histórico de la ciudad de México como foco de inmigración y como objeto de fascinación o imagen de referencia habrá sido decisivo para apresurar la cristalización del sentido nacional. El surgimiento de un mito de la ciudad capital anunciaba, desde finales del siglo XVI, la decadencia de las viejas cosmogonías indígenas que tenían por horizonte la etnia. Mas no olvidemos que la imagen deslumbrante de la ciudad de México se identificó inicialmente con su blasón sobrenatural: la Virgen de Guadalupe.

En general, los grandes mediadores entre la espera mesiánica de los indios y el milenarismo de los evangelizadores, entre los héroes-dioses indígenas y los santos del Evangelio, fueron los santuarios. Al no poder desmantelarlos como a las pirámides o desviarlos como a los ríos, los religiosos católicos trataron de aprovechar la afluencia de peregrinaciones a los lugares sagrados de las religiones autóctonas. Se vio la repetición en México (y en todo el conjunto de la América andina) de los fenómenos que han podido observarse durante milenios, especialmente en la Europa celta. La peregrinación al Tepeyac —que ha mantenido una ambigüedad secular en torno de la devoción de la Virgen de Guadalupe, identificada por algunos con la mujer del Apocalipsis pero que para los indios siempre ha representado a la antigua diosa madre Tonantzin— permitió a la conciencia nacional mexicana desarrollarse so capa de la devoción mariana dominante en España y en la cristiandad occidental. No puede dudarse de que la polarización sacra de México en el cerro del Tepeyac ha esbozado y permitido la unificación de un México a todas luces centrífugo.

Otros vectores han facilitado el desarrollo de una conciencia nacional; en primer lugar, las ambigüedades de la lengua náhuatl.

Este rasgo refuerza nuestra convicción de que México debe definirse más como espacio sacro y espiritual que como espacio geográfico o área cultural. México es el conjunto de las zonas geográficas y de las comunidades étnicas que tienen en común la devoción a la Virgen de Guadalupe y, por imagen urbana de referencia, la ciudad de México. Naturalmente, en el orden espiritual la anfibología de ciertas palabras del idioma náhuatl ha sido especialmente fecunda para la conciencia nacional. *Tonantzin* designaba, para los aztecas, a "Nuestra Madre", la madre de los dioses y de los hombres, y esta palabra sirvió después para traducir "Nuestra Señora", la Santísima Virgen de los cristianos. No menos propicia a la renovación del panteón politeísta mexicano fue la palabra *teotl*, que designaba al mismo tiempo a los dioses y a los antepasados muertos cuya influencia póstuma (generalmente protectora) se confundía con la de los dioses. A menudo, estos dioses eran héroes históricos divinizados. La palabra *teotl* (*teules*, entre los cronistas españoles) primero sirvió para nombrar a los conquistadores españoles; después fue aplicada a los evangelizadores que la imaginación popular indígena canonizó espontáneamente, o a obispos como el de Puebla: Palafox. La historia de la nación mexicana ha sido vivida por sus actores y sus testigos fuera del tiempo, en un tiempo derivado de la economía de la salvación, en la que pueden intervenir simultáneamente, en un mismo escenario mítico, Jesucristo, Quetzalcóatl y algún general de la Revolución Mexicana. Unos y otros son *teteo* (plural de *teotl*) cuya acción de hombre vivo y cuyo destino póstumo concurren unidos a la salvación histórica de la superetnia mexicana, hija de la integración *sub specie aeternitatis* de todas las demás.

El espíritu humano huye ante la ruptura histórica, y así, ésta toma en las religiones la forma de una catástrofe (apocalipsis cristiano, destrucción de la humanidad al término de cada era o sol azteca). Gracias a la permanencia de los santuarios politeístas, más o menos acondicionados por el cristianismo, y a la renovación permanente del panteón de los *teotl* por la aportación de los héroes políticos modernos, ha quedado asegurada la continuidad de la historia mexicana. Las sustituciones y las reinterpretaciones de creencias tomadas de la cultura dominante por las culturas dominadas son, en principio, medios de salvación de estas últimas. Recordemos que, según la tradición indígena, la derrota de los mexicanos ante los conquistadores sólo pudo ser aceptada por la conciencia de los vencidos recurriendo a una explicación sobrenatural. Los maleficios de los brujos enviados por Moctezuma para disuadir a Cortés y a sus hombres de marchar sobre México fueron inoperantes. La propia impotencia de los conjuros no había sido más que el efecto del abandono de los mexicanos por sus dioses encolerizados. La reanimación de los grandes mitos del pasado politeísta, identificados con las imágenes dominantes de la cristiandad ibérica, creación de la memoria colectiva, no tenía otro fin que la alteración del estatuto de dependencia. El diálogo de las culturas tomó como forma privilegiada, entre finales del siglo XVI y mediados del XIX, la cuestión de la autenticidad de las apariciones de Guadalupe-Tonantzin en el cerro del Tepeyac. Se trataba de saber, en última instancia, si el polo sacro de la cristiandad ibérica había emigrado del santuario de Guadalupe de Extremadura al de Guadalupe de México. Traducida al lenguaje de las relaciones internacionales, la cuestión habría podido ser formulada en estos términos: "¿Cuál, entre la vieja España y la Nueva España, es la nación dominante de la comunidad imperial ibérica?"

Uno de los mitos más activos como catalizador nacional ha sido el pasado indio. Al desplome demográfico del indio mexicano en el naufragio del imperio azteca después de la conquista española, sucedió desde el comienzo del siglo XVII la imagen de un indio de utopía y de églogas. Esta creación criolla fue posible por la desaparición del indio como temible adversario militar, y del mundo azteca como comunidad sociopolítica capaz de renacer de sus cenizas. Por un fenómeno de apropiación del pasado, los nuevos amos de México quisieron lavar el pasado idólatra de su nueva patria, y la visión del indio que elaboraron, en abundante literatura histórica, es inseparable de los signos de la gracia divina que México había recibido desde los tiempos apostólicos gracias a la evangelización por el apótol Santo Tomás, que no era otro que Quetzalcóatl. Este carisma había sido confirmado al pueblo mexicano, pocos años después de la conquista, en la persona de un humilde neófito indio: Juan Diego, testigo de las apariciones de Guadalupe-Tonantzin. El ingreso de México en la sociedad cristiana de las naciones tuvo ese precio. Puede decirse, en general, que una nación se define mucho más por la imagen que logra dar de su pasado que por su visión de un porvenir liberador necesariamente vago. Y la función utópica no se da menos libertades en un caso que en el otro.

Todavía hoy, el tema de Quetzalcóatl disfruta de nueva actualidad en la literatura mexicana, y ello revela que sigue siendo posible, si el momento se presta, una recarga sacra de imágenes míticas poco antes abandonadas o debilitadas. Sin embargo, observemos que la divinización del héroe nacional es la forma privilegiada por la conciencia popular. El culto que se rinde al "joven abuelo" Cuauhtémoc —el joven señor que intentó (y fracasó en el intento) expulsar de

México a Cortés y sus compañeros— es uno de los mejores ejemplos, al lado de los manes de Morelos, de Juárez y de Madero. La importancia de las reliquias para el desarrollo de tales cultos religioso-cívicos queda aquí demostrada por el absurdo: al no poseerlo, a mediados del siglo xx hubo que "inventar" (como tantas veces se hizo en la Edad Media europea) un esqueleto de Cuauhtémoc. Un dudoso descubrimiento de huesos humanos —providencialmente acompañados de un certificado de bautizo (increíble matrimonio de dos culturas) firmado por fray Toribio Motolinía, uno de los pioneros de la evangelización— arregló las cosas. La noticia, anunciada por la prensa hace algunos años, alcanzó inmediatamente gran repercusión. El gobierno mexicano tuvo que crear una comisión de antropólogos y de historiadores (de la que formó parte Paul Rivet) con objeto de denunciar la impostura, si es que la había. Las conclusiones oficiales de la comisión investigadora, al establecer la falsedad de las pretendidas reliquias, lejos de poner fin a las polémicas, no hicieron más que avivarlas. Los antropólogos fueron llamados traidores a la patria, vilipendiados por su espíritu antinacionalista. La religión patriótica mexicana necesitaba reliquias y (al igual que sus homólogas europeas o de otros países) no tenía que preocuparse por su autenticidad. Los espectros del pasado mexicano no han dejado de rondar a los espíritus, ni los progresos de las ciencias positivas ni las persecuciones anticlericales han podido ahuyentarlos.

Acaso lo que se ha producido sea el fenómeno contrario. En tanto que la Iglesia ha admitido, bien o mal, lo sobrenatural, la imaginación mítica mexicana ha podido ser canalizada parcialmente en el sentido del mesianismo judeo-cristiano. Pero a partir del momento en que, bajo el gobierno llamado de la Reforma,[5] el positivismo de Augusto Comte se ha convertido en la ideología oficial, la espera mesiánica ha sufrido una mutación (al menos en una parte de la élite criolla y mestiza). El advenimiento del Reino ha dejado el lugar al mito laico y cientificista del progreso: una parusía "constitucionalista" se ha levantado en el horizonte de la conciencia mexicana. El papel mediador que entre los aztecas habían desempeñado los viejos sabios, cuyos largos discursos morales han sido recogidos en el huehuetlatolli,[6] y que en Nueva España fue atribuido a los predicadores, en la época moderna ha llegado a ser patrimonio de los políti-

[5] La Reforma fue un movimiento de ideólogos racionalistas, que tuvo que enfrentarse a la expedición francesa enviada por Napoleón III para instalar a Maximiliano en el trono de México.
[6] A. M. Garibay K., *Historia de la literatura náhuatl*, México, 1953, t. I, cap. VIII.

cos ideólogos. Los primeros nombres que acuden a la mente son los de Gabino Barreda, Ignacio Ramírez, Juárez. Nadie ha reparado en que las constituciones políticas sucesivas, tan perfectas como inaplicables, de que México fue dotado en el siglo XIX, tenían por razón última la satisfacción de las aspiraciones utópicas nacionales, defraudadas por la anarquía y la tiranía que siguieron a la Independencia.

Si, renunciando a juzgar (conscientemente o no) la historia, nos esforzamos por comprenderla, veremos que México ha sabido crear, primero en los conventos, después en las asambleas parlamentarias, una serie de respuestas míticas al desafío de la España dominadora (aun después de la Independencia, pues la eventualidad de una reconquista militar obsesionó durante largo tiempo a la conciencia mexicana). Se quiera o no, la elocuencia enfática de los predicadores criollos del siglo XVIII fue la primera expresión consumada de lo que hay que llamar una "contracultura" mexicana. El recurrir a esta palabra parecerá sorprendente, pues de ordinario se aplica a las culturas afroamericanas, cuyo lugar en la sociedad global es más claramente marginal. Pero si examinamos la cuestión, advertimos que el duro meollo de la cultura mexicana ha sido y sigue siendo lo que estamos tentados de llamar, imitando a Melville J. Herskovits, el "mito del pasado indio".[7] La revalorización del indio precolombino en el sistema de valores hispanocristiano fue el requisito previo de la reivindicación de Independencia mexicana. La exaltación de la herencia india se confunde hoy con la reivindicación de una cultura mexicana original.

Y sin embargo, la imitación del modelo español es evidente, tanto en la literatura apologética de Nuestra Señora de Guadalupe, inspirada en la de la Guadalupe de España, como en la elaboración de la tradición de Santo Tomás-Quetzalcóatl, inspirada en Santiago de Compostela. Un desgaste cronológico de dos a cuatro siglos y, a partir del último tercio del siglo XVIII, los progresos del racionalismo crítico en Nueva España no han modificado el esquema. Y en ambos casos hay que remontarse más allá en el tiempo: al modelo judaico de la Alianza divina. La creencia de los españoles en que el descubrimiento de sospechosas reliquias del apóstol Santiago en Galicia instituía a su país como nuevo jefe de la cristiandad no era más que una adaptación a la nueva Alianza del concepto judaico del pueblo elegido en la antigua Alianza. Los mexicanos —que en el curso de su tribulación primitiva habían transportado a su ídolo tutelar, Huitzilopochtli, "como una nueva arca de la Alianza", según la expre-

---

[7] Melville J. Herskovits, *The myth of the Negro Past*, 1941.

sión de un cronista jesuita del siglo XVI— resucitaron después el mesianismo conquistador de los aztecas so capa de la escatología cristiana.

El resurgimiento en la América hispánica de la vocación de Abraham, transportada al Nuevo Mundo por el cristianismo (antisemita pero fuertemente judaizante) de la España del siglo XVI, explica (al parecer de manera paradójica) la devoción nacional a la Virgen de Guadalupe. La identificación de la Virgen "criolla" con la mujer del Apocalipsis llama la atención sobre la importancia de la espera de la consumación de los tiempos como hilo conductor de un estudio de la conciencia nacional. La contracultura mexicana implica, a la vez, la imitación del modelo hispánico y la exaltación del pasado indio. Así, el paralelo entre la antigüedad grecolatina y las antigüedades mexicanas ha sido la otra cara de la emancipación espiritual. La comparación entre los emperadores romanos y los soberanos aztecas (*tlatoani*) desarrollada por el jesuita criollo Clavijero en el siglo XVIII, concluye en ventaja de estos últimos, nuevos héroes de un nuevo *De viris illustribus*. Los panegíricos contemporáneos de la Virgen de Guadalupe, "arco iris de las dos Españas" que eclipsa a la Virgen del Pilar de Zaragoza, tema caro a los predicadores mexicanos, traducen la misma aspiración emancipadora. La afirmación de su propia existencia por la nación mexicana ha tomado, primero, la forma de una revolución copernicana de la referencia a la antigüedad clásica y de la referencia a la tradición bíblica.

Como cuestión previa a toda guerra de Independencia, había que acabar con la humillación de un pueblo "cristianizado a punta de lanza", según expresión de los españoles (los detestados gachupines). La única vía abierta era la demostración de que la gracia divina había sido otorgada a los indios con igual prodigalidad que a los españoles. Si México había sido evangelizado por primera vez en los tiempos apostólicos por Santo Tomás, conocido en las tradiciones indígenas con el nombre de Quetzalcóatl, y si, por otra parte, la visión de San Juan en Patmos no había sido más que una prefiguración de la encarnación (*sic*) de la Virgen de Guadalupe de México, entonces la faz del mundo hispánico podía y debía cambiar. El estatuto de dependencia política y económica (colonial) que ligaba a Nueva España con España en virtud de la conquista y de la evangelización se encontraba privado de su fundamento trascendente. Los criollos mexicanos lo sintieron desde el comienzo del siglo XVII e hicieron un esfuerzo historiográfico y apologético en relación con la importancia de lo que estaba en juego. La sed de dignidad fue la aspiración común de América Latina en general; y las repúblicas latinoamericanas han sobrevivido a la Independencia, como lo demuestra este lema de la Argentina moderna: "Perón cumple su palabra, Evita nos devuelve nuestra dignidad de hombres." A propósito de México, Alfonso Reyes ha evocado con su pertinencia habitual el "alma sin pasaporte" de los antepasados mexicanos; ahora bien, ese pasaporte les fue entregado en una embajada celestial: el santuario de la Virgen de Guadalupe, a las puertas de la capital.

Hasta ese día, la búsqueda apasionada, ansiosa, de la identidad nacional ha seguido siendo el principal tema de reflexión de los mejores intelectuales de México. Varios nombres acuden a la pluma; retengamos tan sólo algunos reveladores títulos de obras: *El perfil del hombre y la cultura en México*,[8] del filósofo Samuel Ramos, y *El laberinto de la soledad*,[9] del poeta Octavio Paz, dominan la literatura consagrada al tema. Pero la obra variada y extensa de Alfonso Reyes, como la de aquel "Ulises Criollo" que fue José Vasconcelos, revelan en todo momento la búsqueda de la "mexicanidad". Y posteriormente, cuando escribe: "Lo que nos es propio no es más que una aspiración, un devenir, un futuro",[10] verifica la aspiración utópica, de la que hemos tratado de demostrar que ha sido el modo de existencia de la conciencia nacional mexicana desde el siglo XVI. El brillante ensayo, de Pablo González Casanova, *Una utopía de América*[11] —obra posterior a las citadas antes— nombra expresamente el fenómeno. De *Tata Vasco*, el obispo utopista de Michoacán, cuna de los héroes de la Independencia, a *Tata Nacho*, el músico que supo captar el alma popular moderna, México ha sido residencia privilegiada de una libertad espiritual creadora de utopías, de la que Antonio Caso afirmó en 1906 que es un "dato inmediato de la conciencia".[12] El historiador puede comprobar que en la hora positivista o bergsoniana o marxista, tanto en la hora de Dilthey como en la hora escolástica, la conciencia nacional mexicana prosigue su trayectoria creadora de utopías.

Todo esto lleva a reflexionar sobre la importancia relativa de las modas intelectuales que se han sucedido en la América hispánica desde la Independencia (y aun desde el siglo XVIII). La influencia de Descartes y de Malebranche, luego la de los *philosophes* (en particular la de J. J. Rousseau), después la todopoderosa de Augusto

[8] Samuel Ramos, *El perfil del hombre y la cultura en México*, 1934.
[9] Octavio Paz, *El laberinto de la soledad*, 1950.
[10] Leopoldo Zea, *Apogeo y decadencia del positivismo en México*, 1944.
[11] Pablo González Casanova, *Una utopía de América*, 1953.
[12] Antonio Caso, discurso de inauguración del Ateneo de la Juventud, México, 1906.

Comte, y desde hace una treintena de años la de la filosofía alemana
(Scheler, Rickert, Cassirer y la escuela de Marburgo, con Dilthey a
través de Spranger) llevada por los emigrantes españoles discípulos
de Ortega y Gasset, en cuya primera fila hay que nombrar a José
Gaos, han marcado profundamente la vida intelectual mexicana. Recordemos que todas las vías habían quedado abiertas, en vísperas
de la Revolución Mexicana, por el grupo del Ateneo de la Juventud,
al que se encuentra ligado, más que ninguno, el nombre de Antonio
Caso. Dicho y reconocido esto, la renovación de los métodos de pensamiento (la problemática) parece no haber tenido efectos importantes sobre el curso de una evolución subterránea como la de la
conciencia nacional, que en esas condiciones obedecía a una dinámica espiritual autónoma. El dicho popular tomado de una canción
que aún fundamenta la gloria nacional sobre las apariciones de la
Virgen de Guadalupe, "Como México no hay dos", viene a confirmar
rotundamente una continuidad que se libera de la influencia de la
intelligentsia. Reconocemos aquí la herencia de un predicador jesuita criollo que, en 1746, lanzó un desafío a España al proclamar
en la catedral: "En este punto, el pueblo mexicano supera no sólo al
pueblo de Israel, sino a todas las naciones del mundo." [13]
    El cambio estriba en el hecho de que la referencia a la vocación
de Abraham ha dejado de ser consciente, o al menos explícita; pero
la afirmación del pueblo mexicano como pueblo elegido no ha perdido nada de su fuerza. El concepto popular del machismo, tan no-
tablemente analizado por Octavio Paz, sin duda se encuentra ligado
más directamente con el mesianismo conquistador y militar de los
aztecas. Los residuos de una ideología religioso-nacional fundamen-
tada en las Escrituras han desaparecido a causa de un nuevo brote
épico en la atmósfera revolucionaria. La Revolución Mexicana ha
desempeñado el papel, en la conciencia colectiva, de un nuevo Oriente mítico, cuyo surgimiento tendió a desplazar al antiguo polo sacro
del cerro del Tepeyac, santuario de Guadalupe. Unos sesenta años
antes, en tiempos de la Reforma positivista de Juárez, Guadalupe
aún cristalizaba las esperanzas nacionales identificadas con la causa
de la Iglesia, como de ello da fe un corrido popular:

> Madre mía de Guadalupe,
> que gane la religión.

[13] B. F. de Ita y Parra, *El círculo del amor formado por la América septentrional, jurando a María Santísima en su imagen de Guadalupe, la imagen del
patrocinio de todo su reino...*, México, 1747 (Medina, Imprenta en México,
núm. 3837).

Que protestantes tenemos
y corrompen la razón.[14]

Esta cuarteta exigirá una exégesis; observemos tan sólo que la razón
y la religión eran por entonces sinónimos en el alma de los mexicanos, y que los ideólogos positivistas eran calificados de "protestantes", denominación cómoda para calificar al conjunto de los
herejes. La Revolución Mexicana, comenzada en 1910, fue también
una revolución espiritual, e incluso fue la primera en profundidad.

Pero la aceleración del ritmo de la historia que afecta al mundo
moderno ha ocasionado en América Latina una segunda revolución.
Y desde el triunfo de la Revolución cubana presenciamos una competencia entre México y Cuba, oposición que en más de un aspecto
evoca la que en siglos pasados hubo entre la Virgen de Guadalupe
de México y la Virgen del Pilar de Zaragoza. En el concierto de las
actuales naciones de América, las cartas de nobleza revolucionaria
desempeñan, *mutatis mutandis*, un papel análogo al de los milagros
—aquellas "patentes sobrenaturales"— en el pasado colonial. La cuestión consiste en saber si México ha dejado de ser, en provecho de
Cuba, el centro de gravedad sacra de la nueva comunidad animada
por una misma fe liberadora. Los decenios venideros presenciarán
la multiplicación de los focos de revolución en el continente americano, proliferación funcionalmente análoga a la de los santuarios de
la Virgen María a finales del siglo XVI en la historia espiritual de estas naciones inconclusas. De manera complementaria, tal cura guerrillero muerto en Colombia o en el nordeste del Brasil, y en primera
línea el *Che* Guevara, son *teotl*, antepasados protectores. Han sido
"divinizados" —podemos decir, a falta de palabra más precisa— según un proceso evemerista que se ha observado por primera vez en el
Quetzalcóatl del México antiguo. Túpac Amaru en el Perú colonial,
Getulio Vargas en el Brasil moderno y hasta Eva Perón en la muy
"europea" Argentina han tenido el mismo destino póstumo. Los santos son intercambiables, de una época histórica a otra, en la religión
nacional de carácter mesiánico y utópico, cuyas constantes son las
motivaciones emancipadoras y la aspiración a la dignidad.

Si es verdad, como lo pretende un psicólogo de las profundidades,
que "la historia de las culturas se resume en el proceso de la creación de las imágenes míticas, de su dogmatización y de su destruc-

[14] El corrido mexicano es una forma de poesía popular comparable al ro-
mance español; comprende octosílabos libremente arreglados, rimados o aso-
nantados. Así como la guerra de España vio renacer el romancero, la Revolución Mexicana ha suscitado un florecimiento del corrido.

ción",[15] América Latina atraviesa por una crisis. Se trata de la crisis del mundo occidental en general, en el que los antiguos mitos son abandonados sin que hayan sido reemplazados por nuevos mitos viables. Así, Octavio Paz ha podido escribir: "Por primera vez en nuestra historia somos contemporáneos de todos los hombres."[16] Si las naciones provenientes de las antiguas posesiones españolas y portuguesas de América parecen más gravemente afectadas, ello se debe, en parte, a que sus posibilidades objetivas de progreso están separadas por el abismo de las aspiraciones al reino mesiánico. Además, observemos que la importancia de lo sagrado en la vida social, tanto de las sociedades amerindias como del mundo hispánico y de los grupos de población secundarios de origen europeo (judíos sefarditas) o africano, ha sido relativamente (y hasta nuestros días) mayor que en los países superdesarrollados de la Europa occidental. La coexistencia de creencias residuales procedentes de los politeísmos autóctonos, del cristianismo alterado por un baño de cuatro siglos de creencias de origen pagano, del animismo negro-africano, y hasta del cabalismo, ha favorecido el brote de mitos sincréticos. Su crecimiento resulta de la proporción, muy variable de una región a otra, de los diferentes aportes mágico-religiosos. El desplazamiento cada vez más frecuente de la fe religiosa hacia una fe política permite la comunión anacrónica del inca Manco Cápac con el padre Las Casas, Bolívar y algún líder sindical como Carlos Prestes, a los que Pablo Neruda ha reunido en su *Canto general*,[17] despreciando toda cronología.

En la medida exacta en que somos transportados de los tiempos históricos a los tiempos mesiánicos, nos encontramos en un distinto orden de verdad. Poco importa que el Mesías cambie o haya cambiado; en ciertos casos, Jesús aún resulta muy conveniente, como puede verse en Colombia, en el Nordeste brasileño, en Guatemala, etc. Bien que la fe revolucionaria se oponga a la fe cristiana o que se confunda con ella, el tiempo de la historia pierde su densidad. Así, los instrumentos de análisis de la historia económica y social (las coyunturas, las fases más o menos largas o cortas...) casi no afectan esta "intrahistoria",[18] cuya riqueza ya había presentido Unamuno. El ritmo de una historia como la que abordamos aquí se deriva de la economía de la salvación; si la salvación histórica de las sociedades

[15] Paul Diel, *La Divinité*, París, 1949, p. 18.
[16] Octavio Paz, *op. cit.*, p. 154.
[17] Pablo Neruda, *Canto general*, 1949.
[18] Miguel de Unamuno, *En torno al casticismo*, I, III (1895); en *Ensayos*, Madrid, 1945, t. I, pp. 40-49.

iberoamericanas ha sustituido a la salvación eterna, el paso del tiempo cronológico a los tiempos parúsicos de la Revolución final es análogo. Así pues, hay que considerar como un avatar tardío de la cristiandad de Occidente el estado actual de los países de América Latina en general, si queremos descubrir en ellos algo más que las convulsiones inherentes a la condición de países "en vías de desarrollo", es decir, "en curso de explotación colonial". Evidentemente, no se trata de desconocer los factores económicos y políticos, los objetivos estratégicos, etc., sino de revelar los nexos no formulados que, desde hace siglos o acaso milenios, retienen unidas a las viejas estructuras con las recientes coyunturas.

La dislocación del Imperio romano de Occidente, tiempo resucitado por Carlomagno, fue la gran fractura del Occidente cristiano; desencadenó siglos de guerras entre los príncipes y después entre las naciones de Europa. Es notable que el centro del Sacro Imperio haya ido a parar a las manos de Carlos V, que ya era Carlos I de España, en el momento en que un hidalgüelo español, Hernán Cortés, conquistó México. Las cosas se presentan como si, relativamente frenado en su expansión europea por los Borbones y sobre todo por "el turco", Carlos V hubiese creado un nuevo Imperio de Occidente en el Nuevo Mundo, cuyo más bello adorno era México (junto con el Perú). ¿Puede pensarse que un fenómeno político de esta importancia —que iba a modificar durante los siglos posteriores el equilibrio de las potencias, crear corrientes de migración y vías comerciales, y abrir caminos al conocimiento del mundo y del hombre— no haya estado relacionado con la fe? Un gran conocedor de la Edad Media europea, Marc Bloch, ya había observado que "los hechos históricos son por esencia hechos psicológicos".[19] La gran esperanza producida por los descubrimientos americanos sólo toma su verdadera dimensión a la luz de la escatología cristiana. México nació bajo los auspicios del milenarismo. El Nuevo Mundo apareció como una tierra de salvación para la Europa católica, amenazada desde fuera por el Islam conquistador y desde dentro por los progresos de las herejías luterana y calvinista; para los judíos perseguidos desempeñó el mismo papel de Tierra Prometida, y también para los calvinistas. La laicización de los ideales desde el siglo XVIII, dondequiera que se produjo, no borró el sello de la esperanza mesiánica sobre la tierra americana por sus primeros ocupantes europeos, en el alba del siglo XVI.

Aún hay que remontarse más de un siglo en el pasado del Occiden-

---

[19] Marc Bloch, *Apologie pour l'histoire...* (1941), ed. A. Colin, París, 3ª ed., 1959, p. 101 (*Introducción a la historia*, FCE, 6ª reimpresión, 1974).

te cristiano para recuperar todos los hilos que enlazan a las mentalidades nacionales modernas de América Latina. El fracaso de la cruzada de San Luis, la última de las grandes cruzadas, abrió el camino a la expansión hacia el Occidente. Como sus antepasados no pudieron reconquistar los lugares santos de Palestina, los descendientes de los cruzados fueron a construir la Nueva Jerusalén con los antípodas de la Jerusalén bíblica. El Oriente mítico judeo-cristiano comenzó, a la muerte de San Luis, una revolución secular que desembocaría (después de estaciones como Santiago de Compostela) en esa *Última Tule* cantada no ha mucho por Alfonso Reyes. No por casualidad, el erudito criollo León Pinelo demostraba en el siglo XVII, "con todo rigor geográfico",[20] que "México formaba parte del hemisferio situado al oriente de Moisés" cuando éste escribía en el Sinaí, de tal suerte que el Paraíso terrenal pudo hallarse en América. Cuando el mexicano Vasconcelos, que fue secretario de Educación Pública en su país, profetizaba en el siglo XX que Amazonia se convertiría en cuna de una "raza cósmica" que salvaría a la humanidad, estaba expresando en términos un tanto nietzscheanos la herencia de los cruzados. México había sido presentado por los criollos entusiastas del pasado como la Nueva Jerusalén; debía volver a serlo gracias al triunfo de la Revolución Mexicana. El adjetivo "mexicana" es esencial; resulta significativo que el principal argumento opuesto a la propaganda revolucionaria cubana de los años sesenta haya sido su carácter "cubano". La afirmación del carácter nacional mexicano (el *mexicayotl* de los aztecas) aparece primero, según el esquema hegeliano, como la descalificación de las demás entidades nacionales. La misma actitud vuelve a encontrarse en la esfera interamericana; de ahí la elección, en el Perú, de la denominación Alianza Popular Revolucionaria Americana (APRA).

Queda por escribir una historia que no sea ni relato de hechos (crónica o historia fáctica) ni análisis de causas (estructural o de otra índole), sino hermenéutica del destino de las sociedades. Los progresos catárticos de esta "intrahistoria" no aparecen (o aparecen poco) en las estadísticas demográficas ni, por lo general, en los principales materiales de la historia que se ha vuelto clásica. Sus documentos son difíciles de descifrar: exvotos, recuerdos de antiguos militantes, testamentos y, sobre todo en América Latina, ese conjunto heterogéneo de manifestaciones que se designa como el "folklore". Si es verdad —según ha escrito Roger Bastide— que "todo folklore es una mediación simbólica entre los individuos y los grupos y

[20] Antonio de León Pinelo, *El Paraíso en el Nuevo Mundo* (1650), publicado por Raúl Porras Barrenechea, Lima, 1943, t. I, p. 330.

entre los grupos",[21] sólo el folklore mexicano permitirá conocer lo
que Alfonso Reyes había llamado, con un término lleno de romanti-
cismo, el "alma nacional", observando al respecto que "de lo real y
lo imaginario está tramada la vida".[22] La parte de lo imaginario
(quizá sobre todo en la medida en que es evasión) ha sido grande
en la vida mexicana. Así, la elucidación de la historia nacional supone un esfuerzo complementario del estudio de las formas elabo-
radas de la cultura (libros, frescos, sermones, discursos): la elucidación del folklore. La expresión intelectualizada de la conciencia
nacional es a menudo la más pobre; el discurso mímico del bailarín
de la danza ritual de los "santiagos" es, naturalmente, más rico de
contenido simbólico. Los cantares sacros elaborados en el seno del
pueblo indio o mestizo a imitación de los himnos de los antiguos
mexicanos, el teatro religioso-nacional inspirado en su origen por
alegorías edificantes enseñadas por los religiosos evangelizadores y
los exvotos en su ingenuidad dramática son documentos de un valor
excepcional para el "intrahistoriador". ¡Ay!, en América, como en el
resto del mundo, el folklore se degrada con rapidez creciente, y en
México los falsos exvotos (pacotilla turística) son ya más numerosos
que los auténticos. Aunque amenazada por la extensión de la radio-
difusión, la inspiración de los corridos parece tener un porvenir más
duradero, y los bardos populares siguen siendo los mejores informadores. Los estudios de R. Cantel sobre la literatura de cordel, en el
Nordeste brasileño, ya han dado resultados que responden a las esperanzas.[23]

La trama de la intrahistoria o, si se prefiere, de la historia psico-
lógica de las sociedades está hecha, pues, con los hilos milenarios
que hemos tratado de sacar así a la luz en el solo caso de México.
Su cadena es un conjunto de las danzas (mitotes), de los himnos
(cantares), de las cancioncillas o de las poesías (corridos), de los
exvotos, etc., cuyo inventario debería hacerse urgentemente, pues
en un porvenir muy próximo no quedarán más que fragmentos errá-
tiles. Cuando se hayan formado los catálogos (archivos sonoros y
fotográficos) aún quedará la tarea más ardua: descubrir su semántica. La prueba de que el lenguaje, de otra manera indescifrable, de

[21] Roger Bastide, "État actuel et prespectives d'avenir des recherches afro-
américaines", *Journal de la Société des Américanistes*, t. LVIII, París, 1971,
p. 26.

[22] Alfonso Reyes, *La X en la frente*, México, 1952 (carta a Antonio Mediz
Bolio, 5 de agosto de 1922), pp. 87 *ss.*

[23] Raymond Cantel, "L'exploitation d'un thème d'actualité dans la littérature
populaire du *Nordeste*: la mort du président Getulio Vargas", *Cahier des
Amériques latines* (serie Arts et littératures), núm. 1, París, 1968.

la conciencia nacional está allí mismo, aparece en el sencillo hecho de que la voz del indio incorporado (biológicamente o no) en cada mexicano —esa "voz que viene del fondo de nuestros dolores pasados",[24] como la ha llamado Alfonso Reyes— aún sigue pidiendo en el México de hoy el retorno de Quetzalcóatl.

[24] A. Reyes, *op. cit.*, p. 87.

VI. EL "MANUSCRITO TOVAR" EN SU CONTEXTO HISTÓRICO

CREEMOS que ha llegado el momento de considerar, por encima de las diferencias formales de las crónicas del grupo que nos interesa, y entre esas mismas variantes, las marcas de una época. No sólo se trata de más o de menos, de versiones extensas o abreviadas, sino de las formas tomadas por una misma o, mejor aún, por diversas tradiciones indias en el seno de la cultura criolla en curso de elaboración. Después del estudio de Beauvois, ha quedado abandonada la idea de que la *Historia* del dominico Diego Durán era una versión amplificada del *Manuscrito Tovar*.[1] Pero, aclarado este punto, se reconoce simplemente el orden de filiación probable, aun cuando la cuestión más importante es la pertinencia de las variantes; hubo que esperar hasta 1945 para ver aparecer el primer trabajo (parcial) de comparación sistemática de los diferentes manuscritos, en una perspectiva histórica y ya no simplemente de filiación textual.[2] F. Sandoval ha estudiado la relación de la conquista de México por los españoles en los manuscritos de Diego Durán, de Juan de Tovar y de José de Acosta. En vista de que este último transcribió casi al pie de la letra (en el caso que nos ocupa) el relato de Tovar, el parangón se limita enteramente a Durán y a Tovar. De ahí resulta que Tovar habría resumido fielmente a Durán y cometería errores, de hecho imputables a sus fuentes indias, que ofrecerían una visión "indígena" de los acontecimientos.[3] La intención de F. Sandoval era, en ese artículo, verificar la exactitud de los hechos históricos; nuestro punto de vista es completamente distinto, y lo primero que retiene nuestra atención es la deformación voluntaria o la interpretación divergente de los hechos.

En esta perspectiva, creemos que la confrontación ganaría al extenderse a la crónica de Tezozómoc. Pero observemos que Durán lleva su relato desde la conquista por Cortés hasta mucho más allá

---

[1] Cf. *Respuesta del padre Joan de Tovar*, p. 4.

[2] Fernando Sandoval, *La relación de la conquista de México en la Historia de fray Diego Durán, Historia e historiografía de la Nueva España*, México, 1945, pp. 50-90.

[3] *Ibid.*, p. 71: "por lo que dicha narración adolece de algunas omisiones importantes y de equivocaciones que se deben en gran parte a las fuentes que utilizó [Tovar] en su investigación".

de la toma de México, en el momento en que el conquistador deja a Cuauhtémoc en libertad. (Este último hecho queda desmentido por los mejores autores; veremos que nos instruye de las intenciones de apología cortesiana del dominico.) A diferencia de Durán, Tovar interrumpe el relato de la conquista con el famoso episodio de la "Noche triste" en que los conquistadores tuvieron que abandonar la ciudad de México, a riesgo de perecer todos. En la crónica de Tezozómoc, con justicia considerada como la más fiel a las fuentes indígenas, no se encuentra, propiamente dicho, ningún relato de la conquista, puesto que se interrumpe en el momento de la llegada de Cortés a Tlaxcala, antes de que comience la campaña militar, antes de la matanza de Cholula y antes de la profanación de la gran ciudad de México.[4] ¿Cómo dejar de entrever relaciones, al menos probables, entre esos relatos incompletos de la epopeya cortesiana (ya hayan quedado incompletos por voluntad de su autor o por consecuencia de una amputación ulterior) y otros hechos exactamente contemporáneos y debidamente establecidos? Recordemos que en 1566 la *Historia de la conquista de México*, obra del capellán de Cortés, Francisco López de Gómara, había sido prohibida.[5] No sin motivo, se sospechó que el libro trataba de favorecer las pretensiones políticas de los herederos del capitán, desposeído de antiguo del gobierno de Nueva España; aquel mismo año había estallado la conspiración del segundo marqués del Valle (Martín Cortés), hijo del anterior, conjura que fue sofocada de manera sangrienta. No es dudosa la intención de apología cortesiana del dominico criollo Durán cuando evoca con nostalgia el tiempo en que el conquistador se arrodillaba en público para besar el hábito de sayal de los monjes evangelizadores; pérfidamente añadía que esta reverencia a los religiosos había continuado en la época del virrey Mendoza, dejando adivinar bastante bien que los tiempos habían cambiado.[6] Si la obra de Gómara había sido prohibida, la de Durán no debía ver la luz

---

[4] También Sahagún, en su *Historia general*, interrumpe el relato de la conquista en el momento de la toma de Tenochtitlan (ed. Garibay, México, 1956, t. IV, cap. XLI, pp. 164 ss.).

[5] Manuel Bataillon, "Hernán Cortés, autor prohibido", *Libro jubilar de Alfonso Reyes*, México, 1956.

[6] Diego Durán, *Historia de las Indias de Nueva España e islas de Tierra Firme*, t. II, cap. LXXVIII, p. 68: "el cristianísimo marqués del Valle, por ejemplo de los indios, todas las veces que topaba o hablaba con religioso de cualquier orden que fuese, se hincaba de rodillas ante él y le besaba las manos, teniéndoles y haciéndoles gran acatamiento y reverencia, lo cual duró hasta el tiempo del visorrey don Antonio de Mendoza, el cual, con no menos respeto y reverencia, trataba a los religiosos".

hasta el siglo XIX; la obra —contemporánea de la de Durán— del franciscano Jerónimo de Mendieta, otro apologista de Cortés, no fue conocida en lo esencial más que a través de los grandes plagios que de ella hizo Juan de Torquemada en el siglo siguiente.[7]

Una vez hechas las observaciones precedentes, podemos preguntar si la ausencia del relato de la conquista en la *Crónica mexicana* de Tezozómoc fue simple efecto de la carencia de sus fuentes indígenas o si hemos de ver ahí el resultado de la autocensura, o de una amputación ulterior, piadosamente (y desde luego políticamente) intencionada. Las dos suposiciones anteriores entran en competencia, pero una y otra reflejan un mismo clima de represión ideológica. Es notable que el relato de la conquista, tal como figura en el *Manuscrito Tovar* (interrumpido en el momento de la "Noche triste") excluya todas las grandes conquistas territoriales de Cortés en México, cuyo relato había sido tema de las III, IV y V *Cartas de relación*, aquellas en que el conquistador se presentaba a sí mismo como fundador de su propia legitimidad y en que expresaba con el mayor vigor sus reivindicaciones políticas. Ahora bien, la III *Carta*, publicada en 1524, fue prohibida desde 1527,[8] y la *Historia* de Gómara, que proseguía el tema (entre otros), fue prohibida por primera vez en 1553.[9] Por fuerza hemos de ver que, de todas esas historias, crónicas y cartas mexicanas de la segunda mitad del siglo XVI, sólo apareció sin ser objeto de prohibiciones ulteriores la *Historia natural y moral*, de José de Acosta, y a través de ella el *Manuscrito Tovar*, que aportó la sustancia de su libro VII. ¿Amputó Tovar la materia aportada por la *Historia* de Durán (su fuente principal, en la segunda ocasión en que redactó los tratados que conocemos), con el fin de enviar a Acosta un texto que no fuera sospechoso en la atmósfera política del momento? Esto es difícil de afirmar; sin embargo, los términos alusivos en que Tovar evoca la desaparición de su *Primera historia* abren el camino a varias interpretaciones.[10] ¿Ignoraba Tovar que su *Historia* había podido ser confiscada, o fingía ignorarlo? Su afán

[7] Habrá que aguardar hasta finales del siglo XVII para que la apología cortesiana pueda expresarse abiertamente en Nueva España con la *Piedad heroica de don Fernando Cortés*, de Carlos de Sigüenza y Góngora, quizá publicada en 1694 (ed. Jaime Delgado, Madrid, 1960).

[8] M. Bataillon, *op. cit.*

[9] *Loc. cit.*

[10] *Respuesta del padre Joan de Tovar*: "hice una *Historia* bien cumplida, la cual acabada llevó el mismo doctor Portillo, prometiendo de hacer dos traslados de muy ricas pinturas, uno para el rey y otro para nosotros. En esta coyuntura le sucedió el ir a España y nunca pudo cumplir su palabra ni nosotros cobrar la historia" (p. 4).

de precisar la responsabilidad del doctor Portillo, a quien había confiado el manuscrito original, ¿es una discreta invitación a Acosta, para que este poderoso personaje haga iniciar investigaciones en España? Sin duda, otras tantas preguntas permanecerán para siempre sin respuesta. Pero es imposible dejar de vincular la desaparición de la *Primera historia* de Tovar con la incautación de los manuscritos de la *Historia general* del franciscano Sahagún, exactamente contemporánea, y que se efectuó en condiciones muy comparables, puesto que el original fue enviado a España y ninguna copia fue autorizada.[11]

Demasiados hechos convergentes invitan a un reexamen de conjunto del contenido de las crónicas que hoy nos interesan, para que sea posible eludirlo. Bajo el ángulo político, es claro que el Estado español (en el caso, el Consejo de Indias) rastreaba y reprimía por entonces la apología cortesiana, es decir, el caso más agudo (una vez vencida la rebelión pizarrista, en el Perú, en 1548) del separatismo americano. Ahora bien, el dominico criollo Diego Durán había presentado a Cortés como un hombre providencial, llegado a realizar en las Indias los designios impenetrables de Dios y, por lo tanto, dotado de una gracia inmediata que hacía superflua toda legitimación de su poder político en Nueva España por la monarquía peninsular. ¿Hemos de ver ahí una de esas "cosas dudosas", de las que Tovar advierte a Acosta que no ha creído necesario incluirlas en la relación que le envía? Ello es posible, y tanto más probablemente que existen otras diferencias significativas entre la *Historia* de Durán y la *Segunda historia* de Tovar tal como nos ha sido conservada en el manuscrito de Providence.

Es muy interesante la comprobación de que Tovar, quien ha seguido a Durán paso a paso a lo largo de su *Historia*, omite en la segunda versión de su *Historia* —elaborada pensando en Acosta (ex confesor de la infanta y visitador de la Compañía de Jesús enviado a las Indias para aplicar allí los cánones del Concilio de Trento)— lo que constituirá mucho después, en la edición de J. F. Ramírez, el primer capítulo de la historia política de los antiguos mexicanos y el primer capítulo de su historia religiosa, según el plan de Durán. Hay de sobra motivo para pensar que el dominico no

---

[11] Luis Nicolau d'Olwer, *Fray Bernardino de Sahagún*, México, 1952, VI, p. 96: "con fecha 22 de abril de 1577, Felipe II ordena al virrey Martín Enríquez (*Documento II* de J. García Icazbalceta, *Códice franciscano*) qué 'con mucho cuidado y diligencia procuréis haber estos libros, y sin que dellos quede original ni traslado alguno, los enviéis a buen recaudo en la primera ocasión a nuestro Consejo de las Indias, para que en él se vean' ".

había escrito al azar el comienzo de la *Relación del origen*... y el del *Tratado de los ritos*..., y aun de que les atribuía una importancia particular. Sin duda, justamente en esos capítulos el autor había expuesto las "cosas dudosas", pero más reveladoras de las aspiraciones criollas mexicanas. La *Relación del origen*... (cap. I de la *Historia* de Durán en la edición de Ramírez, 1867) comienza por la afirmación de que Cortés llegó a realizar la profecía de su propia venida, acompañada de otra afirmación no menos subversiva: los indios mexicanos son los descendientes de las tribus perdidas de Israel, las cuales emigraron a las Indias en tiempos de la gran diáspora.[12] No contento con haber lanzado ideas tan heterodoxas en el primer capítulo del primer tratado, Durán hizo preceder el *Tratado de los ritos*... por una portada no menos llamativa. Se trataba esta vez de la evocación de un héroe-dios de los antiguos mexicanos, cuya ciudad santa era Cholula. Ese personaje multiforme era el portador de una leyenda seudocristiana, y sus representaciones gráficas dieron lugar a interpretaciones sincréticas por los religiosos criollos. Conocido sobre todo con el nombre de Quetzalcóatl, también se le llamaba el papa Topiltzin y se le atribuían las profecías de la venida de los conquistadores españoles, o de Cortés, o de los jesuitas... Antes que nadie, Durán identifica expresamente al papa Topiltzin con Santo Tomás apóstol, evangelizador de los "bárbaros".[13]

Estas pocas indicaciones bastan para explicar las medidas de confiscación ordenadas por el Consejo de Indias. La redacción de la obra de Durán y su remodelado por Tovar son contemporáneos de la segunda edición, expurgada, de la *Historia del Perú* de Agustín de Zárate, amputada de sus capítulos relativos a las creencias de los antiguos peruanos, en los que el autor decía que los españoles habían encontrado en los *huacas* incaicos "báculos y mitras como de obispos al propio, y algunas figuras de palo había que tenían mitras en las cabezas puestas". El año 1577 vio inaugurarse en Lima el proceso inquisitorial de un monje criollo iluminado, fray Francisco de la Cruz, del que fue testigo el padre Acosta. Como Durán, Francisco

---

[12] D. Durán, *op. cit.*, t. I, cap. I, pp. 5 y 7: "Qué más clara razón se puede dar de questos [indios] sean judíos, que ver cuán manifiestamente y al propio relatan la salida de Egipto, el dar Moisés con la vara en el mar, el abrirse y hacer camino [...] y estos naturales, como son de la línea de aquel pueblo escogido de Dios (según mi opinión), por quien Dios obró grandes maravillas..."

[13] *Ibid.*, t. II, cap. XXIX, p. 74: "y así podemos probablemente tener que este barón [el papa Topiltzin] fue algún apóstol de Dios que aportó a esta tierra", y cap. LXXXIV, p. 118: "Del ídolo llamado Quetzalcóatl [...] padre de los toltecas, y de los españoles porque anunció su venida."

de la Cruz afirmaba, entre otros pensamientos culpables de herejía religiosa y política, que los indios del Perú eran los descendientes de las tribus perdidas de Israel.[14] Asimismo, aquel mismo año, el rey Felipe II dio al virrey de Nueva España, Martín Enríquez, instrucciones diametralmente opuestas a las que éste había recibido algunos años antes, tendientes a emprender investigaciones y después la redacción de la historia del pasado indígena. La cédula real del 22 de abril de 1577 disponía lo contrario: "Estaréis advertido de no consentir que por ninguna manera, persona alguna escriba cosas que toquen a supersticiones y manera de vivir que estos indios tenían, en ninguna lengua, porque así conviene al servicio de Dios Nuestro Señor y nuestro."[15]

Semejante medida debe distinguirse, por su carácter universal, de las que habían forjado las historias de apología cortesiana. El edicto de 1577 aparece como la extensión, a las "historias morales" (es decir, "religiosas ante todo") de los indios del Nuevo Mundo, de las medidas dirigidas una veintena de años antes por la Inquisición de Toledo y por la de Valladolid contra "los libros que describen las ceremonias judaicas en la lengua que sea, y los libros escritos en hebreo o en cualquier otro idioma acerca de la ley vieja".[16] Este notable paralelismo se explica fácilmente, pues los indios y los judíos parecían estar de acuerdo, y hasta pertenecer a un mismo linaje, con las implicaciones escatológicas derivadas del "descubrimiento" de su identidad. Queda en pie el hecho de que esta prohibición equivale a un viraje completo de la política ideológica de la monarquía española en las Indias. Hasta entonces, los estudios relativos a las costumbres y a las creencias de los indios antes de su evangelización habían sido considerados como los medios auxiliares más necesarios para la extirpación de los retos de idolatría que se disimulaban bajo

---

[14] M. Bataillon, "Zárate ou Lozano? Pages retrouvées sur la religion péruvienne", *Caravelle*, I, pp. 15 ss., Toulouse, 1963: "Acosta se encontraba en el Perú en 1576-1577. Pudo animar al poder central en la vida de la prudencia en un momento en que presenciaba en Lima el proceso del dominico fray Francisco de la Cruz. Éste revelaba, en efecto, que había que temer a una herejía político-religiosa que presentaba algunas tradiciones americanas sumariamente escudriñadas, para sostener que los indios son los descendientes de las tribus perdidas de Israel (tesis que el padre Acosta refuta extensamente en su *Historia...*, l. I, cap. xxiii)", y M. Bataillon, "La herejía de fray Francisco de la Cruz y la reacción antilascasiana", *Miscelánea Fernando Ortiz*, t. I, La Habana, 1955, pp. 138 ss.

[15] Real cédula del 22 de abril de 1577, dirigida al virrey de Nueva España (L. Nicolau d'Olwer, *op. cit.*, pp. 98-102).

[16] Julio Caro Baroja, *Los judíos en la España moderna y contemporánea*, Madrid, 1962, t. I, cap. vi, p. 404.

la aparente sumisión de los neófitos indígenas.[17] La nueva política imponía, por lo contrario, un manto de silencio sobre las ciencias politeístas en la medida en que éstas, apoyándose en el judaísmo, podían dar nacimiento a nuevas herejías, soportes virtuales de un separatismo político siempre amenazador.

Por otra parte, la identificación del papa Topiltzin o de Quetzal-cóatl con Santo Tomás Apóstol era peligrosa, pues la llegada de Cortés a México habría sido profetizada por ese personaje histórico-legendario, cuya reencarnación sería el propio conquistador.[18] Como los primeros fundamentos jurídicos de la dominación española en las Indias habían sido las bulas pontificias, que confiaron a los Reyes Católicos y a su dinastía la misión de evangelizar al Nuevo Mundo,[19] un precedente apostólico habría comprometido los fundamentos tras-cendentes de esta misión. La imaginación de los pioneros francisca-nos, milenaristas en general, pronto fue sospechosa en una España en que el evangelismo y el humanismo erasmiano habían sido supri-midos tiempo atrás, y sus escritos históricos pasaron previa censura a causa de su capacidad subversiva. José de Acosta, hombre influ-yente en la recién creada Compañía de Jesús e introducido en la

---

[17] Sahagún, *op. cit.* (t. I, pp. 27-28, ed. Garibay): "Para predicar contra estas cosas, y aun para saber si las hay, menester es de saber cómo las usaban en tiempo de su idolatría, que por falta de no saber esto en nuestra presencia hacen muchas cosas idolátricas sin que lo entendamos [...] Pues porque los ministros del Evangelio que sucederán a los que primero vinieron, en la cul-tura de esta nueva viña del Señor que no tengan ocasión de quejarse de los primeros, por haber dejado a oscuras las cosas de estos naturales de esta Nueva España, yo, fray Bernardino de Sahagún [...] escribí doce libros de las cosas divinas, o por mejor decir idolátricas." Durán, *op. cit.* (t. II, p. 68, ed. Ramírez): "Ha me movido, cristiano lector, a tomar esta ocupación de po-ner y contar por escrito las idolatrías antiguas y religión falsa con que el demonio era servido antes que llegase a estas partes la predicación del santo Evangelio el haber entendido que los que nos ocupamos en la doctrina de los indios nunca acabaremos de enseñarles a conocer el verdadero Dios si primero no fueren raídas y borradas totalmente de su memoria las supersticiosas cere-monias y cultos falsos de los falsos dioses que adoraban."

[18] E. Beauvois, "Les deux Quetzalcóatl espagnols: J. de Grijalva et F. Cor-tés", *Le Muséon*, Bruselas, 1884. Durán, *op. cit.*, t. II, cap. LXXIX, p. 73: "Las hazañas de Topiltzin [...] casi con apariencias de milagros [...] gran fuerza me hace su vida y obras a pensar que, pues éstas eran criaturas de Dios, racio-nales y capaces de la bienaventuranza, que no las dejaría sin predicador, y si le hubo fue Topiltzin, el cual aportó a esta tierra, y según la relación dél se da, era cantero que entallaba imágenes en piedra y las labraba curiosamente, lo cual leemos del glorioso Santo Tomás, ser oficial de aquel arte, y también sabemos haber sido predicador de los indios..."

[19] Baltasar de Tobar, *Bulario índico*, Sevilla, 1954, t. I, pp. 9-39.

familia real, fue encargado de redactar una historia ortodoxa —tanto desde el punto de vista político como desde el religioso— del pasado idólatra de los indios y de las circunstancias de la conquista española. Esta *Historia natural y moral*, reconocida necesaria en su principio, debía sustituir, hasta la Independencia política de las posesiones españolas en América (y aun después), a las obras de los religiosos franciscanos y dominicos, primeras manifestaciones de una espiritualidad criolla que llevaba el germen de la emancipación espiritual y su corolario: la independencia política de Nueva España y, más generalmente, de las Indias Occidentales.

El papel que atribuimos a Acosta se debe a la evidencia de la comparación entre el libro VII de su *Historia* y el *Manuscrito Tovar*, que fue su fuente casi única.[20] En efecto, la *Historia* de Durán, tal como la recibió —ya muy expurgada— de manos de Tovar, aún pareció demasiado ambigua a Acosta. Éste tuvo cuidado de suprimir expresamente la identificación de Cortés con Topiltzin, tradición "india" (en realidad, mestiza) sospechosa; con el fin de descalificar más seguramente la identificación sincrética del papa Topiltzin con Santo Tomás apóstol, Acosta exhuma la teoría, a la sazón un tanto olvidada, de las "parodias demoniacas",[21] tan cara a los primeros franciscanos de México, y tomada de ciertos padres de la Iglesia, en primer lugar de San Justino mártir. Junto con la "tabla rasa" de las creencias paganas, Acosta recurrió a la explicación estrictamente evemerista del culto al héroe-dios Quetzalcóatl[22] en el antiguo México. Gracias a este doble proceso de ingenio, fundados el uno y el otro

[20] Es notable que el padre Acosta haya anotado el *Manuscrito Tovar* en sus márgenes, casi únicamente en su segunda parte: el *Tratado de los ritos y ceremonias*, indicando así su interés en la historia religiosa de los antiguos mexicanos, antes que en su historia política.

[21] Robert Ricard, *La "conquête spirituelle" du Mexique. Essai sur l'apostolat et les méthodes missionnaires des Ordres mendiants en Nouvelle Espagne, de 1523-24 à 1572*, París, 1933. l. I. cap. I, p. 49: "Todas estas razones hacen comprender que los misioneros hayan tenido interés en presentar el cristianismo no como un perfeccionamiento o un remate de las religiones indígenas, sino como una cosa enteramente nueva que entrañaría una ruptura absoluta y completa con todo lo que existía antes." Marcel Simon, *Hercule et le Christianisme*, París y Estrasburgo, 1955: "Todo lo que se ha edificado contra la verdad ha sido edificado por medio de la verdad misma, y los autores de esta santificación son los espíritus del error (Apol. 47, II). La afirmación de esta parodia diabólica del cristianismo reaparece casi en cada página de la literatura cristiana antigua. Justino mártir le dio su expresión clásica..." (pp. 38 ss.).

[22] J. Lafaye, *Quetzalcóatl y Guadalupe*, libro II, "Quetzalcóatl", segunda parte: "El mito de Santo Tomás-Quetzalcóatl en la literatura espiritual de la Nueva España", FCE, 1977.

en una larga tradición patrística, Acosta apartaba resueltamente toda premonición sobrenatural de la conquista, todo contenido sibilino de la mitología mexicana. (Sobre este punto parece oportuno salir al paso de la idea de "adaraja", idea predilecta de los jesuitas del siglo siguiente y que debía desembocar en la famosa querella llamada "de los ritos chinos".) Las primeras salidas del iluminismo criollo, si bien se apoyaban en el profetismo judaico, igualmente recordaban la exégesis de las mitologías de la antigüedad clásica, tan cara a los humanistas que habían creído descubrir en Séneca y en Virgilio el anuncio de la venida del Mesías.[23] Para cerrar el paso a unas herejías demasiado ciertas, el padre Acosta escribió su *Historia natural y moral de las Indias*, en aquellos años de inquietud política y espiritual que inauguran el último cuarto del siglo XVI.

Si el término de inquietud se aplica bien al estado de espíritu de los consejeros de Indias más conscientes, mejor aún conviene (hasta resulta demasiado débil) al estado de ánimo de los "cristianos nuevos", los judíos conversos de la península. Sobre todo a partir de 1580, un éxodo de éstos (la mayoría originarios de Portugal) —éxodo que no logran contener las medidas legislativas que reservaban a los "cristianos viejos" el acceso a las Indias Occidentales— se produce de España y de Portugal a México y al Perú.[24] Especialmente para combatir el criptojudaísmo fue instalado en México un tribunal de la Inquisición, y en 1574 se celebró solemnemente el primer auto de fe en la capital de Nueva España.[25] Es conocida la resonancia que debía tener, en 1589, el proceso inquisitorial incoado al gobernador de Nuevo León, Carvajal (y a la mayoría de sus deudos),

[23] M. Simon, *op. cit.*, pp. 24 y 39: "Toda una serie de escritos polémicos de la Iglesia antigua son de inspiración netamente evemerista, desde el *De idolatria* de Tertuliano hasta *La ciudad de Dios* de San Agustín..." Y más aún: "Allí donde la antigüedad cristiana no veía más que parodia demoniaca, la Edad Media reconocía premoniciones sobrenaturales. Ya no es a los espíritus malignos, es al propio Dios al que se remite el origen de la mitología, iluminada por un reflejo de revelación [...] Es en el Renacimiento cuando este método se generaliza."

[24] José Toribio Medina, *Historia del Tribunal del Santo Oficio de la Inquisición en México*, compilada por J. Jiménez Rueda, México, 1952, adiciones al cap. V, "El judaísmo", p. 98: "Cuando la corona de Portugal quedó vinculada a la española y Felipe II asumió el mando de los reinos en 1580, los judaizantes cristianos nuevos o hebreos que residían en Portugal hubieron de tomar el camino de las Indias para alejarse de la Inquisición [...] Fue así como, a fines del siglo XVI, se realiza un verdadero éxodo de judíos a la Nueva España y al Perú." *Los judíos en la Nueva España*, Publicaciones del Archivo General de la Nación, XX, México, 1939, pp. 15-82.

[25] J. T. Medina, *op. cit.*, cap. III, pp. 60-67.

convicto —entre otros delitos— de criptojudaísmo.[26] Desde 1579, la Inquisición de México había condenado por judaísmo a un tal Garcí González Bermeguero, comprometido con su correligionario Antonio Machado.[27]

El encadenamiento del temor y de la esperanza profética, que empujó a los judíos perseguidos por la Inquisición de España hacia el Nuevo Mundo, habría podido tener efectos temibles si se hubiese asociado a la desesperación de los indios, cuyas creencias ancestrales eran extirpadas por los métodos igualmente aplicados al judaísmo. El trasplante del milenarismo joaquinista —llevado por los pioneros de la evangelización— a la espera mesiánica judaica y a la esperanza india del "retorno de Quetzalcóatl" hubiese provocado, sin duda alguna, sediciones, herejías y secesión, más seguramente que el rencor de los herederos de los conquistadores.[28] Así, no fueron raras las denuncias contra los monjes evangelizadores, acusándolos (injustamente las más de las veces) de tratar de soliviantar a los indios contra la corona; de preferencia, esas denuncias se dirigían a los confesores de la familia real, y con ese título Acosta tuvo que leer más de una, pero, confidente del virrey Toledo, conocía de cerca la fermentación espiritual de la naciente sociedad criolla. ¿Quién mejor que aquel hombre —gran teólogo además— habría podido ser designado para separar lo verdadero de lo apócrifo, la cizaña del buen grano católico e imperial?

Si, a la luz de la coyuntura histórica que hemos evocado incompletamente, tratamos de nuevo el problema de las relaciones entre las crónicas del grupo que estudiamos, creemos que estamos en condiciones de aventurar algunas opiniones nuevas. En el clima de persecución contra los autores de historias antiguas de México, o al menos de confiscación de sus manuscritos, los métodos de "présta-

---

[26] *Ibid.*, cap. v, adiciones, "La familia Carvajal", pp. 94-102.

[27] *Ibid.*, cap. iv, pp. 76 ss. R. Ricard, "Pour une étude du judaïsme portugais au Mexique pendant la période coloniale", *Revue d'Histoire moderne*, t. XIV, núm. 39, agosto-septiembre de 1939, París.

[28] Lee Eldridge Huddleston, *Origins of the American Indians, European Concepts, 1492-1729*, The University of Texas Press, Austin y Londres, 1967, p. 40: "Los frailes de México, trabajando —como lo hacían— con las leyendas aztecas de vastas migraciones, llegaron antes a la teoría de las tribus perdidas que quienes trabajaban en otros campos [...] La mayoría de quienes escribieron sobre los orígenes de los indios antes de 1580 no aplicaron la Biblia al formar sus teorías. Muchos dependieron exclusivamente de fuentes literarias no bíblicas. Muchos sólo se refirieron a las Escrituras para insistir en que todos los hombres descendían de Adán a Noé. Se habrá notado que la base de la teoría de las tribus perdidas depende principalmente de los libros apócrifos, no de la Biblia."

mos" de uno a otro merecerían un estudio de conjunto. En el siglo pasado se tildó de plagios a esos préstamos; en nuestros días se insiste más en el comunismo conventual, que hacía de los escritos de un religioso bien común de toda la comunidad; así Torquemada publicó bajo su nombre la *Historia* —sospechosa a las autoridades— de otro franciscano, fray Jerónimo de Mendieta, conocida después con su verdadero título de *Historia eclesiástica indiana*. El grupo de manuscritos de que nos ocupamos aquí hace válidas al menos ciertas hipótesis relativas a la autocensura y a la criptocensura o censura previa a toda publicación, en este periodo de presión inquisitorial y política. Nada prueba que la *Primera historia* de Tovar no fuese tan audaz por sus hipótesis proféticas o hipotéticas como la de su "pariente" ("deudo mío") el dominico Diego Durán. Su celo apostólico y su ardor polémico (que hemos tenido oportunidad de estudiar en otra parte) [29] no impiden, en todo caso, suponerlo. Creemos, como el doctor Garibay, que los dos tratados que constituyen esencialmente el *Manuscrito Tovar*, tal como lo conocemos, no son más que fragmentos erráticos de un vasto *corpus*, comparable a la gran obra del padre Sahagún.

Estos testimonios todavía parecieron demasiado inquietantes al padre Acosta, quien los suavizó y, ¿por qué retroceder ante el término propio?, los *expurgó*. Para convencerse de ello basta reiterar el pertinente ejemplo del papa Topiltzin, a propósito del cual escribió Tovar, satisfecho con una insinuación: "Se le invocaba con tres nombres distintos, nombres de divinidades, reverenciales: el primero era Topiltzin, el segundo Quetzalcóatl, el tercero Papa, y en los códices en que se encuentra su efigie, está representado con un tiara de tres coronas, como la de Nuestro Santo Padre el Soberano Pontífice." [30] De ese mismo héroe mexicano, presentado por las tradiciones como el sumo sacerdote de Quetzalcóatl, en la ciudad de Tula en el siglo IX, Acosta escribirá: "Y en efecto le adoraban porque hacía ricos a los que quería, como el otro dios Mammón o el otro Plutón [. . .] llamábanle Quetzalcóatl, que es culebra de pluma rica, que tal es el demonio de la codicia." [31] Tales ajustes, o inversiones, operados por Acosta, cuando utiliza una materia organizada y presentada antes

[29] J. Lafaye, "Une lettre inédite du XVIème siècle, relative aux collèges d'indiens de la Compagnie de Jésus en Nouvelle Espagne", *Annals de la Faculté des Lettres d'Aix*, t. XXXVIII, 1964. Francisco Javier Alegre, *Historia de la Provincia de la Compañía de Jesús de Nueva España*, ed. por Ernest J. Burrus y Félix Zubillaga, Roma, 1956-1960, t. I, doc. XVI: "Memorial del padre De Tovar sobre ministerio entre indios, abril de 1588", pp. 561-566.

[30] J. de Tovar, *Historia del origen...* [f. 34 b].

[31] J. de Acosta, *op. cit.*, l. V, cap. IX, p. 150.

que él por Tovar, son reveladores del espíritu con que escribió su libro, tan alejado de las generosas asimilaciones entre el pasado indio y la revelación cristiana, características de la espiritualidad criolla americana, durante todos los siglos coloniales.[32]

El sentido de la obra de Tovar, como el de las de Tezozómoc y sobre todo de Durán, bien parece que tiende a reanudar el hilo, brutalmente roto por la conquista, del destino histórico y escatológico de los indios.[33]

De esta forma, el porvenir mostraría que si el camino de una interpretación evemerista y humanística de las creencias indígenas —lindante con un sincretismo declarado— podía quedar cortado, el de la exégesis permanecía abierto, y por éste debía liberarse la conciencia cautiva de los criollos mexicanos; pero para ello hubo que aguardar cerca de dos siglos.[34] En su época, Acosta parece haber desempeñado un papel particularmente eficaz, si es cierto que ante todo su misión consistió en hacer imposible durante largo tiempo toda tentativa de reinterpretación del pasado indígena a la luz de la escatología cristiana. Correlativamente, en varias ocasiones se esforzó por refutar la hipótesis de una identidad entre los indios del Nuevo Mundo y los "judíos encubiertos", cuya reaparición y después conversión habían de ser los signos precursores de la consumación de los tiempos.[35]

En lo que hace a nuestro objeto inmediato, el *Manuscrito Tovar* constituye una aportación original al conocimiento del México antiguo, como bien lo han mostrado Kubler y Gibson, pero su principal interés a nuestros ojos no estriba ahí. Esta *Segunda historia* de un evangelizador de indios mexicanos, situada en su tiempo, es revela-

[32] Luis Villoro, *Los grandes momentos del indigenismo en México*, México, 1950, momento II, cap. v, p. 130: "A través del indio puede el criollo presentar a Europa un ser que no pende ya de su juicio. En el indio muestra él su trascendencia ya realizada y se la demuestra al otro."

[33] John Leddy Phelan, *The Millennial Kingdom of the Franciscans in the New World*, Berkeley y Los Ángeles, 1956, parte III: "The babylonian captivity of the Indian Church (1564-1596)."

[34] J. Lafaye, *Quetzalcóatl y Guadalupe*, l. I.: "La Nueva España, perfil espiritual", FCE, 1977.

[35] M. Bataillon, *op. cit.* en la nota 14. J. de Acosta, *op. cit.*, l. I, cap. XXIII, p. 37: "Que procedan los indios de linaje de judíos, el vulgo tiene por indicio cierto [...] Mas todas éstas son conjeturas muy livianas, y que tienen mucho más contra sí, que por sí." L. E. Huddleston, *op. cit.*, cap. II, p. 52: "El argumento de Acosta es de enorme importancia. Fue el primer escritor que intentó un análisis minucioso de las condiciones que se deben satisfacer antes de que se pueda determinar algún origen de los indios."

dora de un clima político y espiritual; por lo demás, se inscribe en una larga cadena de obras y de ideas que son como los hitos de la conciencia nacional mexicana, fundamentalmente mestiza, en vía de formación.[36]

[36] J. Lafaye, *op. cit.*, l. I.

VII. LA EDAD DE ORO LITERARIA EN NUEVA ESPAÑA

EL TEMA propuesto a nuestra reflexión por los organizadores de este congreso —"El Siglo de Oro en la península ibérica y en América Latina"— da a entender evidentemente que la edad de oro literaria y artística de España tuvo prolongaciones contemporáneas en el otro lado del Atlántico. Ahora bien, si esbozamos un cuadro de la vida literaria en las Indias Occidentales entre los años de la conquista española y la muerte de Calderón de la Barca, en él encontraremos los rasgos dominantes del Siglo de Oro español. Sin desconocer a los epígonos criollos de un Garcilaso o de un Góngora, vemos muchas diferencias con España, y antes de hacer inventario, es menester atraer la atención del lector hacia algunos puntos de historia.

La generalidad de los conquistadores del Nuevo Mundo —a pesar del lema *ora la pluma, ora la espada*— no tenían un nivel cultural suficiente para convertirse en autores. Los más talentosos o los mejor preparados redactaron sus hojas de servicio, pero ninguno —si exceptuamos al capitán de las guerras de Chile, Alonso de Ercilla— ha escrito una epopeya digna de memoria. *La Araucana* fue una notable excepción.

La edad de oro literaria española, en la que el teatro ocupó el lugar·preferente, fue inseparable del auge urbano de Madrid (en particular) y de la vida cortesana; estas dos condiciones no se dieron juntas en América más que en muy raros casos: primero en Santo Domingo, y después en Lima y en la ciudad de México, capitales de virreinatos. Con objeto de no extraviarnos en la inmensidad y la diversidad de un continente, limitaremos nuestra exposición a México; su nombre de Nueva España incita, más que ningún otro, a la comparación con la vieja España, y además —¿por qué callarlo?— nos sentimos en terreno familiar.

Durante largo tiempo, después del sitio que le puso Cortés en 1521, la ciudad de México sirvió de cuartel al mismo tiempo que de taller. Si en tiempos de Lope de Vega ya se la pudo llamar "Atenas del Nuevo Mundo", el esplendor precoz de su arquitectura no debe hacernos olvidar el carácter entonces reciente de su tradición cultural. La imagen del charro data de esa época, y viene a recordarnos que México brillaba más por sus juegos ecuestres que por sus cenáculos literarios.

La imprenta empezó a funcionar en la capital de Nueva España en 1536, pero sirvió esencialmente a fines que no eran los de la literatura. Tanto el elevado costo de la impresión (consecuencia del pacto colonial) como la escasez de público letrado (algunas decenas de familias nobles) en todo caso habrían hecho imposible la formación de un mercado del libro de ficción. Y precisamente el Consejo de Indias había prohibido la introducción en el Nuevo Mundo de la literatura de ficción. Sabemos que el autor de *Grandeza mexicana*, y futuro obispo de Puerto Rico, sólo consiguió editar su famoso poema gracias a una subvención del capítulo civil de México, obtenida con gran trabajo.

Pese a la fundación por los franciscanos del colegio de Santa Cruz de Tlatelolco, primera fase de la Universidad Real y Pontificia de México que fue creada oficialmente en 1551, o sea, treinta años después de la conquista, no se puede remontar más allá de esta fecha la introducción de las humanidades clásicas. Escritos en 1554, los *Diálogos* de Francisco Cervantes de Salazar —llegado a México para enseñar retórica— son merecidamente considerados como las primicias de la literatura humanista en Nueva España.

Esos *Diálogos*, obra de un español llegado el año anterior a México, no pueden ser considerados realmente como una obra ya mexicana. "Pero averiguar dónde el español se vuelve mexicano es enigma digno de Zenón...", ha escrito con prudencia Alfonso Reyes. En realidad, una literatura inspirada en los clásicos de la antigüedad latina no empezó a desarrollarse más que bajo el impulso de los jesuitas, los primeros de los cuales llegaron a México en 1572; sin embargo, en gran medida se trataba de ejercicios escolares. Tan sólo al final del siglo XVI y sobre todo al comienzo del siglo XVII, una vida literaria original ("Hay más poetas que estiércol") surgió en México, de una importancia tal vez comparable a la de Toledo o de Córdoba en España. Ese retardo inicial explica que la edad de oro mexicana haya conocido su apogeo a la hora en que declinaba el Siglo de Oro peninsular. Las grandes obras de Carlos de Sigüenza y Góngora, sobrino criollo del poeta cordobés, y de sor Juana Inés de la Cruz, el "Fénix de México", son posteriores a la muerte de Calderón de la Barca, fecha considerada como el término del Siglo de Oro en España.

El enigma de la pertenencia de la literatura mexicana naciente al Siglo de Oro español no se puede resolver fácilmente en lo que se refiere al primer gran poeta mexicano: Bernardo de Balbuena, que había nacido en Castilla la Nueva, pero pasó su juventud e hizo sus estudios en México, y su poema *Grandeza mexicana* es una obra indiscutiblemente mexicana. ¿Se pretenderá, por lo contrario, que el autor de *La verdad sospechosa*, que hizo su carrera literaria en Madrid pertenece sin restricción a la edad de oro de la comedia española? Alarcón había salido de México a la edad de veinte años, pero este hijo de una familia de mineros de Nueva España produjo en la península ibérica una obra original. Y nuevamente tomaremos de Alfonso Reyes la última palabra: "Con Ruiz de Alarcón se entabla el diálogo. México, por primera vez, deja de recibir solamente, para comenzar ya a devolver." El diálogo de las culturas entre España y su émulo americano ha proseguido hasta nosotros; el intercambio de ideas se enriquece con el de personas; pero, ¿quién vendría hoy a pretender que la edad de oro de la novela mexicana moderna es el injerto exótico de una edad de oro peninsular? Desde el siglo XVI, el Siglo de Oro mexicano, retrasado en una generación en relación con el de España, difería sensiblemente de éste por su perfil ético y estético.

Los contemporáneos resintieron muy pronto la diferenciación social entre los españoles peninsulares, llamados gachupines en Nueva España, y los criollos mexicanos (criollos o indianos). La tensión entre unos y otros dominó la vida social y política de México hasta la Independencia. De un lado del océano una vieja sociedad, a la cual la crisis del siglo XIV había dado nueva dirección; del otro, un mundo colonial caótico que a toda prisa debió inventar estructuras nuevas. A la primera fase de formación de Nueva España, caracterizada por el espíritu de conquista y la exaltación mesiánica de la evangelización de los indios, correspondió el florecimiento de géneros literarios sin equivalentes contemporáneos en el Siglo de Oro español. En tanto que éste estuvo dominado por la comedia, la poesía pastoral y la novela picaresca, la edad de oro mexicana (y americana en general) fue, ante todo, la de una literatura que nos gustaría calificar, anacrónicamente, de "literatura comprometida".

En primer lugar presenciamos la renovación de un género que había perdido su savia en la península ibérica: la crónica. Nueva España vio proliferar las crónicas de la conquista; el género continúa dominado por las *Cartas de relación*, de Cortés, y la *Historia verdadera de la conquista...*, de su lugarteniente Bernal Díaz del Castillo, pero se podrían citar otras muchas, tanto en México como en las demás regiones americanas. La obra de Bernal Díaz, por sus episodios de aventuras y de recreación de México, merece ser considerada como una obra literaria de primera fila. Obras de reivindicación ante el poder real, u obras de combate que pretendían, como Bernal Díaz contra Gómara, restablecer la verdad histórica, las crónicas de la conquista reflejaban los intereses y las pasiones de la generación de los conquistadores.

A la ola de los cronistas sucedió la de historiadores como Antonio de Solís, que a su vez intentarán, igualmente animados por un espíritu apologético a veces en contradicción con el de sus informadores, fijar la imagen de la conquista. La finalidad indirecta de esas visiones contrastantes era la consolidación de las bases aún frágiles de una sociedad colonial fundada sobre el trabajo forzado de los indios. Pero, a diferencia de los cronistas, esos historiadores españoles habían permanecido en España y las más de las veces eran portavoces de los intereses monárquicos.

Sin embargo, no fue la política apologética la que tuvo mayor auge durante los años de fundación de Nueva España, sino lo que nos vemos tentados de llamar la "literatura misionera", puesto que fue casi exclusivamente obra de los evangelizadores de indios: primero franciscanos, después dominicos y agustinos, más tarde jesuitas. Injusto sería omitir la publicación de una literatura puramente religiosa (doctrinas, manuales destinados a los curas de indios, etc.), que representó una obra lingüística de gran amplitud. En efecto, para hacer llegar a los neófitos indígenas el mensaje evangélico, los misioneros tuvieron que elaborar un lenguaje original en que la transcripción en caracteres latinos de las lenguas habladas en México, en particular el náhuatl, acudía en auxilio de los símbolos cristianos asociados a la pictografía india tradicional. La publicación del *Vocabulario de las dos lenguas mexicana y española*, de fray Alonso de Molina, en 1571, fue un hito duradero de esta empresa secular.

Pero los catecismos están hoy un poco olvidados al lado de los auténticos monumentos literarios, esas historias naturales escritas a imitación de Plinio. La más famosa, la de Oviedo, no es mexicana, pero la obra del doctor Juan de Cárdenas, *Problemas y secretos maravillosos de las Indias*, aparecida en México en 1591, merece figurar en buen lugar. A la cabeza están, sin embargo, las historias naturales y morales, o generales, del pasado indígena, redactadas por religiosos evangelizadores con ayuda de los códices pictográficos mexicanos, completados por las tradiciones orales indígenas. El franciscano Motolinía (fray Toribio de Benavente) inauguró la serie, desde 1541, con su *Historia de los indios de la Nueva España*; fue seguido en este camino por otros franciscanos, como Mendieta, Olmos y, sobre todo, Sahagún, cuya *Historia general*... es una verdadera obra maestra. El dominico Diego Durán y el jesuita Juan de Tovar fueron los primeros criollos mexicanos en intentar una síntesis nueva de las tradiciones historiográficas indias: son los "primitivos" (en el sentido que se da a la palabra en la historia de la pintura) de la literatura mexicana y, más allá, de la etnología americana. A propósito de esas obras, Robert Ricard ha podido hablar de una "edad de oro de la historia mexicana".

Esta primera edad de oro de Nueva España, aunada al doble frente conquistador y misionero, tocó a su fin alrededor de 1580, no porque le faltara aliento, sino porque fue víctima de la represión oficial. La incautación de los manuscritos de Sahagún, en virtud de un decreto real de 1577 que prohibía toda la literatura etnográfica, fue uno de los episodios más sonados (retrospectivamente) de la política de recuperar el dominio de las Indias. Las historias y las crónicas, que hacían la apología de algunos conquistadores, no tuvieron mejor suerte. Hasta tal punto que la gran mayoría de las obras que hoy admiramos sólo vieron la luz en el siglo XIX, y algunas han permanecido inéditas hasta nuestros días. El Consejo de Indias temía que un separatismo político pudiera apoyarse en movimientos mesiánicos indígenas inspirados por los religiosos misioneros, llevados a asimilar creencias del politeísmo azteca (o de otra religión) a la revelación cristiana. Así fue como habían asignado —en el puro estilo de los falsos cronicones españoles— un origen judaico a los indios del Nuevo Mundo e identificado a la Serpiente emplumada con Santo Tomás apóstol... Provisionalmente cerrados estos caminos, la conciencia criolla naciente tuvo que buscar otras salidas.

Una nueva edad de oro literaria mexicana, libre de la tensión mesiánica y de la fiebre conquistadora de la primera, floreció desde finales del siglo XVI hasta la irrupción de "las luces" en el siglo XVIII. Esta segunda edad de oro tuvo en común con la precedente la búsqueda de la salvación histórica de la sociedad criolla a través de su salvación eterna, pero se distinguió de ella en todos los otros respectos. Fruto de una "posguerra" que al principio pareció prometer una prosperidad inagotable, la de las minas de plata, ya no vio en el indio a un antropófago ni a un alma que salvar, sino a un mexicano que se debía rehabilitar, o al menos su pasado imperial y artístico. Esta época jalonada de arcos de triunfo, de procesiones, de fiestas y de pompas (fúnebres en ocasiones) vio surgir las iglesias barrocas que, como la de Tepotzlán, todavía nos recuerdan el triunfalismo criollo. Los títulos de obras tales como el *Paraíso occidental*, de Sigüenza y Góngora, resumen bien el espíritu carismático que animaba a los guías espirituales de esta sociedad: los monjes. La mayoría de estos monjes ya no eran evangelizadores de indios, como lo habían sido sus antecesores, y vivían en conventos urbanos que casi siempre estaban abiertos a las visitas y que eran, con la Universidad y la corte virreinal, los centros de la vida espiritual, literaria y artística, e incluso mundana y política, de Nueva España. En este caso puede invocarse el testimonio de sor Juana Inés de la Cruz.

Por todo ello, no resulta sorprendente al analizar la *Colección Medina* de la Biblioteca Nacional de Chile, o al consultar la *Biblioteca mexicana* del mismo autor, comprobar que la literatura de Nueva España fue esencialmente una literatura de devoción. Nuestro propósito momentáneo nos invita a subrayar que en esa misma época triunfaban los géneros profanos en España, y que si, entre los grandes autores del Siglo de Oro, Tirso de Molina y Gracián eran religiosos, Lope y Calderón fueron, uno y otro, sacerdotes tardíos y de un estilo sumamente personal, mientras que Cervantes, Quevedo, etc., eran laicos. Los principales autores de Nueva España fueron, por lo contrario, jesuitas, franciscanos, dominicos y sacerdotes seculares. Los primeros acabaron por eclipsar a todos los demás hasta la expulsión de la Compañía en 1767.

Dos géneros predominan en el seno de una misma inspiración religiosa y patriótica: las crónicas de las provincias eclesiásticas, las vidas edificantes de religiosos criollos que pertenecen a ellas y los libros de devoción, tales como los tratados apologéticos de una imagen local considerada milagrosa. Al lado de estas publicaciones, hechas posibles por legados póstumos o mecenas, ocupan el primer lugar las novenas y los sermones, las oraciones fúnebres, etc., que se publicaban después de haber sido pronunciadas en público. Los indicios que poseemos, relativos a la importancia de las tiradas, nos reservan sorpresas; a veces se cuentan hasta cinco ediciones o más de algún tratado que contenía una tradición piadosa, como las muy numerosas ediciones de las imágenes de la Virgen de Guadalupe, de la de Ocotlán, etc. Estos documentos de historia espiritual son de gran interés; a nuestro parecer, deben ser considerados igualmente como obras literarias, aun si los géneros a los que pertenecen han caído en justo olvido.

Si convenimos en definir el hecho literario como una búsqueda de estilo o de expresión, la elocuencia sacra de los predicadores criollos mexicanos pertenece, por derecho propio, a la literatura. Se queda al margen el que se limite a calificar esta prosa oratoria de barroca, o a sonreír evocando a fray Gerundio de Campazas. La confluencia de la parábola evangélica, de la exégesis alegórica (heredada de un judaísmo evidentemente proscrito), de la heráldica caballeresca y de la pictografía azteca ha hecho surgir un lenguaje totalmente original. Su ampulosidad y el abuso de los conceptos no impiden que la riqueza de sus expresiones emblemáticas se abra paso a través de los juegos de prismas y de espejos: tal fue la primera imagen refractada de la conciencia nacional mexicana (y en general de la americana). Los caudillos de las guerras de Independencia hablaban y escribían aún el lenguaje de los jesuitas exiliados. ¿Cómo entender el énfasis profético de un Morelos, de un Bolívar, y después de un José Martí, si se olvidan las diez generaciones de predicadores criollos que los precedieron?

Las alianzas del Sol azteca con la parusía de Cristo, del águila mexicana con la de los Habsburgos y de la Virgen María con la diosa-madre Tonantzin se realizaron tanto en la elocuencia sacra como en la iconografía de Nueva España. Pero el sitio preferido de tales encuentros fue, desde los primeros tiempos de la evangelización, el teatro edificante. Los misterios de la Edad Media peninsular, traducidos al náhuatl o al otomí, pronto se volvieron indiscernibles de los sainetes rituales que los indios interpretaban antes de la conquista en ocasión de sus fiestas sagradas. Joaquín García Icazbalceta ha podido hacer un inventario provisional a fines del siglo pasado. Recordemos el *Auto del juicio final* que fue compuesto antes de 1550 por el franciscano Andrés de Olmos e interpretado en lengua náhuatl en la ciudad de México ante un gran concurso de personas y en presencia del virrey y del obispo Zumárraga. Pero, quizá en parte por la influencia de las bacanales indias cuya continuación constituían, esas piezas fueron a menudo de una inspiración profana —incluso poco honesta— que pareció incompatible con la fiesta del Corpus a la que regularmente acompañaban. Las autoridades civiles de la ciudad de México gastaban, varias veces al año, sumas importantes para organizar representaciones dramáticas cuyo tema principal fue, al principio, el misterio de la eucaristía. También se han conservado piezas históricas en que los actores remedaban acontecimientos recientes y cuyos protagonistas eran grandes de España.

No era distinto lo que hacían los indios cuando encarnaban a una de sus divinidades en el curso de las grandes fiestas religiosas. Así, estamos obligados a considerar al teatro edificante, inaugurado por los primeros misioneros católicos, como un medio de "recuperación" de las fiestas politeístas. Con el tiempo y la proliferación de nuevas creencias sincréticas, los mitotes de los indios, mantenidos por siglos de tradición, rebasaron los límites de la alegoría medieval europea. Nos encontramos ya en los confines de una cultura criolla culta y de una contracultura mestiza. A la mimesis de España respondía el resurgir del México precolombino, y en la propia ambigüedad del mimetismo, que era al mismo tiempo un desafío a España, se definió una cultura original en Nueva España. Aún en nuestros días, los indios bailan (o remedan) una "danza de Santiago" y es revelador que, según tradición piadosamente patriótica, el Santiago "matamoros" de los conquistadores españoles, nacido de la Reconquista peninsular, ¡haya acudido en auxilio de un grupo de indios tarascos rodeados por el ejército real español durante las guerras de la Independencia de México!

Sólo queda por decir, con Alfonso Reyes, que "de lo real e imaginario está tramada la vida". La literatura de Nueva España expresó esencialmente el esfuerzo de una sociedad por dominar a una naturaleza hostil y a su destino histórico. Los literatos más lúcidos, como sor Juana Inés de la Cruz, tuvieron conciencia de que había que realizar ante todo la integración cultural de elementos étnicos heterogéneos: criollos de origen español, indios y la impresionante variedad de las castas. La victoria mágica de los vencidos de cada día, los mexicanos, sobre sus vencedores permanentes, los gachupines, fue el tema constante de la literatura devota (la nueva Guadalupe contra la antigua, Santo Tomás contra Santiago) y del teatro mexicano. El paralelo que en el siglo XVIII establecerá Clavijero entre los emperadores romanos y los tlatoani aztecas, en ventaja de estos últimos, nos parece la cornisa de aquel vasto edificio literario de apologética nacional.

Así, cuando la "nación indiana" se expresa por la voz de un religioso criollo anónimo, autor de una *Comedia de la vida de San Ignacio*, toma prestada la forma tradicional del tocotín, el antiguo *netoctiliztli* (la "parada", según el diccionario de Molina) de los aztecas, canto y danza nacional a la vez. Escuchemos la reivindicación de esos indios abrumados de trabajos y de tributos, cuya "paciencia" ha celebrado el obispo Palafox en su *Virtudes del indio*.

> Si cesan la cuenta
> del medio partir
> multiplicaremos
> como el tule y juil.
>   Serán los tiánguez
> ferias de París
> y andará sobrado
> el chile y maíz.
>   Tocotín caciques,
> hijos tocotín,
> que el Sol vuestro padre
> os espera aquí.

En tiempos pasados,
siglos de oro al fin,
no seguíamos al baile
cargados así.
No había muchas cargas,
muchos indios sí,
pocas entre muchos
se podía sufrir.

Biblioteca Nacional, México, ms. 244 (588)

Preguntémonos también, siguiendo al autor de este tocotín del siglo XVI, si la edad de oro literaria mexicana no fue, al fin, manifestada por la poesía lírica y los himnos sacros del último "Sol" azteca.

APÉNDICE

DISCUSIÓN

En el curso de un debate, de una duración aproximada de dos horas y media, presidido por el autor de la comunicación, tomaron la palabra especialmente:

Marcel Bataillon	(París)
Mme. Benassy	(París)
Mme. Chenu	(París)
J. Díaz Rozzotto	(Guatemala)
Claude Dumas	(Lila)
Pierre Duviols	(Aix-Marsella)
Claude Fell	(Rennes)
Cl. H. Frêches	(Aix-Marsella)
Mlle. Lafranque	(C.N.R.S.)
Alfred Melon	(París)
Mlle. Miquel	(París)
André Saint-Lu	(París)
Paul Verdevoye	(París)

Al término de la discusión, los participantes estuvieron de acuerdo en varios puntos que, a falta de una publicación *in extenso* de las diferentes intervenciones, son dignos de mención:

1) La idea de Siglo de Oro, aplicada tradicionalmente a España, no es transferible a América para calificar el mismo periodo. (M. Bataillon advierte que, aun en el caso de España, el plural ha sido empleado por Dámaso Alonso en su estudio: *De los siglos obscuros a los de Oro.*)

2) Únicamente la referencia al hecho colonial puede aclarar tanto el esplendor de ciertas manifestaciones de la cultura americana como el rencor de los criollos y la formación de una conciencia americana y después nacional.

3) La toma de conciencia americana fue progresiva y sólo poco antes de las guerras de Independencia significó una reivindicación política.

4) Una de las formas esenciales de la conciencia nacional fue el acaparamiento del pasado indígena por los criollos.

5) Sus medios de expresión privilegiados fueron la literatura de devoción y la elocuencia sacra. (Se evoca, a propósito, la insuficiencia del calificativo barroco y la evolución de las ideas sobre el tema en el caso de la arquitectura americana.)

6) Una dificultad análoga se presenta cuando se trata de definir términos como mestizo y criollo. Según se empleen con sentido biológico, político o sociocultural, tienen un contenido distinto. Todo criollo (español de estirpe nacido en América) es culturalmente mestizo, pero a menudo funda su reivindicación en su pura filiación española. Por su parte, el mestizo, según su situación familiar y su nivel social, aparecía como el continuador del linaje criollo del padre, o era rechazado entre las castas a las que frecuentemente pertenecía la madre.

7) No se puede exagerar la importancia de una cultura popular en la que sobreviven, al lado de las aportaciones amerindias o melanoafricanas, aspectos del folklore europeo, ibérico en particular. (Se hizo alusión al papel mediador de las nodrizas negras o indias. Un personaje folklórico como Pedro de Urdemalas, desaparecido actualmente en España, sobrevive en México o en el Brasil.)

8) El vigor de la cultura popular no impidió el desarrollo de una cultura sabia (cultura escrita, música, arquitectura, etc.) que fue esencialmente una mimesis de los modelos ibéricos. Se debe observar a este propósito que la evolución de las culturas sabias americanas siempre fue tributaria, desde la conquista, de las grandes corrientes espirituales e ideológicas de la Europa atlántica, y también de la oportunidad política.

9) La mayoría de los participantes consideran que se puede datar aproximadamente al comienzo del siglo XVII el nacimiento de culturas americanas que presentan rasgos distintivos indiscutibles; para ello, se fundan en un doble criterio: a) el gran aporte de léxico indio a la lengua española de América, así como de influencias sintácticas y estilísticas, por ejemplo: las de los discursos de los sabios indígenas sobre el arte oratorio de los criollos; b) la aparición de leyendas piadosas y hagiográficas, a menudo de carácter sincrético, específicamente americanas.

10) A propósito de esos distintos fenómenos de evolución, Frêches menciona el ritmo de diferenciación de una cultura brasileña; lo que se ha observado en las posesiones españolas de América, no es aplicable en todos los casos al Brasil.

Por último, los participantes convienen en que los intercambios de ideas que acaban de celebrarse han permitido a los especialistas confrontar sus puntos de vista personales y rectificar ciertas opiniones, y a los hispanistas, para quienes América es tema menos familiar, apreciar mejor la complejidad de las culturas iberoamericanas, causada, particularmente, por la relación ambigua (mimetismo y desafío) que éstas no han dejado de mantener con las grandes culturas ibéricas de Europa.

BIBLIOGRAFÍA

BALBUENA, BERNARDO DE: *Siglo de oro en las selvas de Erífile* (1608) y *Grandeza mejicana* (1604), ed. Madrid, 1821.

CRUZ, SOR JUANA INÉS DE LA: *Obras completas*, ed. Méndez Plancarte, México, 1969.

EGUIARA Y EGUREN, JUAN JOSÉ DE: *Biblioteca mexicana*, ed. A. Millares Carlo, México, 1944.

Fama y obras póstumas del Fénix de México, sor Juana Inés de la Cruz..., Madrid, 1714.

FERNÁNDEZ DE RECAS, GUILLERMO, S.: "Libros y libreros de mediados del siglo XVII en México", *Boletín de la Biblioteca Nacional*, t. IX, X, XII (1958-1961).

GARCÍA ICAZBALCETA, JOAQUÍN: *Obras*, t. II, pp. 307-368, México, 1896.

GARIBAY K., ÁNGEL M.: *Historia de la literatura náhuatl*, México, 1953-1954.

HANRAHAN, THOMAS: "El tocotín, expresión de identidad", *Revista Iberoamericana*, núm. 70.

HENRÍQUEZ UREÑA, PEDRO: *El teatro de la América española en la época colonial*, Buenos Aires, 1936.

LAFAYE, JACQUES: *Quetzalcóatl y Guadalupe*; l. I: "La Nueva España, perfil espiritual", FCE, México, 1977.

LEROY JOHNSON, HARVEY: "Nuevos datos para el teatro mexicano en la primera mitad del siglo XVII", *Revista de Filosofía Hispánica*, año IV, núm. 2, 1942.

MEDINA, JOSÉ TORIBIO: *La imprenta en México*, Santiago de Chile (1907-1912), reimpr. Amsterdam, 1965.

REYES, ALFONSO: *Letras de Nueva España*, México, 1948.

—: *Medallones*, col. Austral, núm. 1054, Buenos Aires, 1951.

RICARD, ROBER: "Le règne de Charles Quint, 'Age d'Or' de l'histoire mexicaine", *Revue du Nord*, t. XLII, núm. 168, Lila, 1960.

ROJAS GARCIDUEÑAS, JOSÉ: *Bernardo de Balbuena, la vida y la obra*, México, 1958.

VIII. CONCIENCIA NACIONAL Y CONCIENCIA ÉTNICA EN NUEVA ESPAÑA

Un problema semántico

¿De cuándo datan la idea y el sentimiento de la mexicanidad? A esta pregunta, formulada con toda nitidez por Ramón Iglesia hace unos treinta años, trataremos de darle no exactamente una respuesta sino más bien su máxima aclaración. Estudios tan sugestivos como los ya clásicos de Gloria Grajales, *Nacionalismo incipiente en los historiadores coloniales* (1961), y de Frederick C. Turner, *The Dynamic of Mexican Nationalism* (1968), nos ahorran preámbulos ante esta asamblea. Tanto los datos sociológicos como la historiografía son conocidos de sobra. El México prehispánico era básicamente una pluralidad étnica, según lo demostraron con su actitud los tlaxcaltecas y los tarascos en el periodo de la conquista española: los primeros se aliaron a Cortés contra los aztecas, y los últimos se negaron a sujetarse al yugo español, aun después de vencidos los aztecas. Cabe afirmar que en aquel tiempo no existía ninguna conciencia nacional mexicana, sin que esta aseveración suscite discusiones. La conciencia étnica de los aztecas, mostrada en toda su vitalidad por la rebelión del pueblo de Tenochtitlan después de la prisión de Moctezuma y el desprecio del mismo, era la única imperante en el México indígena.

En rigor, no se puede hablar de conciencia nacional mexicana sino a partir de la formación de la sociedad novohispana. La toma de conciencia nacional mexicana brota como consecuencia de la evolución sociocultural de Nueva España. Un complejo proceso se desarrolla a lo largo de los siglos coloniales, abarcando la supervivencia de las varias conciencias étnicas indígenas, la formación de nuevas formas de conciencia regional (patria chica) y el asomo de una conciencia nacional mexicana; esta última es un fenómeno *sui generis* y se ha adelantado mucho al día de la Independencia. Al decir esto tocamos con plena conciencia un punto controvertido y discrepamos de Frank Tannenbaum, John J. Johnson y Frederick C. Turner, quienes han conceptuado de *basically anti-nationalistic* al movimiento de Independencia, considerando la xenofobia mexicana (posterior, en el siglo XIX) como uno de los componentes fundamentales de la conciencia nacional. Nosotros, en cambio, creemos necesario remontarnos

127

hasta los últimos decenios del siglo XVI para captar las primeras manifestaciones de una conciencia nacional mexicana.

No se puede defender válidamente esta tesis sin previa definición de algunos conceptos cuya evolución semántica entre el siglo XVI y el actual ha originado mucha confusión. Estos términos son los siguientes: "nación" ante todo (y sus derivados: "nacional", etc.), "mexicano", "patria", "compatriotas", "español" y "americano". Como se ve por esta sencilla enumeración, cada uno de los factores de la ecuación nacional es una variable. Por lo tanto, importa en sumo grado conformarse acerca del sentido que se le ha dado en cada época a cada uno de estos términos, para no entablar un diálogo de sordos. El caso que salta a la vista es la palabra "nación". En el contexto de la antropología bíblica imperante en la España del siglo XVI, una "nación" significaba algo parecido a lo que se suele mencionar en la antropología moderna como una "etnia". Todavía a fines del siglo XVIII, en 1782 para mayor exactitud, un franciscano criollo de Nueva España hizo la recopilación de las *Memorias piadosas de la nación indiana*; lo cual quiere decir que, siete años antes de la Revolución francesa, la palabra "nación" conservaba su significado bíblico, el que opone el pueblo de Israel a las demás "naciones". Sólo después de la Revolución francesa, se va a designar como nación a un conjunto heterogéneo de etnias, cuyos miembros han tomado conciencia de cierta solidaridad política; la nación francesa ya no es el reino de Francia, y de entonces acá se va a calificar de "nación" a todo pueblo consciente de formar un conjunto permanente con su destino autónomo. Cuando se habla modernamente de la "conciencia nacional mexicana" se alude a esta realidad moderna, derivada de la ideología manifestada por primera vez en el Occidente cristiano, en el preciso momento de la Revolución francesa.

En cambio, la "nación indiana" mencionada por el padre Díaz de la Vega designa al conjunto de los aborígenes de México, y considera conjuntos étnicos distintos, por un lado, el de los españoles y sus descendientes criollos, y por otro, los de los negros africanos y las diferentes castas de mestizos, zambos y mulatos. Es decir, el criterio utilizado pertenece a la antropología física (y aunque implícitamente, también a la antropología cultural) y en ninguna manera alude a conciencia alguna por parte de los individuos de ser miembros de una "nación" en el sentido moderno de la palabra. El mismo referido autor usa la palabra "nación" en plural para designar las distintas etnias indígenas de México al escribir lo siguiente: "los indios generalmente *en todas sus naciones*", y a continuación enumera: "la nación mexicana [esto es, la etnia azteca], la nación tlaxcalteca y la nación otomí". Lo propio observamos en la *Representación vindicatoria que en el año de 1771 hizo a su majestad la ciudad de México* [...] *en nombre de toda la nación española americana*, es decir, a nombre de los criollos opuestos en este caso a los gachupines o miembros de la "nación española europea", aunque tal expresión no aparezca en el manifiesto, pero es obvio que se sobreentiende. Lo que más tarde vendrá a constituir la moderna "nación mexicana" aparece a fines del siglo XVIII como un conjunto de "naciones" sujetas no propiamente a España sino a la persona del rey, "rey de las Españas y emperador de las Indias". El adjetivo derivado de la palabra "nación" —"nacional"— aparecerá, en la misma fecha, escrito por el jesuita Clavijero en la dedicatoria a su famosa *Historia antigua de México*, y viene mucho al caso apuntar la ambigüedad de la palabra "nacional". Clavijero la usa en forma sustantivada: hablando de los españoles de España, tierra de sus padres, los llama "mis nacionales". Se nota que en este caso prevalece la idea de filiación biológica, si se puede decir: de "raza" común entre criollos y españoles. Al contrario, cuando se refiere a los criollos de Nueva España, Clavijero los llama "compatriotas". La nación en aquel momento de la historia novohispana es la comunidad de la sangre, mientras que la patria es la comunidad del solar o de la "tierra" en el sentido traslaticio que se da en español a esta palabra, así en la expresión: "don fulano es de mi tierra".

A las expresiones de carácter oficial "españoles europeos" y "españoles americanos", la lengua hablada —y aun la escrita— de Nueva España prefirió constantemente las de "americanos" o "criollos" de un lado, y de otro el mote despectivo de "gachupín". Lo cual delata que se ponía el acento en la diferencia de "patria", borrando la comunidad de "nación"; esto no nos sorprende, pues refleja la tensión social entre españoles y criollos. Aquella lucha de criollos contra la supremacía de los gachupines ha sido la forma inicial de la xenofobia mexicana, y se remonta a la primera generación de criollos. Una actitud análoga se observa ya por parte de los conquistadores respecto a los primeros licenciados mandados de España. La "patria" mexicana (a falta de la "nación" en el sentido moderno) llegó a existir ya en la mente de Cortés y sus compañeros y su existencia está atestiguada sin lugar a dudas en las primitivas crónicas de religiosos. El dominico fray Diego Durán no vacila en justificar su obra historiográfica (y más que historiográfica, apologética) por "el amor a la patria" y el deseo de vengar la mala opinión que de los indios solían formarse precipitadamente los españoles recién llegados a México. Dio fin a su *Historia* en 1581, y escribió: "Esta dichosa *patria* ha procreado hijos que con más suficiencia la pudieran haber resucitado y dado vida con sus claros y delicados ingenios" (*Historia*, III, 5). El sentimiento patriótico, precoz en la obra de Durán, no pudo sino irse fortaleciendo con el tiempo; del doctor Siles, racionero de la catedral de México, leemos estas significativas palabras: "Hablo y escribo por toda la patria, que recibe esta *Historia*, ejecutoria de su grandeza." La obra aludida, nada menos que la *Historia de Nuestra Señora de Guadalupe de México*, de Miguel Sánchez, es de 1648, y las sentencias del doctor Siles forman parte del proemio a esta edición original. En aquel contexto, la conciencia patriótica mexicana de esa época es indudable.

No tiene otro fin el doctor J. J. de Eguiara y Eguren en su *Biblioteca mexicana* (cuyo volumen I es de 1754) sino "vindicar de injuria tan tremenda y atroz a nuestra patria y a nuestro pueblo" (prólogo, i). En esta frase merece subrayarse la aparición del binomio patria-pueblo, porque van los términos parejos y el segundo abarca a los indios lo mismo que a los criollos. Con Eguiara, criollo egregio de México, la patria mexicana ya no es sólo una "tierra" sino un pueblo; el hecho es trascendental. Los mexicanos son todos los hijos de aquella tierra generosa, cantada ya (casi un siglo antes de Eguiara) por la sin par sor Juana Inés de la Cruz. En la obra poética del "Fénix de México" aparece claramente que todas las "naciones" son el pueblo mexicano:

> que en ninguna parte más
> se ostenta la tierra madre.
>
> Sor Juana, romance 37.

En las poesías festivas de sor Juana aparecen, junto a los indios y los criollos, incluso mestizos y mulatos con sus respectivos idiomas a cual más pintoresco; poéticamente se realiza ya la superación de naciones y castas por un concepto que las abarca todas: la patria, porque todos son "hijos de la patria". Dicho en términos abstractos, la conciencia étnica está superada por una conciencia patriótica de índole al parecer telúrica, y veremos que también tuvo un carácter carismático.

A partir del momento (hemos visto que este momento ha sido mucho más temprano de lo que se suele afirmar) en que existe el amor a la patria, se plantea el problema de darle un nombre distintivo a esta patria y a sus hijos. En el caso de México prevalece el apelativo "México" preferido al de "Nueva España", es decir: la referencia al pasado indígena, al Imperio mexicano independiente, ha sido un componente esencial en la toma de conciencia nacional. "Nueva España", denominación derivada y evocadora de la conquista española y de la dominación de los gachupines, es descartada espontáneamente por los escritores criollos. En cambio, hasta el momento de la Independencia compitieron dos nombres: "América" (con frecuencia se agrega "septentrional") y "México". Incluso los revolucionarios del siglo XIX discutieron sobre si convenía llamar al México independiente: "Imperio del Anáhuac"; en todos estos últimos casos se ponía el acento en la "tierra" (patria) y en el pasado (indio). O sea, para los portavoces de la "nación" —la etnia criolla mexicana— la toma de conciencia radicó, concretamente, en el amor a la tierra y en el afán de "vengar" el desprestigio del glorioso pasado indígena. Ambos aspectos han sido expresados con garbo por los jesuitas criollos desterrados a Italia a fines del siglo XVIII: el amor a la tierra, por Rafael Landívar en la *Rusticatio mexicana*, y el esplendor del Imperio azteca, por Francisco Javier Clavijero en su *Historia antigua de México*.

Reveladora es la evolución semántica del adjetivo "mexicano" en las letras novohispanas. Primero ha correspondido —y en forma duradera— a la etnia azteca. Hemos visto cómo, según el padre Díaz de la Vega, la "nación mexicana" se distingue de la otomí y de la tlaxcalteca. Es decir, en 1782 el franciscano usa el adjetivo "mexicano" con el mismo sentido que su antecesor y correligionario el padre Alonso de Molina, quien publicó en 1571 su *Vocabulario en lengua castellana y mexicana*, diccionario bilingüe español-náhuatl. (Notemos de pasada que en España la palabra "castellano" no ha llegado a imponerse como la genérica, probablemente porque "español" no venía asociado con una dominación política exterior al solar patrio y se impuso sin dificultad.) No tiene otro sentido el adjetivo "mexicano" en la obra de Carlos de Sigüenza y Góngora, quien en la segunda mitad del siglo XVII invocó "el amor que se le debe a la patria" (*Teatro de virtudes políticas*, preludio), así lo ha subrayado con razón Gloria Grajales. Ramón Iglesia y otro gran conocedor de la obra de don Carlos, José Rojas Garcidueñas, han considerado al ilustre polígrafo como un precursor de la toma de conciencia nacional y un gran patriota mexicano. De hecho, su exaltación del pasado "mexicano" —o sea, "azteca"— marca un hito importante en el proceso formativo de la conciencia nacional mexicana. Yo pienso que el clímax de este proceso se alcanza cuando el adjetivo "mexicano" llega a cobrar nuevo significado, abarcando el presente y el pasado, la etnia azteca a la par que la criolla, y ello ocurre al escribir Eguiara su *Biblioteca mexicana*, que muy bien la pudo llamar *"Biblioteca novohispánica"*, cuanto más que en latín existía ya "Hispania" e "hispánica" mientras que "mexicana" era un aztequismo al fin y al cabo (aunque autorizado por la edición latina de la tercera *Carta de relación* de Cortés, de 1524, y obras posteriores). El haber escogido el adjetivo "mexicano", para encabezar una obra de inspiración patriótica, no se puede atribuir al azar como lo puntualiza el mismo Eguiara: "Entiéndase que los que llamamos de nación mexicanos, son los nacidos en América [...] por lo que el lector no deberá extrañarse de ver calificados de mexicanos en nuestra obra a algunos escritores que otras bibliotecas registran como hispanos" (prólogo, xx). "Mexicano" aparece aquí como el distintivo de los criollos de la América septentrional con relación a los "hispanos", este último concepto lo aplica Eguiara sólo a los españoles nacidos en Europa. No de escaso interés es la palabra "nación" en la citada sentencia de Eguiara, porque éste —a continuación de "los que llamamos *de nación mexicanos*, son los nacidos en América"— agrega: "a menos que expresamente digamos haber sido hijos de padres indios". Tal distingo revela que la palabra "nación" sigue con su sentido tradicional restringidamente étnico (en este caso la etnia criolla), mientras que la palabra "mexicano" como genérico ha sido desplazada. Por "mexicano" no se designa ya a los indios aztecas (en lo que tienen de distintivo respecto de otomíes, tlaxcaltecas, etc.) sino a los criollos (en cuanto eran distintos de los españoles europeos). El hecho de que "mexicano" designa sólo a los criollos patentiza que, según Eguiara, la "nación mexicana", como realidad integradora de las distintas "naciones" y castas ubicadas en el suelo patrio, no existía en aquella fecha ni había sido siquiera ideada.

La doble exclusión de indios y españoles por los nuevos "mexicanos" que eran entonces los criollos de Nueva España, realizada por Eguiara en su *Biblioteca mexicana*, sólo representa una etapa en la evolución semántica del adjetivo "mexicano" al par que en la toma de conciencia nacional. Al redactar un cuarto de siglo más tarde la dedicatoria: "A la Real y Pontificia Universidad de México" (escrito que encabeza a su *Historia*), Clavijero empieza en los siguientes términos: "Ilustrísimos señores: Una historia de México escrita por un mexicano..." No hay duda de que "México" es la patria, la tierra (no sólo la ciudad de México, ni el México antiguo), y se sabe que el autor de la *Historia*, el propio Clavijero, era veracruzano, es decir: tan ajeno a la ciudad de México como al solar azteca. México y mexicano han cobrado en la fecha, 1780, en la obra del jesuita, su máxima extensión semántica: "México" designa ya el conjunto territorial de Nueva España, y "mexicano" se ha desbordado de su especificación étnica para calificar a los "nativos" de Nueva España. En realidad, el asunto no está exento de contradicciones en la mente del mismo Clavijero. Éste aplicó el calificativo "mexicanos" tanto a los indios mexicanos del pasado prehispánico como a sí mismo y a sus "compatriotas" criollos, pero curiosamente designa con la palabra "indios" a los contemporáneos suyos. Parece que implícitamente la palabra "mexicano" ha cobrado un cariz valorativo: "mexicanos" han sido los señores aztecas de tiempos del esplendor de Tenochtitlan, y "mexicanos" son también los criollos, élite de un nuevo México, del que Eguiara había escrito con exaltación patriótica: "¿Qué más da Roma que México?" (prólogo, 1). En la visión de Clavijero el proceso de asimilación del pasado indígena por los criollos, iniciado con brío por Sigüenza y Góngora un siglo antes, queda realizado por completo. El Imperio azteca *es* la historia patria de los criollos mexicanos; por lo cual Clavijero pudo escribir en su dedicatoria: "Quiero quejarme amistosamente de la indolencia o descuido de nuestros mayores con respecto a la historia de nuestra patria." Los "mayores" de Clavijero (hijo de un leonés y una vizcaína, y nacido en Veracruz) no son ya los españoles europeos sino los criollos de Nueva España, y la historia de su patria es la historia de las dos "naciones" que sucesivamente dominaron e ilustraron el solar patrio: la "nación" azteca primero y la "nación" criolla más tarde. Está claro que la toma de conciencia nacional mexicana se inició con la conciencia por parte de los criollos de ser herederos del pasado mexicano, preludio necesario a la conquista del poder en el futuro. Cuando medio siglo más tarde, al abrir la sesión del congreso de Chilpancingo, el libertador Morelos va a invocar a los manes de "Moctezuma, Cacamatzin, Cuauhtémoc, Xicoténcatl y Caltzontzin" (14 de diciembre de 1813), estará respaldado por la obra de Clavijero que implícitamente reconoce a los modernos criollos como herederos históricos de los antiguos señores de México. Así, no de otra forma, se explica el afán de borrar los siglos novohispanos como una mancha en el lustre y potencia de un México hipostático, surgido en el espíritu de los historiadores criollos a base de los códices indígenas conservados y manoseados por hombres como Ixtlilxóchitl, Sigüenza y Góngora, Veytia, Clavijero. Al borrar el apelativo "Nueva España", venía espontáneamente a la mano el de "México", y la restauración del pasado mexicano había sido la condición de la reivindicación criolla frente a España. Renegando de Nueva España, los criollos exaltaban correlativamente un México antiguo que era el pedestal del nuevo México esplendoroso que venían forjando ellos.

Si volvemos los ojos ahora hacia la realidad social y cultural reflejada por la evolución (e indecisión) semántica que acabamos de deslindar, podemos apuntar lo siguiente: Entre los grupos constitutivos de la abigarrada y fraccionada sociedad de Nueva España, los indígenas mantuvieron viva su fuerte conciencia étnica. Ésta se fue manifestando en la vida cotidiana de las comunidades y cofradías, en la permanencia de los antiguos santuarios religiosos del politeísmo (con frecuente sustitución sincrética de dioses tutelares por santos cristianos). Las minorías heterodoxas de origen europeo o africano fueron eliminadas como grupos portadores de una tradición distinta a la católica: judeo-portugueses, protestantes de origen germánico o anglosajón, *esprits forts* franceses y negros o mulatos descendientes de esclavos (notoria diferencia con otros países del continente, como el Brasil o Santo Domingo). Clavijero excluye de la nación mexicana a "los viles esclavos negros y sus descendientes" (*Historia*, III), sólo con la abolición de la esclavitud por Hidalgo se hará posible su integración.

De tal forma, en Nueva España aparecen frente a frente dos únicos grupos sociales conscientes de su identidad y tradición: los indios y los criollos. Los primeros, venidos a menos, dominados y explotados, no podían pensar en volver a intervenir en el destino nacional (numerosas rebeliones de indios ocurrieron en el norte, pero ninguna parecida a lo que fue la rebelión de Túpac Amaru en el Perú del siglo XVIII). El crecido número de mestizos, zambos y mulatos recaían, por su condición mestiza, unos del lado de los indios, otros de los negros y otros de los criollos, y por consiguiente carecían de conciencia étnica y política. Aunque las "castas" han tenido un papel importante en todos los motines de Nueva España, no hay memoria (que yo sepa) de una rebelión de las castas, como gente consciente de la propia desgracia y grupo animado de ambición política. Al contrario, desde el complot de Martín Cortés (1566) los criollos actuaron en más de una ocasión con plena conciencia de ser una categoría social o socioétnica injustamente tratada por la corona española y sus mandatarios peninsulares. A éstos, aquéllos los consideraban "extranjeros", incluso si eran sus mismos padres, según apunta Gemelli Carreri a fines del siglo XVII. Se ha repetido con razón que la revolución de Independencia tuvo por principal efecto la toma del poder por la burguesía (o "aristocracia", como se la quiera llamar) criolla; pues bien: para hacerse dueños del destino histórico de su patria, los criollos mexicanos tuvieron que posesionarse primero de la tradición nacional. Las páginas más brillantes de dicha tradición, las del pasado azteca, sirvieron a los criollos para equipararse ventajosamente con los antiguos romanos y hebreos, y ante todo con los españoles contemporáneos. Gracias al inconsciente *tour de passe-passe* que consistió en presentar la guerra de Independencia como el desquite de la conquista, en cierta medida los indios empezaron a integrarse a la "nación mexicana", esta vez en el sentido moderno de la palabra "nacional". En este proceso, que transcurrió a lo largo de casi tres siglos de la historia novohispana, hizo el papel de protagonista la Virgen de Guadalupe del Tepeyac desde los primeros decenios del siglo XVII, porque la devoción guadalupana ha sido el único punto de contacto espiritual entre las distintas etnias componentes de la población novohispana (que aún no me atrevería a llamar un "pueblo"). Mucho antes de tener conciencia de estar formando "el pueblo mexicano", los mexicanos, todos los mexicanos, tuvieron conciencia de ser "hijos de Guadalupe", pues ésta era "crédito, seguridad y abono de todos los nacidos en este nuevo mundo" (en las propias palabras del doctor Siles que —recordemos— son de 1648, o sea, se adelantan más de siglo y medio a la acertada elección de Hidalgo: la Guadalupana como bandera nacional). La conciencia mística de ser un nuevo pueblo elegido, gracias a la prodigiosa "señal" del Tepeyac, ¿se puede llamar o no "conciencia nacional"? A esto se ciñe la pregunta planteada por Ramón Iglesia, que recordamos al principio. Yo no vacilo en contestar que sí. La superación de todas las imágenes tutelares étnicas (Virgen de Ocotlán, Cristo de Chalma, etc.) o locales, por la radiante figura de la Guadalupana de México, ha precedido y hecho posible la progresiva simbiosis de las diversas etnias o *naciones* constitutivas de lo que no era todavía un *pueblo*. Todas las figuras señeras de Nueva España han sido impulsadas juntamente por el sentimiento patriótico y el fervor guadalupano, desde Sigüenza y Góngora y sor Juana hasta J. J. Fernández de Lizardi, sin pasar por alto a Eguiara ni a Clavijero, autores todos de obras poéticas o apologéticas destinadas a ensalzar la imagen del Tepeyac. Y esto no significa otra cosa que lo siguiente: la conciencia de sí mismo en el pueblo mexicano ha tomado una forma más religiosa que política. El mayor obstáculo de la segregación social sólo pudo ser vencido sobrenaturalmente durante la época colonial, en la que germinó la "conciencia nacional" mexicana y llegó a llevar el fruto de la Independencia política. La idea clara del ciudadano moderno, de ser miembro de un cuerpo social y político, importa menos tal vez que el antiguo sentimiento religioso de ser miembro de una supercofradía patriótica, la de "los hijos de Guadalupe" en un solar elegido por la misma Virgen María. Eso significa que: "¡Como México, no hay dos!"

IX. LA EMANCIPACIÓN ESPIRITUAL
DE NUEVA ESPAÑA

El carisma criollo

¿Cómo negarles cierto grado de representatividad a esas obras piadosas, reimpresas varias veces con pocos años de intervalo, o varios años más tarde? Desde el momento en que no aparecía ningún nombre de mecenas (un mecenas gusta de que sus armas figuren en la tapa y su nombre en el colofón), tales libros se vendían bien y se agotaban en poco tiempo. Bastan sus títulos para darnos preciosas indicaciones sobre la sociedad de ese tiempo. La práctica de las novenas era frecuente, circunstancia fácil de verificar. Sobre todo, el gusto por lo maravilloso cristiano, la pasión por las tradiciones milagrosas relacionadas con las imágenes santas, tan características del pueblo mexicano, aparece como un aspecto esencial de la devoción criolla; en tal grado, que vemos desfilar sucesivamente las diferentes provincias de Nueva España, cada una con su "prodigiosa imagen protectora". En este aspecto, la Virgen María gozaba de un fervor especial, seguida por el Santo Cristo de Querétaro, el de Ixmiquilpan, etc. Entre las obras reimpresas que merecen ser mencionadas a causa de su significación en la historia de la espiritualidad de Nueva España, indiquemos una novena, obra del padre Antonio de Paredes, de la Compañía de Jesús en Nueva España, y cuyo título evoca el clima de esos años decisivos de mediados del siglo XVIII: *Novena de la triunfante Compañía de Jesús, San Ignacio de Loyola y sus bienaventurados hijos* [1] (reimpresa en el colegio de San Ildefonso, en 1756).

Si la publicación de las novenas y numerosas reediciones consagradas a devociones locales nos proporcionan un dato de primer orden, este dato sólo asume todo su valor situado en un cuadro conjunto de las publicaciones contemporáneas. Hay que recordar que éstas son encabezadas por los tratados de devoción, y por los sermones panegíricos que nos traen un eco directo de la elocuencia sagrada, uno de los principales aspectos de la vida pública en Nueva España. Muy a menudo, desde el sagrado púlpito —verdadera tribuna— emanaban y se extendían las ideas y las novedades entre la población.

---

[1] José Toribio Medina, *La imprenta en México*, 4352 (1756).

La distribución de los autores inventariados por Beristáin da los siguientes resultados:

Órdenes mendicantes	925
Clero seglar	900
Jesuitas	375
Total eclesiásticos	2 351
Seglares	829
Anónimos	470
Total seglares	829

Estas proporciones, establecidas sobre el conjunto de la historia del virreinato, son verosímiles en su orden de cantidades para el periodo considerado. Señalemos que muchos de los anónimos eran religiosos, y que las mujeres también lo eran, como sor Juana Inés de la Cruz.

La oración fúnebre, género complementario y generalmente edificante, ocupa también un lugar bastante considerable en las publicaciones de la época. La vida pública de Nueva España estaba pautada por las fiestas, los funerales y las plegarias, a los cuales corresponden, respectivamente, en las publicaciones: las descripciones de los arcos de triunfo y los discursos de bienvenida a las nuevas autoridades, las oraciones fúnebres y los sermones. La celebración del santo protector o fundador de una orden religiosa y la de la milagrosa imagen de una parroquia o de una ciudad daban lugar a solemnidades, que al año siguiente las imprentas eternizaban con un libro o con un opúsculo, una vez obtenidas todas las autorizaciones previas. Durante este periodo, los sermones y ejercicios devotos estaban consagrados por lo general a la Virgen María, en sus imágenes de la Luz, del Carmen, de Guadalupe, de los Remedios, etc., y también de Nuestra Señora de Loreto. Respecto a esta última, como respecto a Nuestra Señora de la Luz, se trataba de cultos alentados por los jesuitas; otro tanto cabe decir de la devoción del rosario (dominica en su origen) y del Sagrado Corazón de Jesús. Esta observación rige para la devoción a la Virgen en general y a su Inmaculada Concepción, pero el culto a la Inmaculada (primero exclusivamente franciscano) era compartido por todo el mundo hispánico donde, mucho antes de la promulgación del dogma por la Santa Sede, se había convertido en un verdadero artículo de fe.

San Ignacio de Loyola, fundador de la Compañía, San Francisco Javier, el misionero, y San Luis Gonzaga, el estudiante, aparecen con frecuencia en los temas de los sermones o de los ejercicios espirituales. Los títulos son por sí solos elocuentes, como el de un sermón predicado en Puebla el día de San Ignacio: *El cielo venido a nuestras manos por las de Ignacio y su Compañía,*[2] seguido de una misa pontifical celebrada por el obispo auxiliar de Puebla; vemos que los tiempos habían cambiado mucho desde la querella del obispo Palafox con los jesuitas de su diócesis... Sólo el rayo que por dos veces se había abatido en 1747 sobre la capilla de San Ignacio de Loyola, en la catedral, podía presagiar la expulsión de la Compañía. En 1752, la Universidad Real y Pontificia reconoció a San Luis Gonzaga como su patrón, con juramento público de fidelidad; este acto tiene valor ejemplar, porque significa que los jesuitas se habían adelantado a los dominicos y a los franciscanos en la enseñanza superior, y sustentaban la mayoría en el "colegio" de los profesores.

Aparte del culto a la Virgen, bajo las diversas advocaciones, y a los nuevos santos jesuitas, señalemos el lugar ocupado por la devoción a la Santísima Trinidad, al apóstol San Pedro y a San José (éste ligado al culto mariano). San Bernardo, San Francisco y San Juan de la Cruz eran objeto de un fervor particular por parte de las órdenes religiosas correspondientes, igual que San Jerónimo y San Felipe Neri (para el Oratorio). La devoción popular por Santiago, herencia de los conquistadores, parece haber sido constante. Por último, hay que señalar la devoción a Santa Gertrudis y a Santa Catalina de Siena. Pero la cantidad de títulos y los datos que poseemos con relación a las reediciones, y ocasionalmente a las tiradas, sitúan en primer lugar la devoción a la Virgen María y en particular a sus imágenes mexicanas. Entre éstas, la "prodigiosa imagen" de Guadalupe conquista sin discusión el primer puesto durante estos treinta años.

Las causas del auge tardío de la devoción guadalupana (la tradición hace que su aparición se remonte a 1531, y el bicentenario fue celebrado con pompa en 1732) son complejas y habremos de volver sobre ellas con más espacio, pero las fases de su ascensión son claras. A este respecto, la fecha de 1737 tiene una gran importancia; una epidemia (peste) asolaba al país y los mexicanos decidieron llevar en procesión a la imagen de Nuestra Señora de Loreto, que había triunfado sobre el sarampión diez años antes. Este acto de devoción no tuvo efectos y se recurrió a Nuestra Señora de los Remedios, y luego sucesivamente a todas las imágenes santas de la ciudad, a las cuales se les dirigieron rogativas sin éxito. "Sin embargo, reservaba el Señor esta gloria para su Santísima Madre, en la milagrosa imagen de Guadalupe; a cuyos amparos quería que se pusiese todo

_____

2 *Ibid.,* 4033.

el reino." Desde que fue tomada la decisión de reconocer mediante un juramento solemne el patronato de la Virgen de Guadalupe del Tepeyac, agrega el cronista de la Compañía: "Parece que el ángel exterminador no esperaba más que esta resolución para envainar [su] espada."[3] En la competencia devota que oponía a las diversas imágenes consideradas milagrosas (no sólo las de la Virgen, sino también las del Santo Cristo), Nuestra Señora de Guadalupe se aseguró entonces la ventaja: después de San Luis Potosí, la ciudad de Valladolid de Michoacán la declaró principal protectora contra las epidemias.

Sin embargo, se elevó una voz discordante; así lo atestigua un tratado —cuyo autor ha querido guardar el anonimato— destinado a combatir la opinión de un adversario de la Guadalupe. En 1741 apareció, en María de Rivera, *El patronato disputado, disertación apologética por el voto, elección y juramento de patrona a María Santísima, venerada en su imagen de Guadalupe de México;*[4] este panfleto estaba dirigido contra el maestro de ceremonias de la catedral de Puebla, que había rehusado extraer las consecuencias del patronato de la Guadalupe en los oficios, dando luego una amplia publicidad a su decisión. No nos sorprende que haya sido una voz de Puebla antes que de cualquier otra ciudad mexicana la que se haya levantado contra el patronato de Guadalupe del Tepeyac, que consagraba la trascendente supremacía de "la ciudad imperial de México" en Nueva España.

En verdad, sólo se trataba de un combate de retaguardia, y el mismo editor publicó, al año siguiente, el sermón pronunciado en el santuario de Guadalupe de Valladolid de Michoacán por un religioso agustino: *Eclipse del Sol divino, causado por la interposición de la Inmaculada Luna María Señora Nuestra, venerada en su sagrada imagen de Guadalupe.*[5] Este título es como el acta de bautismo de la mariofanía mexicana. El Sol es Dios mismo, y María, identificada por los exégetas de entonces con la mujer del Apocalipsis, de la cual es una réplica la imagen del Tepeyac, es heredera de la mitología selénica grecolatina, reforzada en el caso presente por una tradición remotamente venida de Qumran, a través del Antiguo Testamento. La importancia del Sol y de la Luna en el panteón de los antiguos mexicanos está todavía atestiguada materialmente

[3] Francisco Javier Alegre, *Historia de la Provincia de la Compañía de Jesús de Nueva España*, l. IX, cap. XVIII, Roma, 1960, ed. E. J. Burrus y F. Zubillaga, t. IV, pp. 379 ss.
[4] Medina, *op. cit.*, 3566 (1741).
[5] *Ibid.*, 3606 (1742).

por las dos pirámides de la antigua ciudad santa de Teotihuacan (a algunas leguas del Tepeyac), las dos mayores del Nuevo Mundo (con la de Cholula), la pirámide del Sol (Tonatiuh) y la pirámide de la Luna (Teteoinnan). El padre Sahagún nos dice que, en tiempo del Imperio azteca, la diosa Toci —doble de Teteoinnan— tenía un santuario en el monte Tepeyac, adonde numerosos indios iban en peregrinación. La imagen de Nuestra Señora de Guadalupe del monte Tepeyac concretaba en ella un puñado de creencias —unas, salidas de la tradición judeo-cristiana, y las otras, del politeísmo mexicano— que iban a asegurar, en la espiritualidad de Nueva España, un esplendor que eclipsaría pronto a todas las demás imágenes "milagrosas". Más adelante expondremos con amplitud los orígenes y el desarrollo del guadalupanismo mexicano.

Ese último avatar de la vieja Toci de los aztecas ilumina con una luz singular al universo espiritual de los criollos del siglo XVIII mexicano. La Virgen María, en su imagen de Guadalupe, aparecida a los mexicanos representados por un humilde neófito indio, habría dotado a los "americanos" de un carisma. La identificación de María con la mujer del Apocalipsis, al referirse a las profecías atribuidas al apóstol San Juan, dejaba ver en la mariofanía del Tepeyac el anuncio del fin de los tiempos, o por lo menos de la Iglesia de Cristo, a la cual sustituiría la Iglesia parusiaca de María. Del mismo modo que Dios había elegido a los hebreos para encarnarse en Jesús su hijo, del mismo modo María, la redentora del final de los tiempos, la que iba a triunfar sobre el Anticristo, había elegido a los mexicanos. Esta última idea está expresada sin equívocos en un sermón pronunciado el 12 de diciembre de 1749, titulado: *La celestial concepción y nacimiento mexicano de la imagen de Guadalupe.*[6] Guadalupe, es decir, la Virgen María, madre de Cristo, *es* mexicana. Uno de los grandes apologistas de Guadalupe, el "maestro" Ita y Parra, podrá clamar en la catedral de México, en presencia del Santísimo Sacramento, del virrey, de la Audiencia, del capítulo de los tribunales y de las religiones: "En esto no sólo a Israel, a todas las naciones del mundo excede, y se adelanta el indiano";[7] *indiano* debe ser entendido aquí no en su acepción étnica, sino con la referencia trascendente que ya se encontraba en la expresión *Iglesia indiana,* empleada en el siglo XVI por el franciscano Jerónimo de Mendieta. En verdad, la realización de la antigua esperanza escatológica de los pioneros de la "conquista espiritual", los franciscanos joaquinis-

---

[6] *Ibid.*, 3991 (1750).

[7] B. F. de Ita y Parra, *El círculo del amor...*, 1747 (The New York Public Library, microfilmes; Medina, 3837).

tas, triunfa tardíamente en el siglo XVIII, bajo los rasgos de la devoción por la Guadalupe, tan enérgicamente combatida en sus comienzos por esos mismos franciscanos. La "Iglesia indiana" (ahora diríamos "criolla"), si alguna vez hubo una, es aquella en la que la devoción por la Guadalupe eclipsó la devoción por Jesús. ¿Dónde estaban, pues, los temidos inquisidores y qué hacían? Iban de acuerdo con la común devoción; el propio Ita y Parra era censor del Santo Oficio, y los censores de tales sermones compartían, sin reserva ni medida, el entusiasmo patriótico de osados predicadores por la Guadalupe.

Obispos y virreyes —empujados por los clérigos, los profesores, los confesores y los predicadores criollos; animados en esta senda por la adhesión popular, por una fe unánime, ya que englobaba a los indios (y a las castas) y a los criollos— pagaron su tributo a la Guadalupe: en 1750 se construyó una nueva colegiata en el Tepeyac, y en 1754 las gestiones del arzobispo de México y la verdadera campaña llevada adelante por los jesuitas ante la Santa Sede lograron el reconocimiento pontificio del patrocinio de Guadalupe sobre Nueva España o, como también solía llamársele, "la América septentrional". Un oficio de primera clase del 12 de diciembre vino a traducir en términos canónicos la famosa referencia al Salmo 147, que quedará ligada como una leyenda a la imagen de Guadalupe: *non fecit taliter omni nationi* ("no hizo nada semejante por ningún otro pueblo").

Dejando de lado por el momento la figura de la Guadalupe con sus implicaciones escatológicas, sólo tendremos en cuenta ahora su significación patriótica, que es uno de los aspectos esenciales. El "traslado" de la Virgen María, bajo los rasgos de la imagen del Tepeyac, "no de Nazaret a Judá, sino del empíreo mismo hasta ese sitio afortunado [el Tepeyac]"[8] era la garantía trascendente de las aspiraciones nacionales mexicanas. Agregaremos, precisando, que la aparición de la Virgen de Guadalupe en el Tepeyac era una respuesta criolla a la *traslación* de la Virgen María al Pilar de Zaragoza (esto debe entenderse en el mismo sentido en que Américo Castro escribió que la devoción peninsular por Santiago "matamoros" fue una respuesta a Mahoma). El tema de la "traslación" parece haber sido un cliché; en un opúsculo devoto publicado en México en 1731 vemos que el Papa había acordado una indulgencia plenaria "el día en que Nuestra Santa Madre la Iglesia celebra el descendimiento de la San-

[8] Fray Agustín de Bengoechea, *La gloria de María*..., 15 de mayo de 1768, México, 1768, impr. Zúñiga y Ontiveros (The John Carter Brown Library, microfilmes; Medina, 5224).

tísima Virgen María, desde lo alto de los cielos, para fundar sobre la tierra su religión de los Mercedarios, bajo la invocación de Santa María de la Merced".[9] La rivalidad en la búsqueda de la gracia entre España y Nueva España tiene nombres, en el periodo que estudiamos: el franciscano criollo Agustín de Bengoechea, antes citado, el "maestro" Ita y Parra, profesor de teología sagrada en la Universidad de México, y otros muchos predicadores mexicanos. Contra su devoción se elevó la voz solitaria de un dominico catalán, en nombre de la congregación del Pilar de Zaragoza, precedido desde mucho antes en este sentido por el agustino fray Pedro de San Francisco, que había predicado en México un sermón panegírico de *La Reina de la América, Nuestra Señora del Pilar de Zaragoza*[10] en 1739, cuando la realeza, celeste y terrestre, de Guadalupe sobre América septentrional todavía no estaba establecida de modo indiscutible.

El papa Benedicto XIV, dejándose llevar la mano, en 1754 proporcionó al guadalupanismo mexicano un renuevo de fuerza y de audacia. No contentos con haber liberado a su patria de la deuda espiritual con España ("América ya no teme que se enrostre su idolatría",[11] había predicado Ita y Parra, ya en 1747), los religiosos criollos mudaron su devoción en un mesianismo conquistador. El jesuita Carranza, uno de los grandes artesanos del guadalupanismo, no había aguardado la bendición pontificia para profetizar *El traslado de la Iglesia a Guadalupe*.[12] Sólo tal consagración le faltaba a la gloria de México; sólo *La cátedra de San Pedro, en México*,[13] tema de un sermón pronunciado por un archidiácono de la catedral de México, podía hacer de la ciudad imperial "una nueva Roma". Esa transferencia geográfica del jefe de la cristiandad de Roma a México, asegurándole a Nueva España una preeminencia espiritual sobre la península, tenía como corolario el patrocinio mediato (en el que Nueva España aparecía como mediadora) de Guadalupe sobre la propia España, idea expresada por el franciscano criollo fray Joaquín de Osuna, en 1744, en su sermón apologético: *El lirio celeste de las católicas Españas, la aparición y el patrocinio de Nuestra Señora de Guadalupe*.[14] Se trata, pues, y esos pocos ejemplos alcanzan para verlo (y sería fácil citar otros), de un verdadero vuelco

---

[9] *Compendio breve de las indulgencias y jubileos* [...] *de Nuestra Santísima Madre la Virgen María de la Merced*..., México, por José Bernardo de Hogal, 1731.

[10] Medina, *op. cit.*, 3552 (1739).

[11] Ita y Parra, *op. cit.*

[12] Medina, *op. cit.*, 3931.

[13] *Ibid.*, 3381.

[14] *Ibid.*, 3742 (The John Carter Brown Library, HA-M 51-19).

del estatuto de dependencia trascendente que ligaba a España con Nueva España, desde la "conquista espiritual" de México por las órdenes mendicantes en el siglo XVI. Este aspecto de las cosas no pasó inadvertido, y el dominico Juncosa tituló su sermón apologético de Nuestra Señora del Pilar de Zaragoza: *El triunfo de la fe en la Antigua y Nueva España*.[15] Pero en 1758, la partida ya estaba virtualmente perdida para la "Antigua España".

Todos los argumentos, extraídos o no de la Escritura, venían bien a los predicadores mexicanos para hacer aparecer a su patria como la tierra de elección de María, como el país en que debía representarse el último acto de la historia de la cristiandad en marcha hacia su culminación. La Iglesia vendría al Tepeyac en busca de asilo, al final de los tiempos, para huir de las persecuciones del Anticristo. La identificación de la imagen de Guadalupe con la mujer del Apocalipsis y el sentido críptico del Apocalipsis, 12, dan la clave de tal pretensión, muy bien resumida por el jesuita Carranza: "La imagen de Guadalupe será, a fin de cuentas, la patrona de la Iglesia universal, porque es en el santuario de Guadalupe donde el trono de San Pedro vendrá a hallar refugio al final de los tiempos... Ave María."[16] Tales opiniones sólo podían tener posibilidades de éxito si "los tiempos" parecían próximos. Bien que esta creencia no haya podido ser expresada abiertamente, pensamos que estaría presente en el corazón de religiosos criollos que se refieren con frecuencia a la autoridad de su dominico del siglo precedente, fray Tomás de Malvenda.

En su libro *Sobre el Anticristo*, aparecido en Roma en 1604,[17] dedicado al papa Inocencio X, Malvenda consagraba una buena parte a los problemas espirituales planteados por el descubrimiento de las poblaciones del Nuevo Mundo. A propósito del punto capital de la fecha de llegada del Anticristo, afirmaba en principio que sólo Dios la conoce, pero compartía la común creencia, según la cual no se produciría antes de que el Evangelio se predicase por toda la Tierra. Ahora bien, agregaba Malvenda que ese momento no había llegado (en 1604), ya que muchas islas y tierras estaban todavía por descubrir, sobre todo en las Indias Occidentales, y citaba precisamente las vastas regiones situadas al norte de Nueva España, la Florida y Virginia. Un siglo y medio más tarde, la prosecución de la expansión

[15] *Ibid.*, 4474.
[16] *Ibid.*, 3931 (1749).
[17] *R. P. F. Thomae / Malvenda setabitani ord. Praedicatorum / Sacrae Theologiae Novi Magistri / de Antichristo / Tomus Primus / in quo Antichristi Praecursores Lugduni / MDCXLVII* (1ª ed.: Roma, 1604; Biblioteca Nacional, Madrid, 3/24 801).

misionera a partir de Nueva España —hecho que se tradujo en la difícil creación de las misiones jesuitas y franciscanas de California, de la Pimería y de la Tarahumara— podía dejar pensar a los espíritus religiosos suficientemente informados que las condiciones trascendentes de posibilidad de llegada del Anticristo iban a darse de ahí a muy poco. Sin este trasfondo de angustia escatológica, el traslado de la Iglesia a Guadalupe no habría tenido mucho sentido. En ese clima, el jesuita Joaquín Rodríguez Calado, prefecto de los estudios en el colegio de San Pedro y San Pablo de México, pudo escribir proféticamente que en el Tepeyac se establecería "el imperio de toda la santa Iglesia y el trono de San Pedro, cuando ésta fuese perseguida por el Anticristo y obligada a abandonar la santa ciudad de Roma".[18] Esta misma perspectiva explica que uno de los censores de El traslado... haya escrito con un hermoso impulso de entusiasmo guadalupanista: "Tú eres, oh mi reina y mi dama, nuestra esperanza, spes nostra, y ya estaba a punto de llamarte mi diosa, oh Virgen Inmaculada."[19] Guadalupe, madre de los indios, reina de los mexicanos, era la diosa tutelar de la religión patriótica, aunque el miedo de caer en la herejía frenara la utilización evemerista de las reminiscencias de la antigüedad clásica. El peligro de deslizamiento no era menor por el lado de las creencias indígenas, como lo probarían las tentativas contemporáneas de interpretaciones cristianas de la simbología mexicana primitiva.

En verdad, si el ejemplo de la devoción a Nuestra Señora de Guadalupe es el más notable y el que primero se impone a la atención, no se podría, sin desnaturalizar su significado, aislarlo de un conjunto de manifestaciones comparables. Junto a Guadalupe, calificada aún de "sagrado paladín del americano orbe"[20] por el franciscano fray José de Arlegui, México reivindicaba la protección del apóstol San Pedro por boca del dominico fray Antonio C. de Villegas, en su sermón: La piedra del águila de México. El príncipe de los apóstoles y padre de la Iglesia universal, señor San Pedro.[21] Ya es sabida la explotación que por esos años se hizo de la presencia de un águila (que fue asimilada arriesgadamente con el águila azteca) bajo los pies de la mujer, en el Apocalipsis, 12. La exégesis alegórica, en un sentido guadalupanista, del símbolo mayor del escudo azteca, acompaña las audacias semánticas que autorizan silogismos como éste:

---

[18] Medina, op. cit., 3931 (1749), "Parecer..." (The New York Public Library).
[19] Ibid., 3931 (1749), "Aprobación..."
[20] Ibid. (1743).
[21] Ibid., 4029 (1750).

"y todo esto son citas de la Escritura: Pedro pide para ir a buscar a Cristo sobre las aguas: Cristo es México: por lo tanto, Pedro pide ir a México".[22] Si la Escritura atestiguara, según los exégetas criollos, la elección de México por la Virgen María y la predilección del apóstol San Pedro por el Anáhuac, eso no impediría (todo lo contrario) osadas interpretaciones del símbolo de la cruz y la alusión conjunta a la Santa Cruz de Querétaro y al Árbol de la Vida de los mayas: *El querubín custodio del Árbol de la Vida, la Santa Cruz de Querétaro.*[23] Aunque la referencia al Árbol de la Vida pueda originarse en la exégesis simbólica (que identifica al árbol del Paraíso con la cruz redentora), el encuentro con las antiguas creencias indígenas no parece casual. El favor de que gozaba el pasado mexicano, sobre todo después de los trabajos de Carlos de Sigüenza y Góngora en el siglo anterior, explica bien que las grandes figuras de la mitología mexicana antigua hayan venido a reforzar los rangos de los héroes helénicos para mayor facilidad de la exégesis alegórica y del evemerismo. Así no nos sorprenderemos ante un sermón con un título como éste: *la más verdadera copia del divino Hércules del cielo y el sagrado Marte de la Iglesia, el glorioso arcángel señor San Miguel, a las sagradas plantas de María Nuestra Señora, en su milagrosamente aparecida imagen de Guadalupe, para protección y amparo de este Nuevo Mundo mexicano.*[24]

Nueva España, más corrientemente llamada México por los autores criollos, tenía, pues, sus blasones recargados. Guadalupe aparecía en ellos rodeada de un coro de otras imágenes marianas: la Virgen de Ocotlán, la Virgen de la Luz, la Virgen de San Juan de los Lagos, la Virgen de los Remedios, la Virgen del Carmen, la Virgen de los Dolores, vinculadas a una ciudad, a un convento o a una iglesia de Nueva España. Cada una de esas devociones locales pretendía justificarse con una tradición milagrosa, cuyos fundamentos eran tan sólidos (o tan frágiles) como la tradición guadalupanista. Todas esas piadosas tradiciones convergían inconscientemente hacia un mismo fin: lavar a México del antiguo pecado de paganismo y de idolatría.

El esfuerzo exegético, del cual hemos dado resúmenes demasiado breves, fue uno de los aspectos de una empresa de emancipación espiritual que no dudamos en calificar de "nacional". La gran mayoría, con sus peregrinaciones, dio crédito a las tradiciones milagrosas, mientras que la élite de los sacerdotes examinó a fondo la Santa Escritura, en especial los libros proféticos, el Apocalipsis de Isaías

[22] *Ibid.*
[23] *Ibid.*, 3173 (1731).
[24] *Ibid.*, 4147 (1755).

y el Apocalipsis llamado de Juan, para descubrir el anuncio de un destino sobrenatural sin igual: "Como México no hay dos",[25] según una canción popular. Faltaba demostrarlo mediante pruebas históricas y escriturarias; pero como todos estaban persuadidos (los inquisidores encargados de velar por la ortodoxia tanto como los otros), eran complacientes. De esta tolerancia, consecuencia de un iluminismo colectivo, encontramos la ingenua confesión en un censor carmelita: "Si esto no surgiera de evidentes profecías, yo habría podido al menos deducirlo de profecías ambiguas."[26] La argumentación, incluso cuando se presenta bajo forma silogística, sólo tiene una importancia secundaria; su rigor no es necesario, ya que lo que importa en último análisis depende de un acto de fe, de la fe patriótica más aún que de la fe religiosa.

MÉXICO, NUEVA JERUSALÉN

Guadalupe, antiguamente combatida por los franciscanos, era objeto de una creciente devoción popular y lograba casi la unanimidad de las órdenes religiosas, por lo demás tan divididas. Sobre todo, el Tepeyac estaba cerca de la ciudad de México y su santuario era lugar de paseo, para los habitantes de la capital, desde el siglo XVI. Si la gracia del cielo se hubiera manifestado en México, habría tenido que ser preferentemente en su capital (se recordará que fue en la ciudad de México donde la imagen florida de María apareció sobre la tilma del indio Juan Diego). El patriotismo de parroquia, en la nueva como en la antigua España, triunfaba sobre el espíritu nacional todavía indeciso. En la medida en que podemos esquematizar los sentimientos, parecería que la aspiración a hacer de México una nueva Roma jugó un papel determinante. Pero también pesaron en el mismo sentido causas que no resultaban de ninguna elección y que son consecuencia del poder de la capital y de su casi monopolio de la imprenta. En especial, el fervor guadalupanista de los jesuitas, que dispusieron en el momento oportuno de la imprenta del colegio de San Ildefonso, y el de J. J. de Eguiara y Eguren, que por esos años hizo instalar la imprenta de la Biblioteca Mexicana contribuirían de modo apreciable a la difusión de la tradición apologética guadalupanista.

Desde el punto de vista de la mística nacional mexicana, la elección hecha por la Virgen María, del valle de México como residen-

[25] Francisco de la Maza, *El guadalupanismo mexicano*, México, 1953, p. 107.
[26] Medina, *op. cit.*, 3381 (1735).

cia, o más bien: "La celestial concepción y nacimiento mexicano en la imagen de Guadalupe",[27] es inseparable del destino imperial de la ciudad de México. La historia, tal como podían concebirla los religiosos mexicanos de mediados del siglo XVII, nutridos de profetismo judeo-cristiano, aparecía como una proyección terrestre de los designios misteriosos de la Providencia, inscritos bajo forma críptica en los libros proféticos del Antiguo Testamento, revelados también por milagros. Milagros y prodigios habían acompañado la venida de Cristo entre los hombres, y por analogía se pensaba que nuevos prodigios debían acompañar la evangelización del Nuevo Mundo y la fundación de una nueva Iglesia en un mundo llamado Nuevo, no tanto por razones de orden geográfico como escatológico. La nueva Iglesia sería la de María, Madre de Jesús sin duda, pero sobre todo la que en el Apocalipsis de Juan derrota al dragón, símbolo del Anticristo. Y la nueva Roma de esta nueva Iglesia tenía que ser México. Con una llamativa insistencia, los autores de ese tiempo mencionan a México con el nombre de "ciudad imperial", comparándola muy a menudo con Roma, por razones que ahora resultan claras. La relación con la antigua Troya no resulta en primera instancia tan convincente, pero he aquí la explicación dada por uno de los censores: "Minerva emigró del cielo a la ciudad de Troya [...] María ha querido que la tierra celebre ese trofeo y ha descendido del cielo, por una traslación aparentemente sobrenatural, hasta la bienaventurada México, émula de la antigua Troya."[28] Tales son las razones dadas por un mercedario, en ese entonces rector del colegio de San Ramón Nonato, de México. El sitio y la conquista de Troya por traición no son evocados para justificar la comparación con México; pero, en el clima que hemos tratado de captar, no podemos dejar de pensar en el sitio de México por Cortés y en la resistencia desesperada de Cuauhtémoc, último emperador de este "Imperio mexicano", cuyo recuerdo era inseparable de la calificación "imperial" generosamente dispensada a la capital de Nueva España (en el origen por Carlos V).

Un halo de mitología grecolatina y de mitología mexicana, una aureola cristiana, hacían centellear de todos sus fuegos la capital de México, en pleno progreso, ante los ojos deslumbrados de los apologistas criollos embriagados por lo que hoy llamaríamos el *desarrollo* de su país, tanto más cuanto veían en la prosperidad económica una nueva señal del favor divino. Habría que reconocer que la ri-

---

[27] *Ibid.*, 3931 (1750).
[28] Fray Manuel de Bocanegra y Cantabrana (*El círculo del amor...*, 1746, "Parecer..."): "la cantó un cisne jesuita, para que no le faltara a esta segunda Roma su Virgilio".

queza minera apuntalaba la exégesis bíblica para la mayor gloria del pueblo mexicano, que (como lo había hecho un siglo y medio antes el pueblo de Madrid) proyectaba sus sueños megalomaniacos sobre su capital imperial. Este Imperio era el de las Indias Occidentales; tanto en los títulos de las obras como en las iconografías se afirma una concepción bicéfala de las posesiones de la corona de España; el rey es designado como rey de las Españas y emperador de las Indias (denominación que se remonta a Felipe II). Pero la expresión "las Indias" fuera de ese estereotipo es menos empleada que "América septentrional", sinónimo de México o Nueva España, o "nuestra América" (denominación popularizada más tarde por José Martí, en quien se opondrá a la América anglosajona, en tanto que para sus predecesores criollos expresaba distanciamiento respecto a España). Los autores criollos parecen evitar toda alusión a Madrid, en un cotejo del que la capital de las Españas hubiera podido salir malparada. Por el contrario, al abrigo de la devoción, en especial del culto mariano, los más insensatos sueños nacionalistas pudieron desarrollarse libremente, durante esos treinta años decisivos.

¿Sobre qué bases materiales y objetivas reposaban las quimeras patrióticas de los mexicanos? El descubrimiento de nuevos filones argentíferos de San Luis (llamado Potosí, por comparación con el famoso Potosí de la América meridional) no sólo arrastró el rápido desenvolvimiento de esta ciudad, sino que tuvo repercusiones en la capital del país. En el campo espiritual, los criollos pensaban que el descubrimiento tardío de esas inmensas riquezas había sido reservado hasta entonces providencialmente; ese hecho podía relacionarse con el incremento de la expansión misionera, la guerra contra los heréticos ingleses y la consagración pontificia del patrocinio de Guadalupe. Paralelamente, la generalización de ciertos procedimientos de amalgama (en este periodo se publicaron tratados sobre este tema) facilitó la explotación sistemática de las minas de plata. La posesión potencial de un inagotable tesoro en moneda metálica, en tiempos en que las teorías mercantilistas hacían de ésta la riqueza por excelencia, afirmaba a los mexicanos la convicción de ser un nuevo "pueblo elegido". Cambió el aspecto mismo de la ciudad de México, y se emprendieron grandes obras, como la Casa de Moneda, cuya construcción fue emprendida en 1729 por el marqués de Casafuerte, y quedó concluida en 1734, año de la muerte de este virrey; menos de treinta años más tarde fue necesario agrandarla para atender la afluencia de metal precioso. La *Gaceta de México*, creada a imitación de la de Madrid, nos informa que ese solo edificio había costado una suma considerable. En la misma época se construyó un pabellón de aduanas. La Escuela de Minas ocupaba un lugar importante en la vida de la ciudad; esta presencia se afirmaba con juegos poéticos. Si nos quedasen dudas acerca de que hubiese habido interferencias en el espíritu de los criollos del siglo XVIII entre la riqueza material de México y su destino providencial, que la primera hubiese sido considerada por ellos como el signo de la gracia, nos han dejado con qué disipar esas dudas: "La mina de la Virgen, tapada en Nazaret y descubierta en el cerro de Guadalupe, para ser universal patrona de los americanos y muy principal de los mineros, y por mina de oro, de los de la minería de Potosí. Oración panegírica...",[29] sermón de un religioso de la Visitación, pronunciado en 1757. La otra gran fuente de riqueza del país, la tierra, parecía comparativamente un poco agotada, y los propietarios le ofrecían novenas a la Guadalupe para obtener la lluvia fecundante.

Igualmente, el impulso urbano de México, y de otras muchas ciudades de Nueva España, alimentaba en los mexicanos la admiración por sí mismos. Si el jesuita Carranza ve a México como "la Roma del Nuevo Mundo", podemos caer en la tentación de atribuir esta visión a su entusiasmo patriótico; el predicador ha querido defenderse: "que no se ponga esto a cuenta de una exageración hiperbólica", mientras que otro, un mercedario, confiesa: "quedé arrobado por el dulce amor de la patria, deleitándome en la pintura de México".[30] Y el barón de Humboldt verá a México, medio siglo más tarde, con los mismos ojos: "Ninguna ciudad del nuevo continente, sin exceptuar las de los Estados Unidos, ofrecen establecimientos científicos tan grandes y sólidos como la capital de México [...] ¡Qué hermosos edificios encontramos ya en México, e incluso en ciudades de provincia, en Guanajuato y en Querétaro! Esos monumentos, que a menudo cuestan un millón o un millón y medio de francos, podrían figurar en las más hermosas calles de Berlín o de Petersburgo."[31] Si la monarquía española decidió fundar en Madrid, en 1740, una congregación de Guadalupe cuyo tutor fue el rey, no lo hizo por devoción, sino —como escribirá crudamente fray Servando Teresa de Mier— por amor a "los pesos duros".[32] Podemos preguntarnos si la consideración de las limosnas y de los legados no influyó también

[29] Medina, *op. cit.*, 4487 (1758).

[30] Fray Manuel de Bocanegra y Cantabrana, *op. cit.*

[31] Alejandro de Humboldt, *Essai politique sur le royaume de la Nouvelle Espagne*, París, 1811, t. II, pp. 11 y 13.

[32] Fray Servando Teresa de Mier, "Relación de lo que sucedió en Europa al doctor..." (*Memorias*, México, 1946, t. II), escribe: "No hay ni sueña haber devoción en ninguna parte de España ni de Europa con nuestra Virgen de Guadalupe, ni con ninguna otra cosa de América, sino los pesos duros" (p. 198).

en la actitud de la Santa Sede, que en decenios anteriores se había mostrado intratable sobre el tema de la tradición guadalupanista mexicana.

Valgan o no estas hipótesis, comprobamos que la devoción a la Guadalupe, que en 1731 ya contaba dos siglos, tuvo que esperar todavía veintitrés años antes de ser canónicamente reconocida, y eso no sin reservas, como lo prueba la expresión *fertur* (se dice que), a propósito de la tradición milagrosa. El vuelco del estatuto de dependencia espiritual, que ligaba entonces a España con Nueva España, se efectúa en los años en que España apelaba cada vez más al sostén financiero de los "mineros" mexicanos, para llevar a cabo sus guerras en Europa, de modo que la vieja España aparecía como tributaria de la nueva. En el dominio intelectual, la Universidad de México y los colegios jesuitas y franciscanos aseguraban a la élite criolla una formación que muchos gachupines hubieran envidiado, si atendemos a los testimonios de los contemporáneos, debidamente criticados. El pretexto de la ofensiva torpeza del prior Martí, invocado por el canónigo Eguiara y Eguren al pedir autorización para instalar una imprenta, importar de Europa el material y publicar un monumento (al menos el primer tomo) a la gloria de todos los escritores criollos, un parnaso nacional mexicano, sólo a medias debe ser tomado en serio. La apologética criolla, en esta generación de hombres, tenía sin duda necesidad de pretextos tranquilizadores y de biombos devotos, pero sin duda no de acicates.

El entusiasmo de los criollos por su patria era tan comunicativo que el caballero milanés Lorenzo Boturini Benaduci se dispuso a reescribir la historia de Nueva España o de sus antigüedades mexicanas. Esta tentativa culminó con la publicación, en 1746, de la *Idea de una nueva historia general de la América septentrional*, acompañada del catálogo de los manuscritos y de los códices que su autor había reunido. Pero la empresa fue bruscamente interrumpida y la biblioteca de Boturini quedó confiscada, porque además él tenía el proyecto de ofrecer una corona a la Virgen de Guadalupe, y para realizarlo había empezado con una colecta, confiando en la liberalidad de los devotos. La actitud espiritual de Boturini, llevado a redactar una *Historia general* porque había logrado reunir muchos (demasiados y demasiado pocos) documentos, con la ayuda de los cuales pretendía solamente dar un fundamento histórico a la tradición guadalupanista, nos parece reveladora. Eguiara y Eguren era, también él, un devoto de Guadalupe y un apologista de la patria criolla y de sus compatriotas; en ciertas observaciones de su *Biblioteca mexicana* se trasluce un rencor que, más allá del prior Martí, apunta a España entera. Los criollos luchaban en todos los frentes por emanciparse de la tutela de los gachupines.

Por más que en materia histórica sea imprudente sacar conclusiones o arriesgarse a deducciones seductoras, al menos se pueden promover preguntas cuyo alcance supera al acontecimiento. Hemos esbozado a grandes rasgos el cuadro del triunfalismo mexicano criollo a mediados del siglo XVIII, observando que se fundaba en la conciencia de la riqueza mineral, del desarrollo urbano y de una supremacía, real o supuesta, del intelecto sobre el sentimiento carismático de ser un pueblo elegido. El combate espiritual movido por los mexicanos para emanciparse se situaba en la "vivencia" hispánica; en ese sentido es revelador el principal terreno elegido, la devoción a la Virgen. Los fundamentos últimos (pero cronológicamente primeros) de la dominación de España sobre Nueva España eran de esencia trascendente y aun muy precisamente misionera; y cuando a su vez se convirtió en el trampolín de una renovada expansión misionera, Nueva España logró liberarse de la antigua tutela. Pero la ruptura suponía una profunda adhesión: la competencia en la búsqueda de la gracia de María recuerda una Edad Media peninsular en la que Nuestra Señora de Covadonga, la Virgen del Pilar y Nuestra Señora de Guadalupe misma —la de Extremadura— compartían el fervor de los cristianos de España.

Cómo silenciar el hecho de que la Guadalupe de Las Villuercas (provincia de Cáceres) apareció, según su más antiguo cronista, a fin de "esforzar los corazones de los cristianos para que tornasen a cobrar las fuerzas que habían perdido. Y así fue que cobraron mucha fuerza..."[33] Su émula mexicana, la Guadalupe del Tepeyac, desempeñó el mismo papel ante los neófitos indios diezmados por las grandes epidemias y los excesos del trabajo forzado, y desamparados por el hundimiento de la sociedad indígena. (El problema de la confiscación, hecha por la élite criolla, del pasado indígena y de la mariofanía guadalupanista es otro aspecto de la cuestión, que volveremos a encontrar más adelante.)

El sentimiento que tenían los mexicanos del siglo XVIII de que el mundo era, como la Escritura, un tejido de signos a descifrar, no podía sino favorecer la ansiosa espera del fin de los tiempos. Una trágica ambigüedad marca estos años decisivos. A la continuidad eclesiástica se oponía una gran inestabilidad de los virreyes; pero, sobre todo, fenómenos sísmicos de gran amplitud, cometas y epidemias fueron interpretados como *signos* sobrenaturales. Las grandes

[33] *Códice de 1440* (Archivo Histórico Nacional, Madrid, cód. núm. 555, fol. 6).

pestes de 1725 y de 1736 fueron evocadas por Alegre con acentos de terror, y no olvidemos que el patrocinio de Guadalupe sobre Nueva España fue consecuencia de la segunda epidemia. El eclipse de sol de 1752, seguido seis años más tarde por la erupción del volcán del Jorullo, el cometa de 1742 y el terremoto de Guatemala en 1751 acarrearon gran turbación en los espíritus. El martirio de numerosos misioneros en las provincias del norte, arrasadas por los levantamientos de los indios, y la hagiografía que mantenía el recuerdo, tanto en el caso del franciscano fray Antonio Margil de Jesús como en el de muchos pioneros jesuitas de las misiones de California, evocaban el Apocalipsis, el de Isaías o el de Juan. A los criollos mexicanos les fascinaba más un porvenir parusiaco que un presente próspero. Según un jesuita inspirado: "en esta tela divina, la imagen del Tepeyac, la sabiduría de Dios ha insinuado la trama delicada de los más altos decretos de la predestinación de este Nuevo Mundo".[34] Cuando Roma esté nuevamente ganada por la gentilidad, y el sacrificio de la misa haya desaparecido de este mundo, seguirá siendo celebrado en el Tepeyac, pretendía Carranza. Los mexicanos eran el pueblo elegido, y México no sólo la nueva Roma, sino, más aún, la nueva Jerusalén. El criollo Carranza fundaba esta convicción en la exégesis del Cantar de los cantares y en el Apocalipsis, 12.

El mesianismo expansionista mexicano del siglo XVIII actúa como un puñado de hombres que, habiéndose conocido en los bancos del Colegio de San Ildefonso, sostenían a los "mineros" con todo su poder económico y con garantías proféticas. La exégesis bíblica y el acto de fe tienen dudosas tradiciones milagrosas; lejos de ser apenas el estilo obligatorio tomado de la nación dominadora, o el vestido a la moda de aspiraciones nacionales en busca de un lenguaje, son inseparables de ellas. Fe religiosa y fe nacional se confunden; la primera sirve a la segunda de garantía metafísica, mientras que la segunda es el soplo que anima a la primera. La religión de la nación dominante no podía arraigarse verdaderamente en México hasta después de haber sido asimilada, mexicanizada. Si México se convertía, con el (próximo) fin de los tiempos, en la patria de todos los cristianos del mundo refugiados en el Tepeyac entre los pliegues del manto estrellado de la Guadalupe, entonces los mexicanos dependientes, amenazados por los heréticos ingleses, aterrorizados por los azotes y los elementos, podrían recuperar su ánimo. En el siglo XVIII, la preeminencia de Nueva España, sobre la vieja España, en el sector

[34] Francisco Xavier Carranza (S. J.), *La transfiguración...*, México, 1749, p. 34; Medina, 3931.

clave de la riqueza en metales preciosos, asociada a la certidumbre carismática fundada en una nueva epifanía (la "encarnación" de la Virgen María en el Tepeyac), hicieron posible que el mexicano escapara de la mancha original de ser "cristiano convertido a lanzazos" y un "bárbaro" a los ojos del europeo "civilizado".

X. MARCEL BATAILLON EN EL DESCUBRIMIENTO ESPIRITUAL DEL NUEVO MUNDO

Ni está el mañana —ni el ayer— escrito.

ANTONIO MACHADO

LA INVENCIBLE AMBIGÜEDAD DE LA HISTORIA

EN 1948, un primer gran recorrido por América Latina, región a la que Marcel Bataillon había sido atraído, según sus propios términos, "por las amigables instancias de Alfonso Reyes, y empujado en la misma dirección por las de Paul Rivet",[1] le hizo entrever, como él dijo, "el Nuevo Mundo". En realidad, ese mundo no era tan nuevo para él, pues con un cicerone tal como Silvio Zavala, en México, iba a tener la revelación de un obispo utopista, discípulo de Tomás Moro: Vasco de Quiroga, en Michoacán, y la de Bartolomé de las Casas en Chiapas.[2] Fue como si los continuadores hispanoamericanos del humanismo y del evangelismo de la península ibérica hubiesen aguardado su visita. Así, desde 1950 "seguirá el camino de los Archivos de Indias", en Sevilla.[3] Una segunda época de su obra se inicia decisivamente en aquel momento, sin que por ello él abandone la continuación de la primera.

En adelante sus investigaciones se orientan hacia la historia espiritual de las "Indias Occidentales", hacia México (en aquel momento, Nueva España) y el Perú. Marcel Bataillon aborda el descubrimiento de ese territorio nuevo como historiador de las mentalidades, sin renegar del filólogo, tal como él lo entendía. En la perspectiva pionera que escogió, el filólogo da la mano, en efecto, al historiador, pues se trata de "leer a los antiguos autores, a todos los que pueden ser accesibles, para tratar de sorprender lo que cada uno de ellos ha dicho y querido decir sobre la cuestión".[4] Esta cuestión

[1] M. B., *Études sur Bartolomé de las Casas*, reunidos con la colaboración de Raymond Marcus, Centre de Recherches Hispaniques, 1966, introducción, p. VII.
[2] *Ibid.*
[3] *Ibid.*, p. VIII.
[4] M. B. y Edmundo O'Gorman, *Dos concepciones de la tarea histórica, con motivo de la idea del descubrimiento de América*, Imprenta Universitaria, México, 1955, p. 96.

no es otra que el sentido del descubrimiento del Nuevo Mundo *"en los espíritus"* y *"la invencible ambigüedad"* para los hombres del siglo XVI, como para los del XV, de *"la cosa descubierta".*[5] Él mismo subrayó esas dos expresiones en una carta a E. O'Gorman, en la que refutaba las tesis de este autor sobre *La idea del descubrimiento de América,* obra publicada en la ciudad de México en 1951. Insistiendo en el punto, Marcel Bataillon escribe: "Toda la historia de las ideas relativas al 'mundo descubierto' es la historia de una ambigüedad."[6] El análisis y la exposición de esta ambigüedad en toda su riqueza —según una perspectiva que él mismo calificaba de "fenomenológica"—[7] constituye, hablando propiamente, su obra de americanista. Lo que puede parecer una contribución de detalle es en realidad una nueva mirada hacia el periodo histórico que le era familiar desde que había comenzado sus primeras investigaciones sobre el humanismo en España. La ambigüedad está en la persona misma de Colón, al que nos pinta como "curiosa mezcla de hombre de negocios y de profeta",[8] y también se encuentra en el meollo de un momento de la historia: "y habrá que tener el valor de afirmar que ese gran acontecimiento nuevo fue, en muchos aspectos, un acontecimiento medieval. O bien [sigue escribiendo Bataillon] hay que comprender que *nuestra parcelación de la historia nos crea muchos problemas falsos".*[9] Después de esta integración previa, Marcel Bataillon puede dejar hablar a los autores antiguos y comprobar que el descubrimiento del Nuevo Mundo fue, ante todo, "un descubrimiento de hombres", preludio a la difusión de la palabra evangélica entre la humanidad entera y al advenimiento del Reino milenario, es decir: al "fin del mundo",[10] más exactamente, su culminación en la perspectiva de la escatología cristiana. El acontecimiento sólo cobra todo su sentido según una visión providencialista de la historia. Así, *"la geografía, la historia y la metahistoria* están *indisolublemente unidas",*[11] y la fragmentación impuesta por las diversas disciplinas modernas será un empobrecimiento tan grande como la periodización historizante. Entonces, Marcel Bataillon va a sustituir una visión fragmentada del pasado por una captación unitaria, en la que *"la ciencia humana y la presciencia divina",*[12] inseparables en el es-

[5] *Ibid.,* p. 98.
[6] *Ibid.,* p. 97.
[7] M. B., carta a J. Lafaye, París, 24 de febrero de 1955 (inédita).
[8] M. B., *Dos concepciones...,* p. 45.
[9] *Ibid.,* pp. 48 *ss.*
[10] *Ibid.,* p. 48.
[11] *Ibid.,* p. 54.
[12] *Ibid.,* p. 43.

píritu de los contemporáneos y de los historiógrafos de los siglos XVI y XVII, aclaran el acontecimiento con su luz original. La restitución (estamos tentados de escribir la restauración) de la imagen del descubrimiento de América, con su aura de profetismo bíblico, fue la gran tarea de historiador a la cual Marcel Bataillon se consagró entre 1950 y 1974. Prolongó su esfuerzo de elucidación hasta el término de los tres siglos de colonización española, estudiando el surgir del sentimiento americano en las sociedades criollas de América y su gestación en los conventos.[13] Al hacerlo, rectificó la imagen del pasado indio, propuesta por los evangelizadores españoles y después criollos. Se apasionó por el dominico Las Casas, "protector de los indios", y por el jesuita Acosta, que desde antes de terminar el siglo XVI había esbozado (evidentemente sin proponérselo) "la transición del finalismo trascendental del 'gobierno celestial' al finalismo inmanentista del progreso humano".[14] Bataillon nos ha llevado de Pedro Mártir y Gómara,[15] primitivos historiadores de las Indias, a Alejandro de Humboldt, primer sabio americanista moderno, sin dejar en la sombra ningún testimonio significativo. Cerca de setenta artículos sobre cuestiones americanistas, publicados en el curso de este periodo, ediciones de texto, varias tesis de doctorado inspiradas por él a algunos de sus discípulos: el conjunto de sus escritos y de su influencia constituye una aportación impresionante. Después del Imperio europeo de Carlos V, magistralmente estudiado en su *Erasmo y España. Estudios sobre la historia espiritual del siglo xvi* y en sus ensayos de hispanista, supo explorar con profundidad las prolongaciones ultramarinas de España y de Portugal.

De la sangre de las conquistas a los mitos de liberación

Erasmo en México

Desde 1930, en el segundo Congreso Nacional de las Ciencias Históricas, reunido en Argel, donde a la sazón se hallaba encargado de

[13] M. B. *Annuaire du Collège de France*, 1953, pp. 277-284, y "Origines intellectuelles y religieuses du sentiment américain en Amérique latine, *Cahiers de l'Institut des Hautes Études de l'Amérique Latine*, París, s. f., pp. 49-55.

[14] M. B., "L'humanisme de Las Casas", *Annuaire du Collège de France*, 1951, pp. 252-258; y M. B., "L'unité du genre humain du P. Acosta au P. Clavijero", *Mélanges à la mémoire de Jean Sarrailh*, Centre de Recherches Hispaniques, París, 1966, t. I, pp. 75-95.

[15] M. B., *Annuaire du Collège de France*, 1952, pp. 276-281; *ibid.*, 1954, pp. 311-315; *ibid.*, 1955, pp. 316-319.

la enseñanza, Marcel Bataillon había iniciado sus estudios del pasado de América con una comunicación intitulada *Erasmo en México*.[16]

El primer obispo de México, Juan de Zumárraga, había publicado en la primera imprenta del Nuevo Mundo la *Doctrina cristiana* que contenía una conclusión adaptada a la *Paraclesis* de Erasmo, ¡en 1544! Marcel Bataillon vio ahí el signo característico de "esta época llamada de Contrarreforma, que en realidad responde a la Reforma *sí* y *no* al mismo tiempo. En el momento en que Erasmo se convierte en lectura inconfesable (en España), su *Paraclesis* se transmuta en manifiesto oficial de la evangelización de México (la Nueva España)".[17] Este objeto de investigación le había sido sugerido, nos dice, por su amigo Robert Ricard,[18] que tres años después publicaría un libro clásico: *La conquista espiritual de México*.[19] La realización de *Erasmo y España*, después de la última Guerra Mundial y las tareas de enseñanza, cada vez más exigentes, impidieron a Marcel Bataillon llegar más lejos en el dominio americanista hasta 1949. Y sólo durante el año universitario 1949-1950, al regresar del viaje que sabemos, volverá a tomar el tema esbozado en 1930. "El espíritu de los evangelizadores de México", tal fue el título de su curso en el Colegio de Francia.[20] Entonces descubrió la importancia del *De conformitate*, el "Libro de las concordancias"[21] del monje calabrés Joaquín de Flora, gran profeta medieval del quiliasmo, y reveló su influencia sobre los franciscanos reformados evangelizadores de México. El hecho era sorprendente, pues consistía en algo totalmente distinto de una prolongación del evangelismo erasmista, del que estaba ausente la obsesión por la inminencia de los tiempos. (Aún habrá que aguardar diecinueve años, hasta que aparezca en Oxford la obra clásica de Marjorie Reeves sobre el joaquinismo.)[22] En esta ocasión, Bataillon descubre al que llamará el gran olvidado de *Erasmo y España*, Juan de Ávila, figura de primera línea de la Reforma católi-

[16] M. B., *Érasme au Mexique*, extracto del *Deuxième Congrès National de Sciences Historiques* (14-16 de abril de 1930), Argel, 1932, pp. 1-14.

[17] *Ibid.*, p. 13.

[18] *Ibid.*, p. 1.

[19] Robert Ricard, *La conquête spirituelle du Mexique. Essai sur l'apostolat y les méthodes missionnaires des Ordres Mendiants en Nouvelle Espagne de 1523-24 à 1572*, Institut d'Ethnologie, París, 1933.

[20] M. B., "L'esprit des premiers évangélisateurs du Mexique", *Annuaire du Collège de France*, 1950, pp. 229-234.

[21] *Ibid.*, p. 230.

[22] Marjorie Reeves, *Te influence of Prophecy in the later Middle Ages - A study in Joachimism*, Clarendom Press, Oxford, 1969.

ca. Este autor había redactado en 1561, para el Concilio de Trento, una memoria en que establecía "una correlación entre la avidez insaciable de los buscadores de oro y el impulso de los convertidores inspirados que parten tras ellos"; la clave de este proceso doble era, según el teólogo, "una misteriosa aceleración de la venida del Anticristo". En otros términos, concluye Bataillon, "esta conversión ofrecida de un *Nuevo Mundo* fue considerada por algunos como clara señal del *fin del mundo*".[23] Desarrolló esta tesis en 1959, en su artículo "Evangelismo y milenarismo en el Nuevo Mundo",[24] donde encontramos a "sus autores": Erasmo, Tomás Moro, Juan de Ávila, Sahagún, Las Casas, Zumárraga, Mendieta, reunidos en torno del franciscano Martín de Valencia que había conducido la primera misión católica (los "doce") llegada a México en 1523, a petición de Cortés. En este estudio aporta más que simples complementos a la obra del llorado John Leddy Phelan.[25] Bataillon no perderá jamás esta pista, descubierta por él desde *Erasmo y España*, y volverá a ella en varias ocasiones, especialmente en 1964 con "El Brasil en una visión de Isaías, según el P. Antonio Vieira".[26] Se dedica en particular, primero en su curso de 1951-1952, al *descubrimiento espiritual del Nuevo Mundo*, lo que justifica la afirmación de la ambigüedad fundamental de la conciencia del descubrimiento entre los contemporáneos, la alianza de la "ciencia humana" y de la "presciencia divina". Correlativamente, Bataillon denuncia en varias ocasiones —tanto a propósito de la antropología del jesuita Acosta, en el Perú, como de la *Historia del futuro* del jesuita portugués Vieira, en el Brasil, o de la obra de Las Casas— el corriente error que consistía en presentar a esos hombres, anacrónicamente, como "racionalistas a la manera moderna": "si es verdad que Vieira actúa y escribe en vísperas de lo que Paul Hazard ha llamado 'la crisis de la conciencia Europea',

23 M. B., "Évangélisme et millénarisme au Nouveau Monde", en *Courants religieux et humanisme* (Coloquio de Estrasburgo, 1957), ediciones del CNRS, París, 1959, p. 27. En un artículo consagrado a "The mental World of Hernán Cortés", John H. Elliott mencionará la relación con Savonarola. Esta vasta cuestión de "el temor (¿o la espera?) del fin del mundo", y de su corolario: "el temor de Satanás, en el Renacimiento", a continuación será el tema de un curso de J. Delumeau (*Annuaire du Collège de France*, 1977, pp. 447-454).
24 M. B., "Évangélisme et millénarisme..."
25 John Leddy Phelan, *The Millennial Kingdom of the Franciscans in the New World*, University of California Press, 1956.
26 M. B., "Le Brésil dans une vision d'Isaïe selon le P. Antonio Vieira", *Bulletin des Études Portugaises*, nueva serie, t. XXV, 1964, pp. 11-21. Véase también la obra de Raymond Cantel, *Prophétisme et messianisme dans l'œuvre d'Antonio Vieira*, París, 1960.

no cometamos el error de ver en él a un testigo de esta crisis, siendo así que es el portavoz de ese mismo pensamiento que va a ser desafiado".[27] "Para Las Casas —escribe—, Colón es un elegido."[28]

Ante todo, Marcel Bataillon ha revelado a los historiadores la existencia de una "metahistoria" americana, el prisma a través del cual pasa necesariamente la imagen que los historiadores modernos pueden percibir del pasado de América. Esta revolución kantiana en la historiografía primitiva de América es posterior en diez años, ciertamente, a las reflexiones de Marc Bloch sobre la "profesión de historiador",[29] mas no a su publicación. No cabe duda de que Lucien Febvre había abierto este camino teórico desde antes.[30] Pero la extensión del nuevo espíritu histórico a la historia del descubrimiento del Nuevo Mundo, la tentativa de captar la naturaleza y el alcance del acontecimiento en la historia de Europa y en la gestación de la América Moderna, todo ello pertenece plenamente a Marcel Bataillon, que ha explorado a fondo la vertiente humanista cristiana del descubrimiento, abriendo así el camino a estudios posteriores sobre la conciencia de la conquista en el mundo indígena americano[31] y también sobre lo que André Neher designaría después como "las recaídas esenciales del descubrimiento del Nuevo Mundo en la conciencia judía en el siglo XVI" a propósito de "el encuentro entre Salomón Molko, el símbolo de los marranos, y David Reubeni, el portaestandarte de las *Diez Tribus*".[32] Esos "judíos cautivos" en el Nuevo Mundo, que los descubrimientos de los portugueses y de los españoles habían permitido encontrar, estaban cargados de esperanza mesiánica, como debía mostrarlo pertinentemente A. Neher evocando la figura de David Reubeni, precisamente en Ferrara. Los supuestos descendientes de los sobrevivientes de la diáspora de tiempos del rey Salmanasar los había encontrado ya Marcel Bataillon en su camino de americanista, exactamente cuando exhumó el proceso inquisitorial del dominico de Lima, Francisco de la Cruz; un

---

[27] M. B., "Le Brésil dans une vision...", p. 21.

[28] M. B., *Dos concepciones...*, p. 49.

[29] Marc Bloch, *Apologie pour l'histoire ou métier d'historien* (escrita en 1941), 3ª ed., Armand Colin, 1959. (*Introducción a la historia*, FCE, 6ª reimp., 1974.)

[30] Lucien Febvre, *Combats pour l'histoire*, ed. Armand Colin, 1953.

[31] Miguel León-Portilla, *Visión de los vencidos*, ed. Universidad Nacional Autónoma, México, 1959, y Nathan Wachtel, *La vision des vaincus*, ed. Gallimard, París, 1971.

[32] André Neher, *David Gans (1541-1613), disciple du Maharal de Prague assistant de Tycho Brahé et de Jean Képler*, ed. Klincksieck, París, 1974, p. 201.

expediente, omitido por José Toribio Medina,[33] cuya riqueza para el estudio de la conciencia criolla americana ha revelado Bataillon.[34] La alianza del rigor filológico en la lectura de los documentos y de una intuición histórica excepcional muestra en este caso hasta dónde habría de llegar su arte, capaz de descubrir en los documentos, así como en los relatos historiográficos, las intenciones ocultas de sus autores. Con ese proceso de Francisco de la Cruz, hará revivir la atmósfera de tensión política y de aspiración iluminista de Lima en el último cuarto del siglo XVI, y renovará la hazaña realizada veinte años antes a propósito de los procesos inquisitoriales contra los erasmistas españoles. Para otros, antes de él, Francisco de la Cruz no había sido más que un loco iluminado; para Marcel Bataillon, el caso del dominico fue "una fuente capital para la ideología y la sociología religiosa del Perú de 1570-1580".[35] No olvidemos que ello ocurrió en 1953 y que la obra *Vidas mágicas e Inquisición*, de J. Caro Baroja, sólo aparecería algunos años después. Marcel Bataillon dedicó a la memoria de José T. Medina las lecciones que consagró a Francisco de la Cruz; lejos de reprochar al gran historiador y bibliógrafo chileno el haber descuidado un expediente de tal importancia, le agradeció haber sido el primero en hacer un inventario de los archivos del Tribunal de la Inquisición de Lima, yendo a copiar legajos a los archivos españoles de Simancas.

¿EL HUMANISMO EN ACCIÓN? LAS CASAS

De índole totalmente distinta era otra figura de dominico, fray Bartolomé de las Casas, dominico tardío puesto que tomó el hábito bien cumplidos los cuarenta años. Este "ex colono",[36] como lo ha calificado Marcel Bataillon, había tenido una "primera conversión" que lo llevó a renunciar a sus indios en encomienda, en 1514. Luego, en 1522, ingresó en la orden dominica y al año siguiente hizo sus votos. Probablemente, cuatro años después comenzó a redactar la *Historia*

---

[33] M. B., prólogo a la *Historia del Tribunal de la Inquisición de Lima (1569-1820)*, de José Toribio Medina, ed. Fondo Histórico y Bibliográfico J. T. Medina, Santiago de Chile, 1956, pp. XII y XIV.

[34] M. B., *Annuaire du Collège de France*, 1953, pp. 278-279, y "La herejía de fray Francisco de la Cruz y la reacción antilascasiana", *Miscelánea de estudios dedicados al Dr. Fernando Ortiz*, La Habana, 1955, pp. 134-146.

[35] M. B., prólogo a la *Historia del Tribunal...*, p. XIV. Julio Caro Baroja, *Vidas mágicas e Inquisición*, ed. Taurus, Madrid, 1967.

[36] M. B., "Le clérigo Casas ci-devant colon, réformateur de la colonisation", *Bulletin Hispanique*, t. LIV, 1952, pp. 276-369.

de las Indias; pero, ¿representa este libro el punto extremo al que podía llegar una visión humanista de los "salvajes" del Nuevo Mundo? Es precisamente este punto el que va a discutir Bataillon. Habiéndose formado el proyecto de un curso anual sobre *El humanismo de Las Casas*, comprueba que el "humanismo del defensor de los indios tiene, con toda evidencia, otras fuentes que la de un Montaigne apologista de los caníbales".[37] Así pues, había que "escudriñar sus raíces en una dramática experiencia americana"[38] y convenir en que "Las Casas es un gran desconocido".[39] Bataillon decidió aclarar no sólo las ideas de Las Casas sino, antes bien, "cómo ese gran autodidacto vivió sus ideas cardinales".[40] Ello significaba la reconstitución de la biografía de Las Casas, que los historiadores modernos habían tomado, en lo esencial, de la crónica del dominico Remesal, de 1619, que a los ojos de Bataillon es "en buena parte una novela atestada de documentación auténtica".[41] Su investigación avanza entre la hagiografía lascasiana de Remesal y la caricatura malévola del cronista Gonzalo Fernández de Oviedo, que presentaba a Las Casas como "el apóstol más ingenuo de la colonización campesina".[42] Marcel Bataillon ha mostrado la importancia en la carrera de Las Casas desde la "segunda conversión", la que lo llevó a ingresar en la orden de los dominicos, como efecto de su sentimiento de culpa "por haber mezclado intereses innobles con un proyecto de evangelización".[43] Reconstituyó, etapa por etapa, en sus cursos de 1950 y 1951, la acción de Las Casas y sus efectos sobre las empresas de colonización y de evangelización en América y sobre la legislación aplicada al Nuevo Mundo por la monarquía católica. Sin entrar en detalles, se puede resumir el sentido de la acción de Las Casas, según los propios términos de Bataillon, como la sustitución de "las *conquistas* repudiadas, por el *descubrimiento* efectuado por hombres de paz".[44] La nueva aportación de Marcel Bataillon al problema —complejo y oscurecido por las pasiones— de la historiografía lascasiana es, ante todo, su perspectiva existencial. Al reconstituir el itinerario espiritual (con sus dos crisis interiores, que desembocaron en las dos "conversiones" sucesivas de Las Casas) y su formación ideológica

---

[37] *Annuaire du Collège de France*, 1951, p. 252.
[38] *Ibid.*
[39] *Ibid.*
[40] *Ibid.*, p. 253.
[41] M. B., "La Vera Paz, roman et histoire", *Bulletin Hispanique*, t. LIII, 1951, pp. 235-300.
[42] M. B., *Annuaire...*, 1951, p. 255.
[43] *Ibid.*
[44] *Ibid.*, p. 256.

tardía (la teología agustiniana de la historia), le devolvió su verdad humana. Al mismo tiempo, Bataillon procuró mostrar "al apóstol de los indios" entre sus contemporáneos, probablemente inspirado por las ideas de Tomás Moro cuando elaboró el proyecto de colonización pacífica de la Vera Paz, desconfiado, sin embargo, respecto a su amigo el obispo Marroquín,[45] intratable en la polémica con Sepúlveda[46] a propósito de la libertad de los indios y audaz ante Carlos V cuando decidió publicar sin la autorización imperial la *Brevísima relación de la destrucción de las Indias* (1552).[47] Este opúsculo aparece retrospectivamente, sin que Las Casas lo hubiese querido o lo hubiese podido imaginar, como el acta de fundación de la "leyenda negra" antiespañola, que se desarrolló en Europa en el curso de los decenios y los siglos siguientes.[48]

En cuanto a la reorientación de la política imperial en el Nuevo Mundo, representada por las "Leyes Nuevas" de Indias (1542-1543) que en el Perú provocaron la rebelión armada de los conquistadores convertidos en colonos y en encomenderos de indios, Las Casas no fue el único inspirador. "Es verdad hasta cierto punto",[49] escribe a este propósito Marcel Bataillon. He aquí algo más que un matiz aportado a la imagen de Épinal de Las Casas sobre todo si añadimos este otro: "la evangelización sin conquista armada no era monopolio de Las Casas: era el pensamiento común de los principales evangelizadores de Nueva España".[50] Y si diez años después el franciscano Motolinía, el apóstol de México, escribe al emperador una carta famosa en que denuncia la acción de Las Casas,[51] es sin duda a causa de una incompatibilidad de caracteres entre los dos hombres, pero también porque en el ínterin Motolinía se ha unido a la nueva sociedad criolla, en la que la riqueza de los colonos se fundaba en el trabajo de los indios. Las Casas, intratable sobre sus fines supremos: la abolición de la conquista militar y del trabajo forzado de los indios, era igualmente, a los ojos de Bataillon, "un gran posibilista",[52]

[45] *Ibid.*, p. 254.
[46] M. B., "Vasco de Quiroga et Bartolomé de las Casas", *Revista de Historia de América*, núm. 33, enero de 1952, en *Études sur Bartolomé de las Casas*, pp. 236 ss. Véase también: Lewis Hanke, *La lucha por la justicia en la conquista de América* (trad. española), Buenos Aires, 1949, cap. v.
[47] M. B., *Annuaire...*, 1951, pp. 257 ss.
[48] M. B., *Études sur B. de las Casas*, introducción, pp. XXXVII y XXXVIII.
[49] M. B., *Annuaire...*, 1951, p. 256.
[50] *Ibid.*, p. 255.
[51] Motolinía, "Carta al emperador Carlos V" (1555), apéndice a *Historia de los indios de la Nueva España*, ed. Porrúa, México, 1941, pp. 291-315.
[52] M. B., *Études sur B. de las Casas*, introd., p. X.

y su empirismo no está en contradicción con el hecho de que se sintiera investido de una misión divina: "No he creído disminuir, desfigurar ni medievalizar a Las Casas al suponerlo participante de inquietudes escatológicas que también tuvieron otros misioneros de vanguardia..." [53] Para Bataillon, Las Casas fue un hombre de su época que, después de sus dramáticas experiencias personales en las Indias, emprendió, con inspirada convicción, [54] una lucha en dos frentes (en el terreno y en el campo legislativo) para salvar a los indios de la matanza y de la opresión. En este punto, su opinión se aparta un poco de la del historiador sevillano Manuel Giménez Fernández, [55] que veía, antes bien, en Las Casas a un doctrinario.

Pero las opiniones de Marcel Bataillon eran incompatibles, sobre todo, con las del más ilustre de los historiadores españoles de este siglo, Ramón Menéndez Pidal, desarrolladas en un libro, *El padre Las Casas, su doble personalidad*, publicado en 1963. Marcel Bataillon haría aparecer a su vez, en 1966, una colección de sus propios artículos con el título de: *Estudios sobre Bartolomé de las Casas*. Redactó para ello una introducción que nos instruye sobre su intimidad con Las Casas: "En el curso de un viaje de varios meses, en 1948 [...] la vida de Las Casas y sus escritos se vincularon indisolublemente para mí con esta América que, aún hoy, conserva su rostro indio, y que habla español." [56] Las Casas es para Bataillon "uno de los grandes cristianos del siglo XVI que tomaron en serio el gobierno divino del mundo". [57] La tesis, desarrollada por Menéndez Pidal, de la paranoia y de la "doble personalidad" no es más que consecuencia, según Bataillon, "del afán de mostrar en Las Casas al responsable número uno de la *leyenda negra* [...] es la obsesión, muy conocida, del antilascasianismo patriótico al que se adhiere Menéndez Pidal". [58] Este juicio aparece al término de una discusión, punto por punto, de las tesis del gran historiador español; tal sería, de hecho, el epílogo de una controversia entablada desde el primer Congreso Internacional de Hispanistas, reunido en Oxford en 1962, en el que Menéndez Pidal había presentado a Las Casas como "un megalómano presuntuoso" [59] y Marcel Bataillon había sugerido que se realizaran nuevas

[53] *Ibid.*, p. XXIX.
[54] *Ibid.*, p. XXVIII.
[55] *Ibid.*, p. IX.
[56] *Ibid.*, p. VII.
[57] *Ibid.*, p. XXIX.
[58] *Ibid.*, p. XXXVII.
[59] Ramón Menéndez Pidal, "Observaciones críticas sobre las biografías de fray Bartolomé de las Casas", *Actas del Primer Congreso Internacional de Hispanistas*, Oxford, 1964, p. 1.

investigaciones relativas a Las Casas y al problema de la aplicación de las "Leyes Nuevas" de Indias.[60] El debate en torno a Las Casas, a su papel histórico, ya seriamente estudiado por Lewis Hanke[61] y M. Giménez Fernández,[62] y aclarado por publicaciones de documentos como las de Juan Manzano,[63] ponía en duda todos los problemas relativos a la conquista, a la evangelización del Nuevo Mundo y a la colonización, cuyo eje era la encomienda de los indios, estudiada profundamente por Silvio Zavala. El régimen de trabajo forzoso, la servidumbre, se derivaba del derecho de conquista, del que era corolario, y sólo podía ser impugnado en nombre del "derecho de gentes". La herencia de Aristóteles dio lugar a interpretaciones divergentes de Las Casas y de J. Ginés de Sepúlveda.[64] Fue inevitable el paralelo entre las *Treinta proposiciones muy jurídicas* sobre los indios, de Las Casas, y las *Lecciones sobre las Indias*, profesadas en la Universidad de Salamanca por otro religioso: Francisco de Vitoria, teórico del derecho. Marcel Bataillon afirmó varias veces que no había incompatibilidad, como a veces se ha pretendido, entre las tesis de Las Casas, testigo del "genocidio inicial",[65] y de Vitoria, que se expresaba *ex cathedra* en la universidad más ilustre de España; pero matizó esta opinión después de haber leído, en un manuscrito latino conservado en la Biblioteca Nacional de París, la acusación de "cesarismo" lanzada por Las Casas contra Vitoria. En el origen de la controvertida cuestión de los derechos de la monarquía castellana, se encontraba la donación pontificia constituida por las bulas alejandrinas. Aún más allá, Las Casas alcanzaba la conciencia del emperador, quien debía dar cuentas a Dios de las almas perdidas, las de los conquistadores verdugos y las de los indios víctimas. La obsesión de una influencia satánica actual y del castigo divino que después caería sobre España dominan el pensamiento de un Las

[60] M. B., "Interés hispánico del movimiento pizarrista", *Actas del Primer Congreso Internacional de Hispanistas*, Oxford, 1964, p. 55.

[61] Lewis Hanke, *The Spanish Struggle for Justice in the Conquest of America*, Filadelfia, 1949.

[62] Lewis Hanke y Manuel Giménez Fernández, *Bartolomé de las Casas, 1474-1566...*, Santiago de Chile, 1954.

[63] Juan Manzano y Manzano, "El sentido misional de la empresa de Indias", *Revista de Estudios Políticos*, Madrid, 1941, t. I, pp. 108-114.

[64] Lewis Hanke, *Aristotle and the American Indians*, ed. Hollis and Carter, Londres, 1959. Ángel Losada, *Demócrates segundo, o de las justas causas de la guerra contra los indios*, de J. G. de Sepúlveda, ed. crítica bilingüe por Á. Losada, CSIC, Madrid, 1951.

[65] M. B., "Charles Quint, Las Casas et Vitoria", *Charles Quint et son temps*, ed. del CNRS, París, 1959, p. 87. *Études sur B. de las Casas*, introd., p. XXVI. "Génocide et ethnocide initial", en *De l'ethnocide*, París, 1972, pp. 291-303.

Casas. Y, en fin de cuentas, concluye Marcel Bataillon: "para los lascasianos sigue siendo inmensa la tarea de poner en claro la acción verdadera de Las Casas y de confrontarla con su personaje histórico".[66] Esta llamada fue atendida por uno de sus oyentes del Colegio de Francia, André Saint-Lu, que iba a "rehacer, sobre una base seriamente documental, la historia interna de aquellas misiones dominicas, cuyos orígenes habían sido tan embellecidos por Remesal",[67] en una obra que ilumina con nueva luz uno de los episodios más controvertidos de la acción de Las Casas, *La Vera Paz - Esprit évangélique et colonisation*.[68] Y tres años después, Bataillon y Saint-Lu publicaban, unidos, el expediente del combate indigenista, *Las Casas et la défense des Indiens*.[69] Más adelante, Raymond Marcus emprendió a su vez el arduo estudio de la obra de historiador de Las Casas y de sus fuentes,[70] sin descuidar otros aspectos de fray Bartolomé. Algunos años después, Alain Milhou se lanzaría a la exploración del pensamiento político de Las Casas, antes de centrarse en el estudio del modelo lascasiano de sociedad.[71] Y mientras las investigaciones lascasianas se desarrollaban en Francia a instigación de Marcel Bataillon y en su secuela, un despertar del interés por Las Casas se manifestaba en otros países, suscitado en parte por la divergencia entre Bataillon y Menéndez Pidal. Mencionemos tan sólo los nombres de Guillermo Lohmann (Perú), Alexandre Cioranescu (España), Ángel Losada (España), Francesca Cantú (Italia) y Enrique Otte (Alemania).[72] Como ha escrito con pertinencia Francisco Morales

[66] M. B., *Études sur B. de las Casas*, introd., p. XXXVII.

[67] *Ibid.*, p. XI.

[68] André Saint-Lu, *La Vera Paz - Esprit évangélique et colonisation*, Centre de Recherches Hispaniques, París, 1968.

[69] Marcel Bataillon y André Saint-Lu, *Las Casas et la défense des Indiens*, Col. Archives, Julliard, París, 1971.

[70] Raymond Marcus, "Las Casas pérouaniste", *Caravelle*, 7, Tolouse, 1966, pp. 25-41; "La Conquête de Cholula, conflit d'interprétations", *Ibero Amerikanisches Archiv*, Jahrgang 3, Heft 2, Berlín, 1977, pp. 193-213, y "el primer decenio de Las Casas en el Nuevo Mundo", *ibid.*, pp. 87-122.

[71] Alain Milhou, *Las Casas et la richesse*, PUF, París, 1973, "Radicalisme chrétien et utopie politique", en *Las Casas et la politique des droits de l'homme*, coloquio de Aix en Provence (1974), Aix, 1976.

[72] Guillermo Lohmann Villena, "La restitución por conquistadores y encomenderos: un aspecto de la incidencia lascasiana en el Perú", en *Estudios lascasianos*, Universidad de Sevilla, 1966, pp. 21-69. Alexandre Cioranescu, "La *Historia de las Indias* y la prohibición de editarla", *Estudios lascasianos*, Sevilla, 1966, pp. 363-376. Ángel Losada, "*La apología*, obra inédita de fray Bartolomé de las Casas: actualidad de su contenido", *Boletín de la Real Academia de la Historia*, t. CLXII, cap. II, Madrid, 1968. "The Ideology of Las Casas. The controversy between Sepúlveda and Las Casas in the Junta de Va-

Padrón cuando la Universidad de Sevilla (su ciudad natal) celebraba el cuarto centenario de Las Casas: "Esta vieja polémica aún no ha terminado; en todo caso, el problema de los indios de América, cuyos datos había enunciado Las Casas, el primero de los indigenistas, sigue siendo actual."[73] Añadamos que Bataillon desempeñó en la reactualización de esta problemática histórica y antropológica uno de los primeros papeles. Tuvo la alegría de ver los frutos de investigaciones nuevas que él había inspirado y la esperanza de que en adelante otros llegarían a un conocimiento más completo, y sobre todo menos parcial, de un Las Casas durante tanto tiempo oculto tras su mito historiográfico.

COLÓN DESFIGURADO EN TIEMPOS DE CARLOS V [74]

Pocas cuestiones históricas han permanecido tan irreductiblemente oscuras como las relativas a Cristóbal Colón y al descubrimiento del Nuevo Mundo. Desde los primeros tiempos provocaron pasiones contrarias; los intereses en juego fueron falsificaciones; aún hoy existen considerables zonas en la sombra. En primer lugar, se discuten el origen y la biografía de Colón. El descubrimiento de América —el cronista Francisco López de Gómara lo calificó, en tiempos de Carlos V, como "la mayor cosa después de la creación del mundo, sacando la encarnación y muerte del que lo creó"—[75] ha proyectado sobre la persona del descubridor un aura de milagro cristiano. La biografía de Colón que refiere Las Casas en la *Historia de las Indias* nos ofrece un buen ejemplo: tanto desde el aspecto de la nobleza como desde el punto de vista de la fe cristiana, el descubridor es presentado como un personaje ejemplar. Las Casas no vacila en hacerlo

lladolid", en *Bartolomé de las Casas in History*, ed. Juan Friede y Benjamin Keen, Northern Illinois University Press, Dekalb, 1971. Francesca Cantú, "Evoluzione e significato della dottrina della restituzione in Bartolomé de las Casas", *Critica Storiz*, núms. 2-3-4, 1975, Roma, 1975, pp. 55-143. Enrique Otte, "Un episodio desconocido de la vida de los cronistas de Indias, Bartolomé de las Casas y Gonzalo Fernández de Oviedo" (estudio presentado al XLII Congreso Internacional de Americanistas, París, 1976), *Ibero Amerikanisches Archiv*, J. 3, H. 2, Berlín, 1977, pp. 123-133.

[73] Francisco Morales Padrón, "Sevilla y Las Casas", introducción a los *Estudios lascasianos*, IV° Centenario, Universidad de Sevilla, 1966, pp. XIII y XIV.

[74] M. B., "L'entrepise de Christophe Colomb défigurée sous Charles Quint", Cinq Académies, discurso de Marcel Bataillon, París, 1954. Véase también: M. B., *Annuaire du Collège de France*, 1954, pp. 313 ss.

[75] Francisco López de Gómara, *Historia general de las Indias*, "A don Carlos, emperador de romanos...", BAE, t. XXII, p. 156.

descendiente de un tal Colón, mencionado por Tácito, ¡que había llevado prisionero a Mitrídates a Roma! [76] Por otra parte, era "muy celoso del honor de Dios", sigue escribiendo el dominico, y "siempre tenía gran confianza en la Providencia divina".[77] Se trataba de esbozar un retrato de Colón que no fuera indigno de la misión sobrenatural que el propio Dios le había confiado. Las Casas escribió el principio de su *Historia* hacia 1526; pero un cuarto de siglo después, Gómara propondrá una visión totalmente distinta del héroe: "Era Cristóbal Colón natural de Cugureo o, como algunos lo quieren, de Nervi, aldea de Génova [...] comenzó de pequeño a ser marinero, oficio muy corriente entre los de la ribera de Génova [...] No era docto Cristóbal Colón, mas era bien entendido." [78] Sigue luego el relato de las infructuosas tentativas de Colón ante los soberanos de Inglaterra y de Portugal, para obtener los medios de llevar a cabo su proyecto de navegación hacia el oeste, episodio confirmado por todos los historiadores de la época. ¿Cómo explicar la diferencia entre la imagen de Colón esbozada por Gómara y el retrato ejemplar propuesto un cuarto de siglo antes por Las Casas? Ante todo, observemos que esa diferencia fue posible por la gran ignorancia en que se estaba entonces (y aun hoy) de la vida de Colón antes del descubrimiento. Asombra que su biografía, considerada como la más auténtica y atribuida al propio hijo del descubridor,[79] deja casi todo en la sombra, salvo lo que ya se sabe por el propio Colón mediante sus cartas o sus declaraciones. ¿No es asombroso que el joven (tenía dieciocho años al morir su padre) sólo recuerde que Colón invocaba a San Fernando en las circunstancias graves, e ignore todo de sus abuelos? Esta circunstancia ha llevado a ciertos historiadores modernos a suponer que Colón no era "cristiano viejo", que era de origen judío. A. Cioranescu ha objetado a esto, con razón, que si tal hubiese sido el caso, Colón habría tenido una falsa genealogía de "cristiano viejo", muy en regla, como tantos otros en la España de su tiempo. Probablemente, Las Casas había tomado del portugués Juan de Barros y de Gonzalo Fernández de Oviedo los datos biográficos que presentan a Colón como genovés. Hasta donde sabemos, no se ha presentado ninguna prueba decisiva del origen genovés (o calvés, es decir, igualmente genovés) de Colón.[80] Marcel Bataillon pres-

---

[76] Bartolomé de las Casas, *Historia de las Indias*, cap. II, BAE, t. XCV, p. 21.
[77] *Ibid.*, p. 22.
[78] Francisco López de Gómara, *Historia general...*, BAE, t. XXII, p. 165.
[79] A. Cioranescu, *Primera biografía de Cristóbal Colón*, Tenerife, 1960, páginas 250 *ss.*
[80] *Ibid.*, p. 111.

taba oído atento a los trabajos de un historiador español que —fundándose especialmente en el estudio de los nexos de parentesco y de la transmisión de los nombres de pila en las familias judías de Valencia en el siglo xvi— pretendía que los hermanos "Colón", Bartolomé y Cristóbal, eran de ese origen, inconfesable en la España de la época. ¡Pero este autor no ha publicado aún el legajo anunciado como inminente en 1970! Así pues, el misterio del personaje Colón sigue en pie y amenaza con quedar así definitivamente.

Marcel Bataillon renunció a tratar de penetrar tal misterio, y si se lanzó al debate de la historiografía colombina, después de Ballesteros y Beretta, de 1952 a 1954, fue para elucidar el problema del descubrimiento propiamente dicho. Esta preferencia por un campo de investigación cuya riqueza no necesita ser demostrada, antes que por otro infecundo y de menor interés histórico, revela una vez más el temperamento de historiador de Marcel Bataillon. Fue "un gran historiador de las ideas", como recientemente lo ha llamado Fernand Braudel,[81] porque era "un gran historiador" a secas. ¿No escribió Marc Bloch que "los hechos históricos son, por esencia, hechos psicológicos"?[82] Bataillon no era hombre para explicar las diferencias historiográficas tan sólo por la "psicología retrospectiva" de los autores. Se negaba a creer que, de Pedro Mártir a Herrera, los cronistas de América se dividían en dos campos: el de los amigos de Colón y el de sus enemigos. Lector riguroso e incomparablemente intuitivo de los textos, siente los móviles de los autores y concluye: "Por no haber leído con suficiente atención a Oviedo y a Gómara, se les ha dejado prolongar su influencia perturbadora. Se les ha catalogado, según el tono de sus explicaciones, al uno como favorable, al otro como hostil a Colón, sin percatarse de que deforman su empresa de la misma manera."[83] Leer "con suficiente atención", precisar un sentido en que el autor y sus intenciones se manifiestan por entero en un diálogo con sus contemporáneos, tal es el método de crítica textual que sirve de trampolín a la imaginación creadora de Bataillon, capaz de resucitar el clima de un momento histórico que ilumina la evolución historiográfica del descubrimiento entre 1516 y 1522, de las *Décadas* de Pedro Mártir a la *Historia general* de Francisco López de Gómara. De la confrontación entre la cronología de los acontecimientos y la de los escritos historiográficos, Marcel Bataillon

[81] En una alocución pronunciada en el curso de una ceremonia de homenaje a la memoria de Marcel Bataillon, en la Biblioteca Española de París, el 24 de enero de 1978.

[82] Marc Bloch, *Apologie pour l'histoire*, Armand Colin, París, 1959, p. 101.

[83] M. B., "L'entreprise de Chistophe Colomb...", p. 7.

deduce y mide el efecto de los primeros sobre los segundos. Su perspicacia le inspira preguntas nuevas a los expedientes históricos: "Los historiadores han cometido el error de no preguntar lo bastante al proceso de los herederos de Colón contra el rey el único género de informaciones seguras que puede ofrecerles [. . .] Se han buscado en él desesperadamente datos de hechos sobre el papel de tal o cual navegante, sin ver cuán sospechosos eran esos testimonios tardíos y solicitados. Instructivos, de otra manera, son los cuestionarios redactados por cada parte para el interrogatorio de sus testigos."[84]

¿De qué se trataba? Lo que estaba en juego en el proceso era importante, puesto que era la propia América. Imprudentemente, Fernando e Isabel habían firmado con Colón unas capitulaciones que lo hacían "el Almirante [siempre lo llamaron así sus contemporáneos] del Mar Océano y el Gobernador de las tierras descubiertas o por descubrir". En otros términos, los descubrimientos realizados después de los de Colón, en el Nuevo Mundo, dependerían asimismo de su autoridad. Los herederos del descubridor pretendían ser virreyes hereditarios del conjunto de las Islas (las Antillas) y de Tierra Firme (el continente americano). Ante una pretensión perfectamente legítima según los textos, pero políticamente exorbitante, después de la conquista de México en 1521, y de la del Perú en 1536, Carlos V dio evasivas. Al término del proceso, la familia Colón tuvo que contentarse con un efímero virreinato de Santo Domingo. Cuando a su vez Gómara y Oviedo descubrieron al hombre Colón y su proyecto de navegación, uno y otro consideraron oportuno suprimir toda alusión a la que fue, sin la menor duda, su idea principal: llegar al Asia por el oeste. Ahora bien, escribe Marcel Bataillon, "continuamos sirviéndonos de ellos en el siglo xx como en el xix, cada vez que se pretende renovar la historia de Cristóbal Colón criticando la versión clásica".[85] En realidad, "la idea general de llegar a la Insulindia por el oeste no había caducado en tiempos de Carlos V",[86] como han creído algunos historiadores; era políticamente inoportuna, lo que es muy distinto. Al presentar la empresa de Colón como un simple descubrimiento de islas, la historiografía española descalificaba las pretensiones que los herederos del descubridor tenían sobre Tierra Firme. La explicación propuesta por Marcel Bataillon queda implícitamente confirmada por la restauración del "proyecto asiático" en la historiografía de las Indias que en 1601 redactó Antonio de Herrera, cronista real. Un caso análogo se presenta para las *Cartas de relación* de Cortés

[84] *Ibid.*, p. 6.
[85] *Ibid.*, p. 7.
[86] *Ibid.*, p. 7.

y la parte mexicana de la *Historia* de Gómara, prohibidas en tiempos de Carlos V a causa de un peligro político de secesión.[87] El propio Bataillon ha establecido el paralelismo de las dos series de avatares historiográficos: autocensura en un caso; prohibición de imprimir o incautación al salir a la venta, en el otro.

Al lado del abandono del designio asiático y del "olvido" de Tierra Firme, aparece en Oviedo, seguido una quincena de años después por Gómara, una fábula de existencia tenaz: la del "piloto desconocido". Gómara despierta la curiosidad del lector fingiendo duda sobre el origen de ese primer descubridor de América, descubridor a pesar suyo, pues lo había llevado allí la tempestad. Se pregunta Gómara: ¿era andaluz o vasco, o portugués?[88] Lo que es seguro, para este autor, es que el "piloto desconocido" precedió a Colón y que, una vez sano y salvo, recibió la hospitalidad de éste en Madeira, y "le contó el viaje que le había sucedido y las nuevas tierras que había visto, para que se las anotase [...] Falleció el piloto en este intermedio, y le dejó la relación, traza y altura de las nuevas tierras, y así tuvo Cristóbal Colón noticia de las Indias".[89] Marcel Bataillon ha demostrado que se trataba de una fábula inventada íntegramente, por necesidades ocasionales de la causa real. Colón quedó así doblemente desposeído de su descubrimiento, y en beneficio de un español, lo que reforzaba más aún los derechos del rey Carlos I de España y V de Alemania. Además, es sabido que la publicación, por un geógrafo de Saint-Dié: Waldseemüller, de la relación del viaje de Américo Vespucio había puesto en circulación, desde 1505, el nombre de "Terra America", que iba a imponerse en detrimento de Colón. Aquel geógrafo tenía un amigo no muy lejano, en Sélestat, en la persona de Beatus Rhenanus. Aún puede leerse en la biblioteca del humanista el ejemplar de *De ora antartica* que poseía, y en el cual había escrito, por su propia mano, la fecha en que lo incorporó a su biblioteca.[90] Sabemos ya que Beatus Rhenanus había sido corresponsal y huésped de Erasmo,[91] y baste decir que Marcel Bataillon, en medio de la dispersión aparente de investigaciones que tanto lo llevaban hacia Erasmo como hacia Cristóbal Colón, se encontraba en terreno conocido. Del problema que nos ocupa, Alexandre Cioranescu, que

[87] M. B., "Hernán Cortés, autor prohibido", *Libro jubilar de Alfonso Reyes*, México, 1956, pp. 77-82.

[88] Gómara, *Historia general de las Indias*, BAE, pp. 164 ss.

[89] *Ibid.*, p. 165.

[90] J. Lafaye y M. E. Arias López, *Le fonds américaniste ancien de la Bibliotèque Nationale et Universitaire (BNU) de Strasbourg*, 1968, pp. 201 ss.

[91] M. B., *Erasmo y España*, cap. III.

se carteaba con Marcel Bataillon (tras haber sido apoyado por él en sus investigaciones en el CNRS), llegó después a conclusiones interesantes. Según este autor, el "proyecto asiático" de Colón es indudable. Colón había leído la célebre *Imago mundi* de Pierre d'Ailly antes de su viaje. El cardenal d'Ailly (originario de Compiègne) había vuelto a someter a discusión la geografía de Tolomeo, apoyándose especialmente en Marino de Tiro y en un cosmógrafo árabe más reciente. A grandes rasgos, la tesis de Pierre d'Ailly consistía en considerar más grande al continente euroasiático y en reducir correspondientemente, las dimensiones del océano. A consecuencia de ello, Colón había podido escribir al margen de su ejemplar de la *Imago mundi*: "No hay gran distancia entre la extremidad de España y el principio de las Indias."[92] Las conclusiones de Cioranescu quedan reforzadas por el estudio de David B. Quinn, en que el gran historiador de los descubrimientos rechaza la unión de las dos mitades del *Vinland map*[93] cuya reciente publicación (por Skelton, Marston y Painter) había despertado emoción y controversias. ¿Se podía hacer "avanzar" la fecha del descubrimiento y quitarle, una vez más, la paternidad a Colón? El debate puede abrirse en cualquier momento, pero la desmistificación historiográfica realizada por Marcel Bataillon representó un progreso irreversible en el conocimiento del descubrimiento de América y del pensamiento cosmográfico de Cristóbal Colón.

El Perú en la visión de Gómara

"Gómara, por su parte, por las libertades que se toma con su materia, así como por su afán de información, es bastante más que el vulgarizador que se ha querido ver en él. Su *Historia* es un vínculo de la historiografía americana, y por ello merecería ser comentada, como libro de base, a todo aprendiz de historiador de la América española."[94] En tales términos, Marcel Bataillon presentó al autor de la *Historia general de las Indias* (1552) en el resumen de su curso de

[92] A. Cioranescu, *Colón humanista*, ed. Prensa Española, 1967, pp. 39 ss. El ejemplar de la *Imago mundi* anotado por la mano de Colón se conserva en la Biblioteca Colombina de Sevilla, donde Marcel Bataillon había efectuado investigaciones desde los años cincuenta (cf. *Catálogo de libros impresos*, t. I, núms. 49 y 72).

[93] David B. Quinn, "État présent des études sur la redécouverte de l'Amérique au XVe siècle", *Journal de la Société des Américanistes*, t. LV-2, París, 1966, pp. 345-381.

[94] M. B., *Annuaire du Collège de France*, LIV, 1954, pp. 314 ss.

1954 en el Colegio de Francia. En realidad, desde que comenzó sus investigaciones sobre el descubrimiento y las conquistas españolas en el Nuevo Mundo, Bataillon encontró a Gómara —a propósito de Cortés y de la conquista de México, a propósito de Las Casas y de la defensa de los indios y naturalmente, como acabamos de verlo, a propósito de Cristóbal Colón. A medida que avanzaba en sus estudios americanistas, descubría que "la importancia de Gómara en la historiografía general del Nuevo Mundo no ha sido debidamente reconocida".[95] Se esforzaría, sin lograrlo (a causa de acontecimientos exteriores ocurridos en Argentina), por suscitar la publicación de una visión crítica de la *Historia general*, que aún hoy está haciendo falta. La importancia de Gómara fue demostrada por Marcel Bataillon en varios artículos y en sus cursos del Colegio de Francia, de 1954 a 1962, y sería vano intentar resumir en algunos renglones una argumentación que reposa sobre numerosos análisis de detalle y sobre comparaciones textuales. El hecho es que Gómara, hombre conocedor de la cosmografía y humanista romano por su formación (como también lo fue Pedro Mártir de Anglería), hizo con gran talento la síntesis de los relatos historiográficos anteriores y de la tradición oral de las Indias, valiéndose de cortes audaces. Sus tomas de posición, y a veces sus ambigüedades, se difundieron por Europa gracias a numerosas ediciones, una de las cuales, de 1578, fue inglesa. En efecto, la edición original española, aparecida en Zaragoza en 1552, será seguida por otras catorce de la *Historia general de las Indias*, hasta 1605: dos de ellas en español (publicadas en Amberes), cinco en italiano (tres en Venecia y dos en Roma) y seis en francés (todas en París). Estos sencillos datos dan una idea del triunfo de la obra de Gómara en Europa, y la medida del sostenido interés de los lectores por América, descubierta hacía ya más de medio siglo.

Otra de las grandes obras clásicas de la historiografía americanista del siglo XVI, la *Historia del Mondo Nuovo*[96] del caballero milanés Girolamo Benzoni, publicada en Venecia, es en lo esencial una paráfrasis de la *Historia* de Gómara, de la que el autor llegó a tomar no pocos pasajes textuales. El efecto amplificador de la influencia de Gómara sobre la visión de América por los europeos, a través de la *Historia* de Benzoni, es indiscutible. Si bien el libro de Gómara puede ser considerado como un éxito de librería, quedó eclipsado por el de Benzoni. La *Historia del Mondo Nuovo* fue objeto de veintiséis ediciones entre 1564 y 1625; esta última fecha es la de su

---

[95] *Ibid.*, p. 311.
[96] Girolamo Benzoni, *La historia del Mondo Nuovo*, Venecia, 1572; ed. facsimilar, Akademische Druck u-Verlagsanstalt, Graz, 1962.

primera edición en inglés. En especial, el número de sus ediciones en latín (seis en Ginebra entre 1578 y 1610, ocho en Francfort entre 1594 y 1617) le aseguró un público considerable. Si observamos, como nos invita a hacerlo Marcel Bataillon, "que De Bry incorporó la edición latina de Ginebra (la de 1578) a su monumental obra aparecida en Francfort en 1596",[97] mediremos mejor aún hasta dónde llegó el eco de Gómara. "Los infolios, adornados de grabados en madera, de Teodoro de Bry [. . .] constituyeron el *corpus* en que la Europa cultivada del siglo XVII iba a sacar sus conocimientos sobre la historia de la conquista española",[98] observa Marcel Bataillon, y añade: "Y en la propia España, un cronista real como Herrera no desdeñaba esta fuente." [99] En apoyo de Gómara se encontrará también al historiador español Quintana en el siglo XVIII, y en el XIX al norteamericano William H. Prescott, cuya doble *History of the Conquest of Mexico and* [. . .] *of Peru* (Boston, 1843) sigue siendo merecidamente clásica.[100] Muchos historiadores americanistas del siglo XX, sea directamente, sea a menudo a través de Prescott, deben a Gómara más de lo que les gustaría reconocer. Pero la situación anterior a Gómara es aún más confusa, y la principal aportación de Marcel Bataillon consistió en desenredar los numerosos hilos de una compleja red de plagios y de interpretaciones forzadas o francamente arbitrarias de un autor por otro. El trabajo se complicaba más por la desaparición de todo espécimen de ciertas ediciones príncipes y por la inercia de los editores que, hasta nuestros días, han reproducido sin saberlo las ediciones expurgadas o truncas del siglo XVI.

En la hora en que los arqueólogos revelan la profundidad y la riqueza del pasado preincaico del Perú,[101] Bataillon (inducido, al principio, en este camino por su amigo Raúl Porras) descubre toda una historiografía colonial primitiva. A propósito del legendario episodio

[97] M. B., "Le lien religieux des conquérants du Pérou", *The Third Canning House Annual Lecture*, Londres, 1956, p. 10; trad. española, "El vínculo religioso de los conquistadores del Perú", *La Torre*, VI, núm. 21, 1958. Véase también: M. B., "Une légende botanique de l'épopée des conquistadors: les roseaux giants pleins d'eau", *Miscelánea Paul Rivet*, t. II, pp. 602-604,

[98] M. B., "Le lien religieux...", p. III.

[99] *Ibid.*

[100] William H. Prescott, *History of the Conquest of Mexico and history of the Conquest of Peru*, The Modern Library, Random House, Nueva York, s. f.

[101] John H. Rowe, *An introduction to the Archeology of Cuzco*, Harvard University Press, 1944; G. H. S. Bushnell, *Perú*, Thames and Hudson, 1956; Gordon R. Willey, *Prehistoric Settlement Patterns in the Virú Valley, Perú*, Smithsonian Institution, Washington, 1953; Julio C. Tello, *Chavin, cultura matriz de la civilización andina*, Universidad Nacional Mayor de San Marcos de Lima, 1956.

del juramento ordálico que habría ligado a Almagro y a Pizarro para la conquista del Perú, escribe: "El primer responsable de esta leyenda es Gómara, autor de la primera *Historia general de las Indias* completamente publicada (1552)."[102] En realidad, un juramento sobre la hostia consagrada se efectuó mucho después en Cuzco entre los dos; pero el "cuadro" descrito por Herrera en el siglo XVII, reconstituido por Robertson y por Quintana en el XVIII, avalado en el XIX por Prescott y evocado todavía por Unamuno, la famosa escena en que Pizarro traza un Rubicón imaginario sobre la tierra de Panamá con la punta de su espada, no ocurrió nunca. Ahora bien, escribe Bataillon, "nadie ha discutido aún la autenticidad de esta escena",[103] aunque ninguno de los cronistas primitivos, testigos de la conquista del Perú, hace mención de ella. "Es descrita de manera muy semejante por Zárate y por Gómara, que sin duda utilizan una misma fuente: la relación de Rodrigo Lozano. Es mencionada en la pequeña crónica atribuida a Cristóbal de Molina [...] y casi seguramente en la relación de Cieza de León, aún inédita en lo que concierne a ese episodio, y que debe ser la fuente de Herrera."[104] Bataillon va a verificar sistemáticamente estas hipótesis; hipótesis y verificaciones serán el objeto de sus cursos de 1954 a 1957: pocos éramos quienes lo seguíamos regularmente por ese dédalo historiográfico: recuerdo a Révah, Saint-Lu, Mas y Urrutia; con orientaciones de investigación diferentes, sentíamos unidos la fascinación intelectual que Bataillon suscitaba por la luminosidad de sus demostraciones. A menudo, al acabar la clase se despedía de nosotros con un guiño que parecía decir: "no han acabado de sorprenderse: la continuación, para el martes próximo".

Iba así a reencontrar y a redescubrir al cronista Rodrigo Lozano.[105] Habiendo notado que el Inca Garcilaso en sus *Comentarios reales*[106] se refería a unos capítulos de Lozano cuyo contenido no correspondía en nada a los números de los capítulos de las ediciones conocidas de este autor, Bataillon intuyó un misterio historiográfico. Se lanzó a la caza, en busca de un ejemplar de la edición principal de 1555 de Lozano en alguna biblioteca de Europa o de América. Final-

[102] M. B., "Le lien religieux...", pp. 8 ss.
[103] *Ibid.*, p. 5.
[104] *Ibid.*, p. 8.
[105] M. B., "Un chroniqueur péruvien retrouvé: Rodrigo Lozano", *Cahiers de l'Institut des Hautes Études de l'Amérique Latine*, núm. 2, París, 1961.
[106] Garcilaso de la Vega, el Inca, *Comentarios reales...*, BAE, t. CXXXIII-CXXXV; M. B., " Zárate ou Lozano? Pages retrouvées sur la religion péruvienne", *Caravelle*, I, Toulouse, 1963, p. 12.

mente, en el British Museum [107] descubrió ese libro raro y, al mismo tiempo, la explicación de los "errores" del Inca Garcilaso. Ha quedado muy presente en nosotros el recuerdo de su retorno a París con tan buena presa. En aquella ocasión nos dio una lección de método y la prueba de que la comparación rigurosa de los textos todavía puede conducir a ciertos descubrimientos. Una de sus ideas consentidas era que las colecciones de documentos inéditos son cementerios de documentos, a los que nadie va, y que las grandes bibliotecas aún ocultan tesoros. En el caso de Lozano, los inquisidores habían hecho expurgar su crónica de los capítulos relativos a las creencias de los indios, en el momento en que Felipe II y su Consejo de Indias, alarmados por la aparición de movimientos políticos inspirados por ciertas tendencias proféticas, habían prohibido y recogido todo escrito relativo a las religiones autóctonas del Nuevo Mundo.[108] Marcel Bataillon (con su habitual generosidad hacia toda nueva empresa que pudiera contribuir al enriquecimiento del saber) obsequió a la revista tolosana *Caravelle,* para su primer número, esos capítulos descubiertos sobre la religión peruana. Luego alentó a Pierre Duvois en una vasta investigación de "la extirpación de la idolatría en el Perú"; un nuevo aspecto de la conquista espiritual del Nuevo Mundo iba a quedar revelado: la "contraevangelización" y su represión, dramático careo de la fe de los vencedores y la de los vencidos.[109]

En realidad, Bataillon iba a reconstituir toda "la historiografía pregarcilasiana del Perú"[110] en sus conexiones aparentes o secretas, de Lozano y "Molina el chileno" al propio Garcilaso y sus continuadores. Después de la historiografía de la conquista del Imperio inca, dedicó a la "rebelión pizarrista" sus clases de los martes, de 1959 a 1962. Su objeto puede resumirse así: historia de la negativa de la sociedad colonial a aplicar las "Leyes Nuevas" destinadas a proteger a los indígenas. Bataillon ha hecho revivir este "parto de la América española", como él mismo lo definió en un artículo de la revista *Diogène,* en 1963.[111] Sin embargo, fue en el primer Congreso Internacional de Hispanistas, reunido en Oxford en 1962, donde presentó, en sesión general, sus opiniones de la manera más sintética: "Interés

[107] M. B., "Zárate ou Lozano...", p. 12.

[108] *Ibid.,* pp. 14 *ss.*

[109] Pierre Duviols, *La lutte contre les religions autochtones dans le Pérou colonial. L' "extirpation de l'idolâtrie" entre 1632 et 1660,* Institut Français d'Études Andines, Lima, 1971.

[110] M. B., *Annuaire du Collège de France,* LIX, 1959, pp. 563-567.

[111] M. B., "La rébellion pizarriste, enfantement de l'Amérique espagnole", *Diogène,* 43, julio-septiembre de 1963, pp. 47-63, CIPSH-UNESCO, París.

hispánico del movimiento pizarrista."[112] Gracias al estudio de la abundante correspondencia entre los protagonistas del drama: Carvajal, llamado "El demonio de los Andes", el capitán Bachicao, Gonzalo Pizarro, etcétera, conservada una parte en San Marino (California) y otra en los archivos del presidente La Gasca, el pacificador, accesibles a la Biblioteca del Palacio Real, en Madrid, Marcel Bataillon logró pintar un cuadro de nuevo de este agitado periodo de la historia del Perú y del Imperio español de las Indias, cuyo destino histórico quedó sellado en aquel momento. Mostró al mismo tiempo el papel clave de México y del istmo de Panamá en la geopolítica del Imperio.[113] Sobre todo, como consecuencia teórica de la minuciosa confrontación de los documentos de archivo y de los relatos historiográficos, reveló que Gutiérrez de Santa Clara fue un "seudocronista", y más generalmente atrajo la atención de los congresistas hacia la historiografía de la rebelión pizarrista: "Esta materia merece llegar a ser un clásico de los seminarios de historia de América, pues ofrece excelente terreno de iniciación a los futuros historiadores para la crítica de la literatura historiográfica, una formación que a veces falta a los eruditos que manejan las fuentes sin darse cuenta cabal de que esta literatura es *literatura*."[114] Bataillon invitó a la creación de una "red internacional de laboratorios o de talleres" (en una fecha en que los laboratorios del CNRS aún no existían para las ciencias humanas), y él mismo ofreció participar en ese vasto programa: "Mi cátedra de París puede contribuir a la obra común, aportando el fichero de los personajes de aquellos acontecimientos, instrumento pacientemente perfeccionado durante cuatro años por mi colaborador Robert Klein."[115] Esta alusión a un hombre al que tanto echaría de menos y la invitación a explotar las notas y archivos de su amigo peruano Raúl Porras Barrenechea[116] —quien unos meses antes de su muerte había visitado el Instituto de Altos Estudios de la América Latina, siendo recibido por Bataillon y por Jean Sarrailh— son rasgos de generosidad; el afán de hacer justicia a sus predecesores y a sus colaboradores fue constante en su carrera. No menos abierto era a los trabajos de sus continuadores, aun en los casos en que los más jóvenes, y hasta los muy jóvenes, llegaban a impugnar sus propias hipótesis: esto ocu-

---

[112] M. B., "Interés hispánico del movimiento pizarrista", *Actas del I Congreso Internacional de Hispanistas*, pp. 47-56, Oxford, 1964.

[113] *Ibid.*, p. 55.

[114] *Ibid.*, p. 54.

[115] *Ibid.*, p. 55.

[116] *Ibid.*, p. 54.

rrió algunas veces, recientemente en ocasión de las investigaciones de Monique Mustapha sobre el *Parecer de Yucay*.[117] Bataillon creía en el progreso del conocimiento, no en su infalibilidad personal. Y, como siempre, invitaba a ensanchar y a profundizar la cuestión: "Sólo así rebasaremos la abstracción del 'conquistador' en singular, objeto de leyenda negra o de leyenda dorada, y podremos aportar una contribución preciosa al estudio de los españoles en la historia, del 'hecho hispánico' en su acepción más general."[118]

MONTAIGNE, JUEZ DEL ACONTECIMIENTO

"¡Tantas ciudades arrasadas, tantas naciones exterminadas, tantos millones de personas pasadas a cuchillo, y la parte más bella y rica del mundo trastornada por la negociación de las perlas y la pimienta! ¡Victorias mecánicas!"[119] Al releer el famoso capítulo "De los coches", Marcel Bataillon ha notado que "los firmes juicios de Montaigne sobre este encuentro [de los conquistadores con las civilizaciones indígenas de América] incitan a revisar las débiles concepciones que se han difundido a propósito de su escepticismo".[120] ¿Se encontró Étiemble en el origen de su ensayo sobre "Montaigne y los conquistadores del oro", como parece indicarlo una nota inicial de este artículo?[121] Bataillon observa el "paso intrépido" de Montaigne que, en presencia de civilizaciones tan diferentes de la suya, adopta "el punto de vista de su semejante".[122] A partir de esta observación va a estudiar la génesis del pensamiento de Montaigne y sus fuentes sobre el Nuevo Mundo; no, "de manera demasiado estrecha, la cuestión de saber lo que Montaigne debe a Gómara, a Chauveton y a Benzoni",[123] sino, antes bien, la forma en que la reflexión de Montaigne se ha alimentado incluso de lecturas mal interpretadas. Cuando el filósofo había escrito, en 1580, el capítulo "De los caníbales", se había inspirado directamente en varios pasajes del *Discur-*

---

[117] Monique Mustapha, "Encore le Parecer de Yucay; essai d'attribution", estudio presentado al XLII Congreso Internacional de Americanistas, París, 1976, en *Ibero-Amerikanisches Archiv*, Jahrgang 3, heft 2, Berlín, 1977, páginas 215-230.

[118] M. B., "Interés hispánico...", p. 56.

[119] Montaigne, *Essais*, l. III, cap. VI, "Des coches".

[120] M. B., "Montaigne et les conquérants de l'or", *Studi Francesi*, núm. 9, p. 353, Turín, 1959.

[121] *Ibid.*, p. 353, nota 2.

[122] *Ibid.*, p. 353.

[123] *Ibid.*, p. 354.

so del hugonote francés Urbain Chauveton sobre Benzoni, como comprueba Bataillon.[124] Y añade que siendo la *Historia* de Benzoni, por esencia, un resumen de la *Historia* de Gómara, en fin de cuentas fue Gómara la principal fuente de Montaigne, aun "si hay de Gómara a Benzoni y a Chauveton un crescendo en la agresividad crítica hacia el comportamiento de los conquistadores". Esta crítica se manifiesta en Montaigne a propósito de dos ejemplos: el del "requerimiento" hecho a los indios por los conquistadores y el del oro. Las "advertencias", como las llamará Montaigne, de los españoles —fundadas sobre la autoridad del rey de Castilla y la donación pontificia de Alejandro VI— provocaron de parte de ciertos caciques indios unas réplicas edificantes, al menos si creemos a los historiógrafos. En esta ocasión Marcel Bataillon vuelve a desmontar el proceso de elaboración literaria, que a partir del testimonio de Martín Fernández de Enciso (cuya *Suma de geografía*[125] había servido de fuente a Gómara) dio a Montaigne materia de reflexión.[126] Gómara endulzó la respuesta del cacique de Cenú; según Enciso, este cacique había insinuado que "el Papa debía de estar ebrio cuando hizo esto, puesto que daba lo que no le pertenecía",[127] y según la *Historia* de Gómara, que "debía de ser muy amigo de lo ajeno el Padre Santo, o revoltoso, pues daba lo que no era suyo", y que "el rey era algún pobre, puesto que pedía".[128] Bataillon ha mostrado que este episodio inspiró aquel otro, posterior, de la captura del inca, después de que éste hizo caer a tierra la Biblia que tenía en la mano el dominico Valverde, portavoz del requerimiento de los conquistadores del Perú. El seudocronista Lozano fue el inventor de esta escena, reiterada a su vez por Gómara y también por otro importante historiador primitivo del Perú: Agustín de Zárate. Ahora bien, escribe Bataillon, "no es malo haber leído bien a Gómara, todo Gómara, para juzgar hasta qué punto es utilizable para un Montaigne"[129] y "la comparación de su relato con el de Gómara hace surgir inmediatamente tres cambios significativos".[130] En efecto, Montaigne retiene del requerimiento (del que no podía saber la existencia efímera y la mala prensa que tuvo desde el comienzo, en España) la hipocresía de los conquistadores y el "buen sentido" de los indios. A este propósito,

[124] *Ibid.*, p. 355.
[125] *Ibid.*
[126] *Ibid.*, p. 361.
[127] *Ibid.*
[128] *Ibid.*, p. 362.
[129] *Ibid.*, p. 363.
[130] *Ibid.*

el filósofo escribe: "He aquí un ejemplo del balbuceo de esta infancia."[131] Tal juicio tiene un sonido muy moderno; en otra parte hemos tratado de mostrar que la actitud que consistió en considerar resueltamente a los indios como seres racionales (no sólo capaces de salvación, sino de un pensamiento recto) es una posible fuente de uno de los grandes principios del pensamiento cartesiano.[132] Montaigne prefirió aquí el *locus amoemus* del Cenú a la aridez de las mesetas peruanas, y los "salvajes" del trópico a las gran civilización de los incas; por último, interrumpió el diálogo sobre las amenazas de los indios, evitando reproducir la descripción de la matanza que siguió a la muerte de dos españoles alcanzados por flechas envenenadas.[133]

También de Gómara, tomó Montaigne el episodio del oro, y atribuyó a Cortés, conquistador de México, el "conquistador" por excelencia, el ardid de "pedir víveres para alimentarse y *oro por la necesidad de cierta medicina*".[134] Bataillon observa, en una nota, que esta frase figura en una traducción italiana de Gómara, aparecida en Venecia en 1576, y ciertamente utilizada por Montaigne, pues el pasaje es inexistente en la traducción francesa de la época, de Fumée.[135] Ahora bien, el propio Cortés en sus *Cartas de relación* de la conquista de México no dice palabra de tal estratagema, que si él la hubiese urdido no habría vacilado en mencionársela a Carlos V. El oro es aquí objeto de una utilización hábil de Gómara por Montaigne, en verdad "el oro domina toda esta digresión sobre *Los coches*, que Montaigne une con la litera de oro de Atahualpa".[136] Gómara manifestó así su asombro: "teniendo [los indios] en abundancia plata, oro y cobre, y sabiendo fundirlos y trabajarlos, y comerciando mucho en las ferias y los mercados, su moneda usual [...] es el cacao".[137] Pero, escribe Bataillon, "la reflexión de un Montaigne sobrepasa mucho los relatos y los análisis esquemáticos de un Gómara".[138] Siguiendo a Pierre Belon, que había denunciado el robo de todo el oro y la plata atesorados a lo largo del tiempo por los indios, y a Jean Bodin, en su *Réponse à M. de Malestroit*, Montaigne nos mues-

---

[131] Montaigne, citado por M. B., *ibid.*, p. 363.
[132] Jacques Lafaye, *Introduction à Claude d'Abbeville* (en colaboración con Alfred Metraux), *Histoire de la mission des Pères Capucins en l'Isle de Maragnan*, 1614. Akademische Druck u. Verlagsanstalt, Graz, 1964, pp. XXXIV-XXXV.
[133] M. B., "Montaigne et les conquérants...", p. 363.
[134] Montaigne, citado por M. B., *ibid.*, p. 364.
[135] M. B., "Montaigne et les conquérants...", p. 364, nota 1.
[136] *Ibid.*, p. 366.
[137] Montaigne, citado por M. B., *ibid.*, p. 366.
[138] M. B., "Montaigne et les conquérants...", p. 366.

tra el precioso metal trabajado para ornamento de los templos del Nuevo Mundo, fundido y acuñado para calmar la sed mercantilista del Viejo Mundo, y concluye: "Este otro mundo [América] no hará más que entrar en el escenario cuando el nuestro [Europa] saldrá. El universo se paralizará, uno de sus miembros quedará tullido y el otro en pleno vigor."[139] Más allá de este diagnóstico, Montaigne denuncia "la ceguera del 'civilizado' ante todo sistema de valores diferente al suyo"[140] y la lógica de la atrocidad que ha ido a sustituir a la propagación de la fe.

Marcel Bataillon nos ha revelado el progreso realizado por la reflexión de Montaigne sobre el tema de las conquistas españolas en el Nuevo Mundo entre el capítulo "De los caníbales" (1580) y el capítulo posterior "De los coches" (1588) en que "es un Montaigne 'juzgador' y justiciero, no escéptico"[141] el que aparece ante el lector; no un patriota estrecho como su informador Chauveton, quien quiso oponer la humanidad de los franceses a la barbarie de los españoles y los portugueses. Montaigne era sensible, sobre todo, a la "radical incomprensión de los europeos ante las 'grandes policías' o civilizaciones del Nuevo Mundo".[142] No menos lo asombraron las coincidencias culturales observadas entre civilizaciones ajenas las unas a las otras y tan alejadas en el espacio. Quisiera saber si Epicuro no habría quedado más convencido aún de la pluralidad de los mundos "si hubiese visto las similitudes y conveniencias de ese nuevo mundo de las Indias Occidentales con el nuestro, presente y pasado, en ejemplos tan extraños".[143] Esta cuestión, que prefigura la *Apología de Raymond Sebond* (y anuncia, más de lejos, la problemática del difusionismo en el siglo xix), lleva a Bataillon a ver ahí una etapa de la "antropología positiva naciente", y a concluir así su ensayo sobre Montaigne: "que su '¿Qué sé yo?' no es el de un hombre que se mece con deleite en incertidumbres, en la oleada de creencias infinitamente variadas. Aspira, en cambio, a una ciencia explicativa, si no unificadora; pero mide la distancia que separa de semejante ideal a todo espíritu consciente de la diversidad del mundo humano".[144]

---

[139] Montaigne, *Essais*, l. III, cap. vi, "Des coches".
[140] M. M., "Montaigne et les conquérants...", p. 367.
[141] *Ibid.*, p. 357.
[142] *Ibid.*
[143] Montaigne, citado por M. B., *ibid.*, p. 356.
[144] M. B., "Montaigne et les conquérants...", p. 357.

El DESPERTAR DE LA CONCIENCIA AMERICANA: NUEVA ESPAÑA

Desde que emprendió sus investigaciones sobre los primeros evangelizadores de México, Marcel Bataillon entrevió la importancia de la
"conciencia de América" (aún se decía "las Indias") entre los europeos. En 1951-1952 estudió expresamente, en su clase de los martes, "El descubrimiento espiritual del Nuevo Mundo",[145] escrito en
que, al lado de la visión agustiniana de la historia que caracteriza
a la obra de Las Casas, descubrió el *De temporibus movissimis* del
jesuita Acosta. Este autor remite a un futuro indefinido el advenimiento del Reino. Bataillon compara esas opiniones con la *Historia
do futuro* de un predicador jesuita portugués del Brasil, Antonio
Vieira, que en el siglo XVII revela la permanencia de la inspiración
profética, en este caso fundada en Isaías (cap. 18).[146] Nosotros mismos hemos intentado, más tarde, mostrar el papel de Acosta, encargado en cierta manera de hacer bajar la fiebre milenarista del Nuevo
Mundo proponiendo una exégesis diferente de la de sus antecesores
inmediatos, especialmente de Juan de Tovar, uno de los primeros
jesuitas criollos mexicanos.[147]

La conciencia del significado escatológico del descubrimiento de
América entre los europeos tiene por corolario la toma de conciencia
de la patria americana y de su función en el gobierno providencial
del mundo, por los criollos, desde el siglo XVI. Esta conciencia nueva, que no podría llamarse ya "nacional", se volvió particularmente
quisquillosa cuando en el siglo XVIII el abad Cornelius de Pauw publicó sus *Investigaciones filosóficas sobre los americanos*,[148] mientras que el benedictino español Feijoo rechazaba la pretendida preco-
cidad innata tanto como la decrepitud prematura de los criollos. La
réplica más quemante fue la del jesuita mexicano Francisco Javier
Clavijero, retoño de una gran familia criolla, exiliado en Italia. En
los apéndices de su *Storia antica del Messico*,[149] Clavijero absolvía
a los criollos (y de paso a los indios) de todas las acusaciones in-
fundadas (incluso la de haber transmitido la sífilis a los europeos)

---

[145] M. B., *Annuaire du Collège*, LII, 1952, pp. 276-281.

[146] M. B., "Le Brésil dans une vision d'Isaïe selon le P. Antonio Vieira",
Bulletin des Études Portugaises, t. 25, Institut Français au Portugal, 1964.
Cf. Raymond Cantel, *Prophétisme et messianisme dans l'œuvre d'Antonio Viei-
ra*, LEE, París, 1960.

[147] Jacques Lafaye, *Introduction au Manuscrit Tovar (1587) de la John Carter Brown Library*, Akademische Druck - UNESCO, 1972, pp. 26-36.

[148] Cornelius de Pauw, *Recherches philosophiques sur les Américains* (Londres), 1770.

[149] Francisco Javier Clavijero, *Storia antica del Messico*, Cesena, 1780.

de que habían sido objeto por parte de Pauw. Se desarrolló una gran disputa internacional (cuya tribuna fue durante un tiempo, en Jena, el *Deutsche Merkur*), que mezclaba la historia natural con la teología. Antes de Marcel Bataillon, Antonello Gerbi había escrito en dos obras sucesivas (la primera de las cuales era una aproximación y la segunda un resumen) esta *Disputa del Nuevo Mundo*,[150] pero este sabio no se había remontado hasta la fuente, en los siglos anteriores, considerando que semejante controversia era la manifestación típica del nuevo espíritu de "las luces". Bataillon se dio cuenta, al volver a sus autores de finales del siglo XVI, de que en este debate estaba en juego, como antes en la obra de José de Acosta, "la unidad del género humano".[151] El problema de la existencia de los indios "preadamitas", sostenida por Isaac La Peyrère, no era el único; había otro de considerable envergadura y cuyos efectos se prolongarán hasta la secta de los mormones en el siglo XIX: la identificación de los indios con los "judíos cautivos" de la diáspora, evocada a propósito de Francisco de la Cruz. Gerbi había tenido, leyendo a Clavijero, historiador criollo de finales del siglo XVIII, la sensación de encontrarse "en el umbral de una conciencia americana",[152] entendámonos: en el umbral de una conciencia patriótica que menos de medio siglo después encontraría su expresión política en las guerras de Independencia americanas. Bataillon, en su curso de 1953, ha "querido recobrar en los siglos precedentes el despertar de tal conciencia [...] viendo en el espíritu de los criollos las ideas puestas en circulación, inmediatamente después de la conquista, sobre la geografía y la historia natural de su continente, sobre los orígenes y el destino trascendental de su población".[153] En efecto, seguirá ese camino a través de los archivos inquisitoriales, y entre cronistas de las Indias como el agustino del Perú, Antonio de la Calancha, para verlo florecer finalmente, y a la vez extenuarse en la obra sumamente colorida del mexicano Servando Teresa de Mier. Este hijo de una ilustre familia de Monterrey, dominico exclaustrado en el momento de la guerra de Independencia, en la que tomó parte antes de ser elegido diputado de la primera Asamblea Constituyente del México independiente, fue el último monje criollo profeta y revolucionario.

Marcel Bataillon se sorprendió de la importancia que este autor

---

[150] Antonello Gerbi, *Viejas polémicas sobre el Nuevo Mundo*, Lima, 1943; *La disputa del Nuevo Mondo* (ed. en español FCE, México, 1960).

[151] M. B., "L'unité du genre humain: du P. Acosta au P. Clavijero", *Mélanges à la mémoire de J. Serraith*, Centre de Recherches Hispaniques, t. I, pp. 75-96.

[152] M. B., *Annuaire du Collège*, LIII, 1953, p. 377.

[153] *Ibid.*, pp. 277 ss.

había atribuido, en una obra publicada en Londres —donde se hallaba exiliado— en 1813, *La Revolución de la Nueva España*,[154] a uno de los mayores mitos del México precolombino: la "Serpiente emplumada", Quetzalcóatl. Al parecer, no había ninguna relación entre esta creencia multisecular de los indios y la reivindicación de independencia de los criollos mexicanos en aquel comienzo del siglo XIX, impacientes por sacudirse el yugo de España, patria de sus antepasados. A la elucidación de este misterioso encuentro me incitó al año siguiente, en julio de 1954: "He pensado en un tema mexicano que me parece hecho para usted."[155] Poco después me propuso el tema, que, en mi ignorancia, me pareció de seca erudición. En el curso de las semanas siguientes pedí el consejo de algunos de los mexicanistas franceses más autorizados, que de antemano trataron de disuadirme de emprender semejante investigación. Participé mis dudas y mis temores a Marcel Bataillon; él me respondió el 10 de agosto, a vuelta de correo:

> Es natural que los precolombinistas levanten los brazos al cielo cuando se les habla de semejante tema. Pero es a ellos, en fin de cuentas, a los que más útil será el trabajo de usted. Están demasiado acostumbrados a considerar la literatura náhuatl del siglo XVI y hasta la del siglo XVII como una fuente pura sobre la mitología azteca prehispánica. Ahora bien, si se piensa que no hay ningún texto, y por buena razón, que no sea posterior en una o dos generaciones a la llegada de los misioneros, ninguno que no haya pasado por el intérprete de éstos o de sus discípulos, se debe desconfiar. En cuanto a mí, sigo asombrado de la seguridad con que se utiliza a Torquemada (siglo XVII) para saber lo que pensaban los mexicanos de 1500.[156]

Al año siguiente, yo, joven profesor de liceo a punto de ser llamado a filas, no había perdido de vista el insólito tema de tesis que me esperaba, mas no podía librarme de cierta aprensión. Tan sólo Marcel Bataillon había presentado la riqueza virtual de semejante tema, y seis meses después me escribía otra carta muy a su manera, cuya sal ática y cuya densidad de ideas apreciará el lector:

> Yo quisiera que, en este tiempo de espera, Quetzalcóatl lo tranquilizara a usted con algunas sonrisas sutiles, disuadiéndolo de creer a

---

[154] José Guerra [seud. de fray Servando Teresa de Mier], *Historia de la Revolución de Nueva España*, Londres, 1813; ed. México, s. f., t. II, nota ilustrativa, pp. 2-45.

[155] M. B., carta a Jacques Lafaye, París, 14 de julio de 1954.

[156] *Idem*, agosto de 1954.

los augures que hacen de él un espantajo. El tema, como tantos otros temas, contiene algo *incognoscible*. Para los indigenistas, el Quetzalcóatl prehispánico es necesariamente un gran misterio; mas para el hispanista interesado en la *fenomenología de Quetzalcóatl* desde la conquista (Viracocha, en el Perú, es un tema análogo, aunque menos rico), este misterio no tiene nada de temible.[157]

¿En qué consistía lo incognoscible en este caso? Se remontaba al pasado precolombino. En cambio, debía ser cognoscible el proceso de elaboración del mito precolombino con fines de apologética cristiana, y después con segundas intenciones patrióticas, por los monjes criollos del México colonial. El gran sermón pronunciado en 1794 por el dominico Mier daba tardíamente la clave. Marcel Bataillon había aludido a esto en su curso de 1953:

Otro caso de resurgimiento notable de las ideas forjadas por los misioneros del siglo XVI es la versión dada por fray Servando Teresa de Mier, uno de los padres de la Independencia mexicana, de la leyenda de una primera evangelización de América en tiempo de los apóstoles, o evangelización de Santo Tomás [...] gracias a la identificación, sugerida desde el siglo XVI, entre el recuerdo de Santo Tomás, apóstol, y el mito de Quetzalcóatl, civilizador de México.[158]

Al lado de Santo Tomás-Quetzalcóatl, fray Servando había colocado, como otro *signo* de que "ya la Providencia tenía los ojos en los americanos",[159] a la Virgen de Guadalupe de México. Marcel Bataillon evocó en una lección "la americanización del culto de la Virgen, que se desarrolló en el siglo XVII con el culto de las imágenes en cuyo origen la leyenda mezclaba a los indios".[160] Los dos grandes ejes de mi investigación estaban trazados, y Marcel Bataillon sólo volvió al tema cuando se terminó mi trabajo: *Quetzalcóatl y Guadalupe, la formación de la conciencia nacional en México*.[161] Empren-

[157] *Idem*, 24 de febrero de 1955.
[158] M. B., *Annuaire du Collège de France*, LIII, 1953, pp. 282 *ss.*; M. B. "Origines intellectuelles et religieuses du sentiment américain en Amérique Latine", *Cahiers de l'Institut des Hautes Études de l'Amérique Latine*, núm. 6, pp. 54 *ss.*
[159] M. B., "Origines intellectuelles et religieuses...", *ibid.*, p. 54.
[160] *Ibid.*
[161] Jacques Lafaye, *Quetzalcóatl et Guadalupe, la formation de la conciencia nationale au Mexique* (1531-1813), Bibliothèque des Histoires, Gallimard, París, 1974; ed. en inglés, The University of Chicago Press, 1976; ed. en español, Fondo de Cultura Económica, 1977.

dió entonces la redacción de un prólogo a la edición francesa (versión abreviada de la tesis); pero el editor tomó otro partido, y Bataillon tuvo que abandonar ese proyecto, del que me dio a entender, por delicadeza, que no había siquiera un comienzo de ejecución. De este prólogo inconcluso (que sus hijos encontraron al hacer el inventario de sus archivos y que quisieron confiarme, con una generosidad igual a la de su padre) conservaré tan sólo los pasajes que precisan, en el caso de México, las posiciones de Marcel Bataillon ante el problema (más generalmente hispánico) de las relaciones entre conciencia religiosa y conciencia nacional:

Ya un americanista desaparecido demasiado pronto, Ramón Iglesia, en su estudio sobre el "mexicanismo" de Sigüenza y Góngora (*El hombre Colón y otros ensayos*, México, 1944) había observado a propósito del nombre de "Nueva España" dado por Cortés a su conquista: "Las tierras mexicanas son, pues, una España, pero una España nueva, diferente en ciertos aspectos de la otra. ¿Cómo llega esta España nueva a tener conciencia de que es diferente de la antigua, y no sólo diferente, sino tan importante como ella, o superior a ella? [...] Todo el mundo ve claramente el resultado de este sentimiento de diferenciación, su plena madurez en el momento de la Independencia, pero, ¿y antes?" [162] Como esta realidad hispanoamericana, en gestación durante la época colonial, me apasionó [escribe Marcel Bataillon], hace veinte años quedé asombrado por su originalidad mental y religiosa aún más que por su aspecto socioeconómico sin misterio. Intitulé uno de mis cursos: "Orígenes intelectuales y religiosos del sentimiento americano."[163] Por supuesto, en la conciencia "criolla", en los descendientes de españoles convertidos en americanos, se pueden seguir mejor los progresos de tal sentimiento. Mas, pese a la dificultad de dar un contenido preciso a una expresión metafórica tal como "mestizaje cultural", también del lado de los indios no es difícil percibir cómo sus propias creencias ancestrales reaccionaron al choque de la llegada de los conquistadores, cómo sustituyeron con ellas, al menos en parte, las de los cristianos [...] El redescubrimiento del mito de Quetzalcóatl por los misioneros, su utilización como creencia consoladora, su contaminación con la creencia en una evangelización primitiva del Nuevo Mundo fue, como lo muestra Jacques Lafaye, un proceso discontinuo, no sin retrocesos y peticiones.

En cuanto a lo que significa la entrada de los indios en el seno del catolicismo, un escritor mexicano como Octavio Paz, tan ajeno a los prejuicios hispanófilos como al clericalismo (o al anticlericalismo), no

---

[162] M. B., prefacio a *Quetzalcóatl et Guadalupe* (1973), (archivos manuscritos de Marcel Bataillon, núm. 36 del inventario, fol. 1).
[163] M. B., *Annuaire du Collège de France*, LIII, 1953, pp. 277-283.

ha vacilado en escribir en *El laberinto de la soledad*: "pero sin la Iglesia el destino de los indios habría sido muy diverso [...] por la fe católica de los indios, en situación de orfandad, rotos los lazos con sus antiguas culturas, muertos sus dioses tanto como sus ciudades, encuentran un lugar en el mundo".[164]

Luego recuerda el "caso privilegiado de la indianización del culto a la Virgen María en el Nuevo Mundo, Guadalupe [...] la patrona dada a los indios por los criollos, mientras llegaba a ser la patrona india de la revolución criolla de Independencia".[165] No es posible resumir con mayor verdad y elegancia a la vez la evolución y la ambigüedad del "guadalupanismo" mexicano. Sin embargo, desde las primeras páginas de este prefacio desdichadamente interrumpido (cuya continuación echará de menos, con nosotros, Octavio Paz, pero que Marcel Bataillon no echaba de menos, pues decía: "me habría privado del placer de leer el prefacio de Octavio Paz"), Bataillon se eleva a miras más vastas que las fronteras de México y más altas que el solo problema de la conciencia nacional:

Los siglos coloniales del mundo hispanoamericano representan para éste una etapa comparable a lo que fue la Edad Media para la cristiandad europea. ¿Es de sorprender que hayan alimentado preocupaciones escatológicas como las que penetran las sustituciones de creencias estudiadas en este libro? Si toda inquietud del "fin de los tiempos" no se hubiese apagado en el Occidente cristiano moderno [...] los historiadores se habrían acordado antes de que el paso de la civilización europea al Nuevo Mundo se llamó inicialmente "evangelización". Desde el nacimiento y la pasión de Cristo —presentados en los Evangelios como realización de las profecías de las Escrituras judías— el cristianismo se había definido por la espera de la segunda venida de Cristo, en gloria y majestad, para juzgar a los vivos y a los muertos; tal es el objeto del artículo del credo cristiano que está escrito en futuro. Al parecer, este artículo ha dejado de hablar a los modernos, aun a los cristianos, a medida que la filosofía profana del progreso reemplazaba a la perspectiva del fin del mundo como porvenir prometido por la teología cristiana de la historia.[166]

Si Marcel Bataillon abarca con la mirada la espiritualidad del Occidente cristiano sobre las dos riberas del Atlántico, desde Joaquín de Flora (al que alude en la página siguiente) hasta Servando Teresa de Mier, no es por desconocimiento de los factores económicos y

---

[164] M. B., prefacio a *Quetzalcóatl et Guadalupe*, ms. 36, fols. 2 *ss.*
[165] *Ibid.*, fol. 4.
[166] *Ibid.*, fol. 6.

sociales que pudieron contribuir a la toma de conciencia americana. Había entrado en el detalle del estudio de los precios y de la producción a propósito de la rebelión pizarrista en el Perú, a la que había calificado "de parto de la América hispánica".[167] Si limitó su investigación, o más bien la mía, a "la originalidad mental y religiosa" de la conciencia nacional mexicana, ello fue a causa del "misterio" o, como me escribió en su carta del 24 de febrero de 1955, del atractivo de lo "incognoscible". Su sensibilidad al "hecho religioso",[168] recordada recientemente por dos de sus colegas, desde el comienzo de su carrera marcó sus estudios sobre España antes de orientar sus investigaciones hacia la Nueva España. Había inaugurado sus cursos del Colegio de Francia, en 1945, con *Los comienzos de la Compañía de Jesús en España* —y después *en Portugal*, en 1946— sobre la que expuso opiniones enteramente nuevas. Esta observación nos remite en cierta manera a nuestro punto de partida, al hombre que se ilustró, ante todo, con su obra consagrada a una de las figuras más altas de la espiritualidad cristiana: Erasmo, y que también fue, hasta su último día, un admirador de Renan.

---

[167] M. B., *Annuaire du Collège de France*, LXII, 1962, pp. 445-457, y *Diogène*, 43, julio-septiembre de 1963, pp. 47-63.

[168] León Halkin, "Marcel Bataillon, historien du christianisme" (en *Hommage à Marcel Bataillon*, Collège de France, 17 de febrero de 1978, ed. Fondation Singer Polignac, p. 51), y Robert Ricard, "Marcel Bataillon", *Bulletin Hispanique*, t. LXXIX, 1977, pp. 5-10.

XI. LISTA DE ESCRITOS SEDICIOSOS RECOGIDOS EN MÉXICO EN 1812

LA LISTA de escritos sediciosos recogidos a los rebeldes mexicanos, y que aquí publicamos, acompañaba a la carta secreta núm. 142 del virrey de Nueva España al ministro de Justicia español, fechada el 22 de enero de 1812. Su preámbulo indica que, en virtud de una real orden del 25 de julio de 1811, se recogieron unos escritos, y que copias de éstos, acompañadas de una minuta, eran transmitidas al ministro competente.[1]

Recordemos que el movimiento de Independencia de Nueva España había sido puesto en movimiento por el cura de Dolores, Miguel Hidalgo, el 16 de septiembre de 1810. El 30 de julio de 1811, Hidalgo había sido ejecutado. No obstante, un decreto del gobierno revolucionario, dirigido por el licenciado López Rayón, iba a crear, el 19 de agosto, la Junta de Zitácuaro. El 1º de enero de 1812, el virrey Calleja logrará apoderarse de Zitácuaro, y la Junta tendrá que trasladarse a Sultepec. Pero por otro lado el cura Morelos, que se había puesto en relación con Hidalgo desde 1810 y había tratado de tomar Acapulco, se apoderó de Cuautla el 9 de febrero de 1812, y allí se mantuvo a pesar de un sitio que sólo logró levantar el 2 de mayo.

En medio de esos acontecimientos, los patriotas mexicanos redactaron los escritos que nos ocupan. Así pues, estos documentos se pueden considerar como característicos de la ideología revolucionaria de Nueva España, en la primera fase de la guerra de Independencia. La primera observación que se impone a la lectura de la minuta y de los resúmenes analíticos de los documentos (esta impresión queda confirmada por la lectura de las copias de las piezas, desgraciadamente demasiado extensas para reproducirlas aquí) es que, sobre un total de veintisiete (diez de los cuales son títulos de oficiales o correspondencia relacionada con las operaciones militares), siete van dirigidos contra los españoles de Europa. Sinceros o hábiles, esos panfletos nos revelan que el odio al gachupín fue, para la mayoría de los partidarios de la Independencia, el principal móvil pasional. Los principios de la Revolución francesa no podían interesar más que a un pequeño número de ideólogos que, como el doctor José María Cos, formaban parte de la Junta. El lenguaje político y la fraseología constitucional francesa, presentes en los textos oficiales de los revolucionarios mexicanos, no deben engañarnos. En aquella

[1] Archivo de Indias, México, 1477.

fecha, el famoso grito de "¡Mueran los gachupines!" resonó mucho más que el de "¡Viva la República!", del que sin duda costaría trabajo encontrar un solo ejemplo. Las teorías políticas de una revolución bien pueden ser de origen extranjero; el sentimiento de la rebelión y de la injusticia siempre es nacional.

Los historiadores mexicanos y europeos han mostrado a satisfacción y desde hace bastante tiempo los nexos que unieron a la Independencia de las colonias inglesas de la América del Norte, la Revolución francesa y la guerra de Independencia de México. Se ha afirmado que la ideología del 89 fue la única que hizo posible el viraje de la revuelta, vieja de varios siglos, hacia una revolución a la escala de su época. Sin duda, esto no es falso; pero deseamos atraer la atención del lector a la transformación sufrida en el siglo XVIII por el sentimiento antigachupín en Nueva España, cambio que no tiene ningún nexo con la ideología de "las luces" o, antes bien, mantiene con ésta una relación de oposición.

Tres fechas parecen marcar las etapas decisivas de la transformación de un sentimiento xenófobo, general desde la primera generación criolla, en un movimiento nacional de reivindicación y de oposición política. En 1767, el marqués de Croix, entonces virrey de Nueva España, aplica las instrucciones que se derivaban del decreto adoptado el 27 de febrero, por el rey Carlos III, relativo a la expulsión de los jesuitas y a la alienación de los bienes de la Compañía. Cuatro años después, el ayuntamiento de la ciudad de México envía una representación al rey: un pliego de quejas de los criollos mexicanos que, en calidad de comunidad consciente de sí misma, piden el derecho de ocupar la mitad de los cargos públicos —civiles, militares y religiosos— en todos los grados de la jerarquía.[2] Hasta donde se pueda hacerlo, consideramos legítimo datar en 1771 el nacimiento de una conciencia política mexicana (es decir, criolla en aquella fecha) en Nueva España.

Si el sentimiento antiespañol se ha convertido en oposición colectiva en esa fecha, ello se debe en gran parte a una reacción contra las reformas administrativas del gobierno de Carlos III. Habituada a toda clase de despojos perpetrados por los funcionarios peninsulares, la aristocracia criolla no estaba acostumbrada a ser regida. No obstante, los "buenos virreyes" del "despotismo ilustrado" pre-

---

[2] Existen varias copias de este documento, una en el Archivo de Indias, una en la New York Public Library y una en la John Carter Brown Library. Hemos utilizado esta última, de la que hemos sacado un microfilme para el Institut des Hautes Études de l'Amérique Latine, de París. The J. C. B. Library, Americana, ms. T 9 b.

tendían dirigir la economía, combatir la corrupción de las administraciones y afectar a los intereses adquiridos. Esta situación nueva y la ocupación militar reforzada hacían sentir más aún la autoridad de los gachupines.[3]

Ahora bien, en 1756 el papa Benedicto XIV había reconocido, por un breve, el patronato de la Virgen de Guadalupe sobre México. Tal era la coronación de un siglo y medio de fervor guadalupanista. La divisa *non fecit taliter omni nationi*, inscrita bajo la imagen de la Virgen, confirmaba a los mexicanos en su convicción de que eran un nuevo pueblo elegido.[4] Este indicio del favor del cielo confería, en el espíritu de los criollos, una mayoría política a su país. Un diputado del primer Congreso Constitucional, el ex dominico Mier, recordando el sermón sobre Guadalupe que había pronunciado en 1794 (y que le valió más de veinte años de persecuciones), gritará: "¡Lo que he querido demostrar es que América [entiéndase la América septentrional, o México] no es más pecadora que el resto del mundo!"[5] Hoy diríamos que el breve del papa Benedicto XIV había liberado a los criollos mexicanos de un complejo de culpa y de inferioridad.

Desde 1756, la dominación política de España sobre Nueva España, antaño justificada por una tutela espiritual que se remontaba a la evangelización del siglo XVI, estaba quebrantada en su fundamento metafísico y jurídico.

El original catolicismo elaborado en México, al que podría calificarse de "guadalupanista", debía en gran parte su existencia y su brillo a la Compañía de Jesús. La expulsión de los jesuitas, acusados

---

[3] En 1771 comenzó su gobierno el virrey Bucareli, quien aparece, según la mayoría de los historiadores, como el ejemplo mismo de los "buenos virreyes". Véanse: Bernard E. Bobb, *The vicerengency of Antonio María Bucareli in New Spain*, University of Texas Press, Austin, 1962, cap. X, "The Man and the Office" (*vide in fine*); María del Carmen Velázquez, *El estado de guerra en Nueva España (1760-1808)*, El Colegio de México, 1950, cap. IV, "Crecimiento del ejército colonial"; Lyle N. McAlister, *The "fuero militar" in New Spain*, University of Florida Press, Gainesville, 1957, cap. VI, "The Expansion of the Military Privilege", y Jacques Lafaye, "La règle de 'l'alternance' dans la province dominicaine de la Nouvelle Espagne au XVIIᵉ siècle (Six Études Historiques, *Cahiers de l'Institut des Hautes Études de l'Amérique Latine*, núm. 6, 2⁰ trimestre de 1964).

[4] Es imposible enumerar tan sólo los títulos de las obras dedicadas a la Virgen de Guadalupe —*Zodíaco mariano*, *Estrella del polo ártico*, *Perla de América*, etc.— en que se expresa el mesianismo mariano de los mexicanos en el siglo XVIII. *Cf.* Francisco de la Maza, *El guadalupanismo mexicano*, Porrúa y Obregón, México, 1953; ed. FCE, 1982.

[5] Fray Servando Teresa de Mier, *Memorias*, Porrúa, S. A., México, 1946, t. I, p. 19.

de conspirar contra la monarquía, pareció un intolerable acto de arbitrariedad, provocó motines y suscitó panfletos. Habiéndose contado entre los más activos partidarios de la autenticidad del milagro guadalupano (especialmente contra los franciscanos), su expulsión fue considerada como un golpe asestado igualmente contra la devoción nacional a la Virgen. Así, los escritores de panfletos llegaron a calificar de hereje al rey. Los tribunales de la Inquisición, donde los jesuitas contaban con muchos amigos (en particular los dominicos), reaccionaron al principio con poco vigor contra esos primeros escritos subversivos.[6]

Así, pues, los primeros choques importantes, en la segunda mitad del siglo XVIII, entre la monarquía española y la opinión pública de Nueva España se produjeron en el campo de la religión y aun de la ortodoxia. No debe perderse de vista ese próximo pasado del movimiento armado que desencadenó un cura rural: Hidalgo, y que continuó otro cura rural: Morelos, para entender el verdadero significado del movimiento, es decir, el que tuvo a los ojos de sus actores. Trataremos de mostrar cómo es diferente de la imagen que los historiadores liberales de Europa y de México han proyectado después (conscientemente o no) sobre acontecimientos que han interpretado más a la luz de sus consecuencias ulteriores que sacando a relucir su inspiración primera.[7]

La secesión espiritual de Nueva España, que precede en casi medio siglo a la disidencia política, presenta a España, en plena reforma bajo el impulso de Carlos III, como el país innovador, y a Nueva España, adherida a la ortodoxia integrista de los jesuitas, como más conservadora. Así, no resulta sorprendente que el documento núm. 3 de nuestra lista invite a los americanos a unirse con miras a obtener su independencia "para la conservación" de la América española. Se

---

[6] Archivo de Indias, Indiferente general, 3087; el "Expediente sobre extinción de los padres jesuitas" debe de contener documentos interesantes, pero no hemos podido obtener comunicación oportuna al respecto. Biblioteca Nacional de Santiago (Chile), la "Colección de manuscritos de J. T. Medina" contiene numerosos panfletos relativos a la expulsión de los jesuitas; el microfilme completo de esos documentos puede consultarse en la John Hays Library, y en un edicto de la Inquisición de México, del 20 de mayo y el 15 de junio de 1768, se lee: "como los referidos sediciosos, temerarios y sacrílegos papeles llevan el atrevido intento de desacreditar la conducta de nuestro benignísimo soberano [...] y encienden el fuego de la sedición con pretexto de religión..."

[7] *Cf.* Pierre Chaunu, "Interprétation de l'Indépendance de l'Amérique Latine" (TILAS III, *Travaux de l'Institut d'Études Latino Americaines de l'Université de Strasbourg*, 1963). I, "Le schéma traditionnel de l'Indépendance"; II, "Critiques et dépassements".

trata, como nos enseña el documento núm. 2, de denunciar "la traición de los europeos", acusados de ser "agentes de Napoleón". Es perfecta la continuidad entre tales acusaciones y la de herejía, lanzada 45 años antes contra Carlos III. Las sátiras antibonapartistas no son raras en Nueva España hacia 1810. Puede decirse que los papeles se han cambiado. La Inquisición española había presentado, en el curso de los siglos anteriores, a los enemigos políticos de la monarquía como herejes. Ahora, el arma se vuelve contra un rey que ha abdicado a favor de un francmasón, que ha vivido en Francia y que, en una palabra, ha traicionado la sacrosanta unidad política y religiosa de la corona de España. La adhesión popular a la ortodoxia católica es tan fuerte, que Hidalgo (lejos de atacar a la Inquisición, como los *philosophes* franceses) publica un folleto "en el que trata de justificarse de las acusaciones de que ha sido objeto de parte del tribunal de la Inquisición" (tal es el tema del documento núm. 6). Esta orientación espiritual de los insurgentes queda confirmada por el documento núm. 1: "Justa condenación del europeo traidor por el fiel americano." Son los españoles o gachupines quienes han traicionado la causa secular, dejando penetrar en la península las ideas de "las luces" y después a los agentes de Napoleón, y por último, increíble remate de la decadencia, dejando subir al trono al hermano del "Anticristo", José Bonaparte.

Si se reconoce con nosotros el movimiento de Independencia de Nueva España como, en primer lugar, el paroxismo de una crisis espiritual que se preparaba desde el impulso de las primeras devociones específicas de Nueva España (a finales del siglo XVI) y que la expulsión de los jesuitas había consagrado irremediablemente en 1767, el documento núm. 4 no nos sorprenderá: "trata de justificar la conducta de los rebeldes con ayuda de citas de la Sagrada Escritura". Si esta "revolución sacada de la Sagrada Escritura" se parece poco a la *Política* de Bossuet, en cambio está en armonía con la corriente del pensamiento antiespañol de México en el siglo XVIII que hemos (demasiado brevemente) indicado. Vemos allí a Morelos, "nuevo Gedeón", prometiendo poner en fuga, con unos cuantos partidarios, a los "nuevos madianitas" (es decir, los gachupines) y "derribar el altar de Baal", al que hemos de identificar con el trono de España, entregado al ateísmo, al deísmo y a todas las herejías modernas. El documento también proclama que "sólo la religión y la patria llenan en esta vida los insaciables deseos del hombre",* subrayando, de ser necesario, el carácter religioso del sentimiento nacional mexicano. De hecho, el patriotismo se identificaba negativamente

---

* Véase: Apéndice B, *infra*.

con el odio al gachupín y positivamente con el fervor guadalupanista.

No habría que raspar mucho el barniz tardío de los "Derechos del hombre", para descubrir debajo las secuelas del viejo sueño milenarista de los primeros misioneros franciscanos del siglo XVI.[8] Después de la consagración del patronato de Guadalupe, nada impedía a México convertirse en el "Paraíso occidental", según la frase profética de Sigüenza y Góngora. En el momento en que la vieja España (considerada como atrasada, y sin embargo demasiado avanzada) soltaba el cetro, había llegado la hora de transportar el trono de San Pedro al Tepeyac (el santuario de Guadalupe), como lo había sugerido el jesuita Carranza desde 1749.[9] El iluminismo guadalupanista, sostenido por el brillo de las actividades intelectuales y artísticas no sólo en la ciudad de México sino en Puebla y en Guadalajara, había alimentado el sentimiento nacional mexicano con una savia sin la que los nuevos principios políticos habrían seguido siendo letra muerta. A la hora en que España, vencida, traicionada, entregada a las armas extranjeras, se hallaba en desorden, Nueva España aspiraba a desquitarse de tres siglos de humillación: ella llevaría adelante la "guerra santa" contra los herejes. Nos falta aquí espacio para apoyar con numerosos documentos lo que planteamos.[10]

No pretendemos oponer a la concepción tradicional de la Independencia de México una visión unilateral, que la presentaría como un movimiento fundamentalmente conservador. Nos ha parecido que debía insistirse en los ingredientes mesiánicos y religiosos del movimiento,[11] en una secesión que desembocará mucho después (tan sólo en tiempos de Juárez) en la institución de un gobierno republicano y ateo. El artículo 1 del capítulo I de la primera Constitución de México, la de Apatzingán, fue concebido así: "La religión católica apostólica romana es la única que se debe profesar en el Estado."[12] El acta

[8] John Leddy Phelan, *The Millennial Kingdom of the Franciscans in the New World*, University of California Press, 1956.

[9] P. Francisco Javier Carranza, *La transmigración de la Iglesia a Guadalupe*, Impr. Colegio San Ildefonso, México, 1749.

[10] En una obra que estamos terminando, tendremos ocasión de mostrar documentos que, según esperamos, harán más convincente la tesis que sólo podemos esbozar en estos estrechos límites.

[11] Podría intentarse hacer un estudio sobre el México colonial, comparable al de Pierre Kovalevsky, "Messianisme et Millénarisme russes?", *Archives de Sociologie des Religions*, 3° año, núm. 5, enero-junio de 1958, Publicaciones del CNRS, París.

[12] *Boletín del Archivo General de la Nación*, segunda serie, tomo IV, núm. 3, México, 1963. Constitución de Apatzingán: I. Principios o elementos constitucionales; capítulo I, De la religión; artículo 1.

solemne de la Declaración de Independencia era aún más explícita: "El Congreso de Anáhuac [...] declara solemnemente [...] que no profesa ni reconoce otra religión más que la católica, ni permitirá ni tolerará el uso público ni secreto de otra alguna; que protegerá con todo su poder y velará sobre la pureza de la fe y de sus dogmas y conservación de los cuerpos regulares."

Esta última cláusula nos remite a uno de nuestros puntos de partida: la expulsión de los jesuitas. Después de que el emperador del Anáhuac, Agustín I (Iturbide) hubo creado la orden nacional de Guadalupe (el equivalente de la moderna Águila Azteca), el México independiente fue uno de los primeros países en recibir a los jesuitas reconstituidos en Compañía. El gesto del cura Hidalgo, echando a vuelo las campanas de su parroquia y blandiendo la bandera de Guadalupe para levantar a la población contra la autoridad española, no debe aparecer como el ardid de un demagogo, es la expresión dramática, la imagen que fija eternamente la naturaleza del sentimiento nacional mexicano en 1810. La referencia a la Escritura, como el "catecismo antiespañol", nos confirma que el movimiento de Independencia no ha sido la oposición armada entre el partido republicano, deísta o ateo del porvenir, por una parte, y el de la ortodoxia integrista y de la monarquía absoluta, representante del pasado, por otra. Fue una lucha en el interior del *ethos* tradicional de España, de las Españas, las de las dos riberas del océano. De hecho, la ruptura fue el resultado de los abandonos sucesivos, por la monarquía española, de los principios que siempre había profesado y defendido. Esas reformas de España, y luego esos retrocesos, aparecieron como una traición en Nueva España, y provocaron el desorden y la indignación, antes de convencer a los mexicanos de que había llegado para ellos la hora de tomar en sus propias manos su destino político "a presencia del Señor Dios, árbitro moderador de los imperios y autor de la sociedad, que los da y los quita según los designios inescrutables de su Providencia" (Declaración de Independencia).

Si hasta hoy se han querido reconocer las frases de Sieyès bajo las del licenciado Rayón, acaso sea porque resulta más fácil reconocerse a sí mismo que volver a ceder la palabra a los actores. Ha sido natural proyectar una concepción liberal de la historia, brotada ella misma de los principios del 89, sobre un pasado ajeno al nuestro, pero que le había tomado su lenguaje.[13] El error de perspectiva, que

---

[13] Este error ya ha sido denunciado, para España, en el estudio de Richard Herr, *The Eighteenth-Century Revolution in Spain*, Princeton University Press, 1958. De esta obra existe una edición en lengua española: *España y la revolución del siglo xviii*, Aguilar, 1964.

ha consistido en ver un simulacro, una concesión al pueblo, en todo lo que se apartaba de nuestra visión, corregida estéticamente, de los movimientos nacionales del siglo XIX, nos hace pensar en otro error histórico famoso, el que Lucien Febvre ha enderezado en *El problema de la incredulidad en el siglo xvi*. También habría que plantear en sus verdaderos términos la cuestión de la incredulidad en el mundo hispánico en los siglos XVIII y XIX. Después del clásico estudio de Jean Sarrailh sobre *La España ilustrada*,[14] aún se espera "la España" que unos llamarán "tradicionalista" y otros "oscurantista". El fenómeno de "las luces" en las posesiones de la corona de España, limitado y minoritario como lo ha mostrado Sarrailh, no cobrará todo su significado más que si se le vuelve a colocar en medio de un estudio muy vasto y a menudo engorroso, el del inmovilismo y de la resistencia con que tropezó el espíritu filosófico.

APÉNDICE A

Ref. Archivo General de Indias (Sevilla), México, 1477.

Índice de los papeles sediciosos que con carta núm. 142 de 22 de enero de 1812 dirige el Virrey de N. E. al Excmo. Sor. Ministro de Gracia y Justicia, en cumplimiento de lo prevenido en Real Orden de 25 de Julio de 1811.

1. Clamores de la verdad. Justa condenación del Europeo traidor por el fiel Americano. Su objeto es persuadir la justicia con que en su concepto proceden los reveldes (*sic*).

2. Desengaño de la América y traición descubierta a los Europeos. Es un folleto contra el Excmo. Sr. Virrey, algunos jefes militares y los fieles Americanos que defienden la justa causa, suponiendoles a todos agentes de Napoleon.

3. Una proclama remitida desde Buenos Ayres al Ayuntamiento de esta capital. Trata de persuadir la necesidad de la independencia de las Americas para su conservacion, y se dirige a todos los Ayuntamientos de estos Dominios.

4. Papel que un sacerdote americano dirige a sus compatriotas. Intenta justificar la conducta de los reveldes (*sic*) con lugares de la Sta. Ecritura

5. Oficio del cavecilla (*sic*) Muñiz al Comandante de las armas de Valladolid intimandole la rendicion de la ciudad.

6. Manifiesto del Cavecilla principal D. Miguel Hidalgo en que pro-

[14] Jean Sarrailh, *La España ilustrada de la segunda mitad del siglo xviii*, FCE, 1957.

cura vindicarse de los cargos que le hizo el Sto Tribunal de la Inquisición.

7. Bando publicado por los rebeldes anunciando haberse instalado
en el pueblo de Zitacuaro la Junta llamada Suprema Nacional Americana.

8. Manifiesto publicado por el cura Morelos en el pueblo de Agua-
catillo con que se propone seducir a aquellos naturales por medio de
promesas lisonjeras.

9. Proclama seductiva dirigida a los habitantes de Acapulco.

10. Un despacho de coronel expedido por la enunciada Junta Nacional.

11. Otro id. de Sargento Mayor.

12. Un edicto intimando rendicion al Pueblo de Zumpango.

13. Una orden de Morelos a los Yndios del Pueblo de San Marcos.

14. Un pasquin fixado en Oaxaca contra los Europeos.

15. Carta del Cavecilla Brabo en que manda separar de su curato a
D. Agustin Telles, por ser Europeo.

16. Oficios del revelde Villagran al cura de Xacala, y contestaciones
de este sobre la rendicion de aquel pueblo.

17. Proclama subversiva dirigida a los vecinos de Xalapa.

18. Glosa de la oracion del Padre nuestro denigrando a los Españoles
europeos.

19. Otra id. en diverso genero de metro.

20. Carta de Morelos al cura de Tiosintla asegurandole que sera respe-
tada su persona por los insurgentes.

21. Orden de los reveldes mandando comparecer a los Yndios de
Tecastitlan.

22. Carta escrita al gobernador de Santiago, solicitando noticia de las
operaciones de las tropas del Rey.

23. Circular del cavecilla Benedicto Lopez previniendo la organizacion
de tropas en diversos pueblos.

24. Oficio del insurgente Anglo Americano Jose Maria Guemez intimando rendicion a la ciudad de Queretaro.

25. Carta convocatoria del Gob^{or} de Atenango del Rio dirigida a las
Republicas de varios Pueblos que intento seducir.

26. Bando publicado por el cavecilla Jose Francisco Osorno.

27. Carta del Capitan insurgente Juan Agustin Gonzales al Comandante de Patriotas D. Rafael Asiain que contiene especies muy ofensivas
a los Europeos.

Mexico, 22 de Enero de 1812.
(firmado) Manuel Velazquez de Leon.

APÉNDICE B

[f. 1] Papel que un sacerdote Americano dirige a sus compatriotas. — *La religión y la Patria.* ¡Qué nombres tan dulces! ¡Qué objetos tan recomendables! Solo ellos llenan en esta vida los insaciables deseos del hombre. Solo ellos muestran los beneficos fines de su omnipotente autor. Y con esto amados compatriotas mios. Habra entre vosotros corazones tan insensibles, que no sean arrebatados de jubilo, al ver que los sucesos presentes, nos vuelven a unir con los vinculos mas estrechos hacia Dios y hacia nosotros mismos? Aun mas habra quien escuche la voz de la iniquidad, y que semejante a los Madianitas, conspire contra *el Gedeon que el Padre de las misericordias ha suscitado en medio de este pueblo de eleccion?* Comun era el grito de aquellos malvados, pidiendo a Joas la vida mas estimable del hijo mas religioso. No [f. 2] tan comun entre vosotros; pero (lo digo con lagrimas que me caen al corazon, y la voz se me entorpece en la garganta al pronunciarlo) no faltan ingratos y malevolos que sientan *ver destruido el Altar de Baal, y rotas las cadenas de su esclavitud.* No lo creo, no lo creo; antes bien estoy persuadido a que, reflexando sobre vuestra felicidad, exclamareis con el mas profundo respeto en estas o semejantes expresiones: Señor Dios que nos miras desde la alta Sion: compadecete de las miserias que tanto tiempo nos han sumergido en la mas terrible calamidad, sin dejarnos otro consuelo que *desde la Babilonia* volver los ojos llenos de agua, y *mirar nuestros países devorados por la tirania.* La mansedumbre de David, y la rectitud de su corazon mueva vuestra soberana piedad pª. dar fin a *un proyecto que tanto interesa a vuestro santo servicio,* conservando la vida más amable en el movil principal de nuestras acciones. Entonces descolgaremos los instrumentos que [f. 3] hemos tenido callados tanto tiempo, y entonando con ellos sonores himnos en accion de gracias, daremos honra, gloria, bendicion al *triunfo de vuestro Santo nombre, y al que habeis embiado a promoverlo* — Lo sostiene el patriota de las fronteras del Sur — Jose Maria Morelos.

Es copia. Mexico 22 de Enº de 1812.
(firmado) Manuel Velazquez de Leon.

NOTA: Las cursivas son nuestras.

XII. IDEOLOGÍAS DE PROGRESO Y COMPORTAMIENTOS TRADICIONALES EN LA AMÉRICA LATINA DE HOY

En América Latina, como en el conjunto de los países del Occidente cristiano, la idea de progreso es el último avatar, laicizado, de la escatología judeo-cristiana. Y esto es muy natural, puesto que los fundadores de las naciones modernas de América Latina, conquistadores y misioneros católicos, se designaban ellos mismos como cristianos, antes que como españoles. En el siglo XVI, el "progreso" para los indios significaba el paso de la barbarie politeísta al monoteísmo cristiano, del estatuto de salvaje bárbaro al de gente de razón. Para el individuo, este paso decisivo hacia la salvación eterna era el efecto súbito del bautismo, no el fruto de un largo esfuerzo de educación. Y para el grupo, la conversión en masa tenía un alcance mayor aún, pues —según los profetas— cuando los últimos gentiles (y los indios del Nuevo Mundo bien parecían ser aquellos últimos gentiles) quedaran convertidos, entonces llegaría el Reino milenario. Acaso en esta creencia, el mito de América, nueva Tierra Prometida, hunde sus raíces más profundas. Salvación personal y salvación de la humanidad fueron, durante el periodo de dependencia de la corona de Castilla, las dos fases complementarias de un "progreso" que desembocaba en el más allá. Un más allá de justicia y de perfección divina, que debía borrar hasta el recuerdo de la injusticia de los hombres. Dicho progreso no era concebido como una evolución lenta al margen del tiempo, recompensa del largo esfuerzo de las generaciones, sino como un salto al absoluto, una ruptura súbita y total. La imagen que mejor expresa esta creencia dice que "el Cielo descendería a la Tierra". A esta espera iba asociado todo un conjunto de creencias, también salidas de la escatología judeo-cristiana, en particular la de un gran combate del bien y del mal —encarnado en el Anticristo— que desembocaría, después de una matanza purificadora, en la santa victoria del Mesías o de su enviado.

Este esquema esencial, que explica la dinámica cristiana de la historia, fue tan profundamente inculcado que aún hoy está presente (bajo su forma cristiana o bajo formas derivadas y laicizadas) en la mayor parte de los espíritus de América Latina. Y *a fortiori* lo estaba a principios del siglo XIX en el pensamiento de los libertadores, gran número de los cuales (como Hidalgo y Morelos en México) eran curas católicos. Las ideas de "las luces" de Europa (de Francia e

Inglaterra especialmente) ya habían empezado a extenderse por las Indias Occidentales en el último cuarto del siglo XVIII, pero sobre todo a través de la versión española, interpretación católica (véase Feijoo) de este nuevo avance de racionalismo crítico que había podido ir, en otras partes, a la par con el renacimiento del materialismo (como en Helvetius). Las teorías de Montesquieu o de Rousseau inspiraban ante todo a los legisladores, y los ataques de Voltaire contra los jesuitas, o los de Raynal contra el oscurantismo de los monjes, encontraban eco en América entre laicos piadosos y entre el clero secular, sin alcanzar a la propia religión. La idea de progreso de las técnicas o en la organización, predicada por las Sociedades de Amigos del País, se situaba en un plano totalmente distinto, sin intervenir en el de la fe, tan superior, en una intervención providencial para barrer de un solo golpe al mal gobierno ("¡Muera el mal gobierno!"). Esta viva creencia en una ruptura absoluta en el tiempo, efecto de un *numen* divino, ocupa mucho mayor lugar en el comportamiento político de los pueblos de América Latina que la idea de un progreso indefinido, pero por etapas, de la humanidad gracias al trabajo regular y al espíritu de invención de sabios y técnicos.

La primera, cronológicamente, de las ideologías de progreso que haya conocido una vasta difusión en América Latina, donde inspiró sistemas políticos y aportó una ideología oficial a ciertos Estados, una divisa a las nacionalidades, fue el positivismo de Auguste Comte. Es indiscutible que se trataba de una filosofía de progreso, puesto que se resume en el famoso aforismo "el amor por principio, el orden por base, el progreso por objetivo". Pero en el propio Augusto Comte —y más aún en sus continuadores, particularmente entre los brasileños— la idea de progreso no carece de ambigüedad. El progreso, objetivo último, se confunde con el estado postrero de la humanidad, en el que ésta, habiendo dejado atrás "el estado metafísico", habrá reemplazado, por así decirlo, a la religión por la ciencia (¿o por la religión de la ciencia?). Este estado no será superado nunca; por ende, representa el fin de la historia, como el Reino milenario en la escatología cristiana.

Las dos significaciones, una técnica e industrial, de origen sansimoniano, la otra finalista, de la idea de progreso, corresponden: una a la filosofía positiva, la otra a la religión positivista. Puede decirse sin esquematización que el acento se colocó en México sobre el progreso de las ciencias y de las técnicas, y en el Brasil sobre el progreso de la sociedad. Más exactamente, los ideólogos que rodeaban a Juárez emprendieron una acción gubernamental de carácter anticlerical y antirreligioso, mediante la difusión del saber y el desarrollo de las ciencias positivas. Luego, en tiempo de Porfirio Díaz, los tecnócratas (los "científicos") antepusieron el equipo (ferrocarriles, fábricas, etc.) a la educación, y también el orden al progreso.

En el Brasil, que aún lleva en su estandarte nacional la divisa "Orden y progreso", principalmente se recibió el mensaje bajo la forma del progreso del conocimiento. Lo mismo ocurrió en la Argentina y en Chile. La historia de las influencias comparadas de la filosofía positiva en América Latina, tema apasionante, nos apartaría algo de nuestro propósito. Observemos que en el Brasil, país de elección de las corrientes mesiánicas, fue sobre todo la religión positivista, religión de amor, la que tuvo una expansión rápida y un triunfo duradero. (Aún hoy quedan algunos brasileños casados bajo el régimen comtiano. En todo caso, nombres propios bastante comunes, como Aristóteles, Víctor Hugo, etc., son la señal exterior de la herencia positivista.) Así pues, en el Brasil el progreso comtiano está cargado de significación, en parte nueva, plenamente escatológica.

Huelga precisar que, según se considere al progreso (ya sea técnico, social o educativo) como la conquista de la labor cotidiana y de esfuerzo de organización, o como una gracia dada, efecto gratuito de una voluntad superior (humana o sobrehumana), la relación con el trabajo, la relación con la sociedad, la relación con el Estado y en fin de cuentas, la relación consigo mismo cambian totalmente. Acaso no sea exagerado decir, en la perspectiva aquí adoptada, que esas dos maneras tan distintas de considerar, o antes bien: de sentir el progreso, miden exactamente la incomprensión mutua que separa a la América Latina de la América llamada "del Norte", a los "latinos" de los "gringos". Esa separación respecto a los Estados Unidos lo es también frente a Inglaterra o Alemania; por lo contrario, es proximidad hacia España y los países mediterráneos.

Así como el cristianismo original del que España fue heredera directa, la fe religiosa de las poblaciones de América Latina es cuestión social más que individual, de ritos y de sacramentos más que de meditación. Y sobre todo, la gran brecha entre el acto de fe y el pensamiento discursivo, que caracteriza a la filosofía moderna en general, no se produjo a menudo. En el universo mental de la mayoría de los hispánicos, no se ha operado aún la laicización de los criterios de verdad. Esta circunstancia rebasa con creces, por sus efectos, los límites del dominio epistemológico: condiciona la ética, domina los comportamientos. En lugar de que el esfuerzo aparezca como una inversión en el progreso, la fe en el progreso inspira el abandono a una esperanza insensata o la reacción convulsiva a la frustración de esta esperanza.

En el siglo xx, líderes como Perón en la Argentina, Vargas en el Brasil y Rojas Pinilla en Colombia han desempeñado, en los mismos años cuarenta y cincuenta, el papel carismático de hombre-justicia y de hombre-progreso. El caso de Perón tal vez sea el más interesante en la medida en que —inspirándose a la vez en el comunismo y en el fascismo mussoliniano— propuso una original ideología de progreso: el justicialismo. Esta doctrina política, pobre en ideas pero que sobrevivió a la caída e incluso a la muerte de su autor, revela la permanencia y la fuerza, como factores políticos, de una creencia típicamente mesiánica. En principio, el justicialismo no es otra cosa que la transferencia a un hombre político (Perón en este caso) del capital de esperanza y de confianza ciega que se había depositado en el Mesías (o en los mesías) en el judaísmo y el cristianismo. Getulio Vargas, Rojas Pinilla y sus émulos no impulsaron tan lejos la elaboración doctrinal de las corrientes mesiánicas que los llevaron, luego los mantuvieron y por último los volvieron a llevar al poder, pero en todos estos casos el progreso era percibido por los pueblos como un don del cielo o del hombre divino, infalible y justiciero, que detentaba el poder político.

Si la atmósfera judeo-cristiana de América Latina tiene una incidencia importante sobre la manera como se percibe la noción de progreso y se vive la tensión hacia el progreso, son necesarias otras observaciones para aclarar la manifiesta diferencia entre ideologías y mentalidades. Ante todo, observemos que el término progreso sirve a la vez de emblema al desarrollo económico capitalista y a los proyectos revolucionarios de inspiración socialista. En el primer caso, las oportunidades de progreso se miden por la importancia de las inversiones en los bienes de equipo; en el segundo caso, el progreso es el resultado de una repartición igualitaria de las riquezas del suelo y de los bienes de consumo. Pero, ya se trate de economía competitiva o de planificación estatal, las vías del progreso no siempre son claras a los ojos de los presuntos beneficiarios. De ahí el bloqueo, los retrasos y los absurdos denunciados por los expertos llegados de los países desarrollados de la América del Norte, de la Europa oriental o de la Europa occidental. Las resistencias mentales, inconscientes o deliberadas, a las diversas formas del progreso, sugeridas o impuestas, son la consecuencia inevitable del foso cultural que separa a las sociedades de la tercera edad industrial de las sociedades tradicionales de América Latina. Este fenómeno ha sido evocado con toda su intensidad dramática por Miguel Ángel Asturias en *Hombres de maíz*.

Por sociedades tradicionales nos proponemos designar a las sociedades cuyo sistema ético —no necesariamente la moral del maestro de escuela o del predicador, y tal como se le puede precisar en el estudio de numerosas series de comportamientos individuales— ha permanecido, a grandes rasgos, idéntico al del periodo de la dependencia colonial. Desde otro punto de vista, se trata de relaciones sociales análogas a las de las sociedades rurales de España hasta nuestros días. Indiquemos de antemano, para prevenir objeciones, que el masivo éxodo rural, que afecta a la mayoría de los países de América Latina desde hace una veintena de años y que va acompañado de una urbanización bárbara y apresurada, aún no ha permitido el surgimiento de una mentalidad urbana nueva que equivaldría a una adaptación al progreso. Este retardo de la evolución de los espíritus con relación al cambio radical de las condiciones de vida de los campesinos (convertidos en ocupantes de las barriadas de la periferia urbana) no sólo es el efecto de una ausencia a menudo total de estructuras de acogida y de una carencia educativa demasiado cierta. El hecho de que un nuevo régimen político haya rebautizado a los barrios de chabolas, denominándolos "colonias pioneras" o "ciudades nuevas", no modifica en nada este estado de cosas. Las villas miserias de Lima y las de Bogotá no presentan verdaderas diferencias. La inercia del comportamiento adquirido por los individuos, herencia secular y a veces milenaria, contrasta con los cambios incesantes, y cada vez más acelerados, de los progresos tecnológicos, de sus efectos en la vida cotidiana y de su aplicación a la información. En el medio rural, la irrupción súbita y brutal del "desarrollo" en forma de perforaciones petroleras, como en el Ecuador, o de la "revolución" agraria, como en el Perú, nunca deja de causar sacudidas.

Según las nuevas formas del progreso y según el sustrato cultural local, las resistencias se manifiestan de maneras muy distintas, sobre una escala que puede ir desde el desconcierto hasta la rebelión armada. Por una parte, es importante distinguir bien las resistencias inconscientes, debidas a la incompatibilidad de las estructuras sociales y de las prácticas económicas tradicionales con las nuevas formas culturales sobreimpuestas, y por otra, las resistencias conscientes, que se deben a las creencias, a las normas y a las prohibiciones de fundamento religioso. Los antropólogos, trabajando al lado de los expertos de la asistencia técnica, han observado características socio-culturales específicas de ciertas comunidades indias (como entre los tarascos del México occidental), y han llegado a la conclusión de que sin graves riesgos (aniquilamiento del grupo o rebelión abierta) no es posible imponer formas de progreso (ni siquiera puramente técnicas, desde nuestro punto de vista, como la electricidad) que entrarían en conflicto con la realidad cultural. Los indios no son los únicos; los campesinos mestizos, y aun los criollos, de ciertos valles de los Andes (colombianos, por ejemplo), herederos de una arcaica tradición hispánica, hoy totalmente anacrónica, ofrecen otros tipos de resistencia, a menudo más conscientes, a la introducción del progreso, ya sea técnico, económico o social.

Nos falta espacio para describir aquí, una tras otra, las sociedades tradicionales hispánicas de América Latina que no se diferencian fundamentalmente de las sociedades mediterráneas en conjunto, desde Sicilia hasta Andalucía; las relaciones intrafamiliares, entre los sexos, entre padre e hijo, y en el seno de la familia en general, las relaciones entre los clanes familiares y los grupos regionales o aldeanos, especialmente entre compadres, constituyen un código obligatorio para los individuos. Ni las democracias relativamente liberales (Colombia, Venezuela, etc.) ni las revoluciones más o menos agrarias o comunistas (de México y sobre todo, más recientemente, de Cuba) han logrado desmantelar el sistema secular del patriarcado y del compadrazgo (para no mencionar más que dos ejemplos esenciales). Un jefe de Estado, aun si fue elegido con escrutinio secreto, sigue siendo el representante de un clan provincial o de una gran familia de la capital. El líder así elegido es apoyado, de hecho, por una clientela personal (acompañada por un electorado flotante), y ejerce una autoridad patriarcal sin limitación constitucional. Así pues, el progreso de la democracia es una fachada, las más de las veces destinada a engañar al mundo exterior. No estando el *habeas corpus* más garantizado, en realidad, en las democracias elegidas que en los regímenes de dictadura abierta, tan sólo la lealtad personal al detentador de los poderes del Estado es una (efímera) protección para el individuo, miembro de su clientela política.

El ejemplo de los sindicatos obreros mexicanos (que en ciertos aspectos recuerdan a los sindicatos "verticales" de la España franquista) tiende a probar que un régimen nacido de una Revolución popular, que durante largo tiempo ha sido puesta como ejemplo a todo el continente, no ha logrado crear hábitos auténticamente democráticos. La más reciente Revolución cubana —libre de la dependencia imperialista de los Estados Unidos, presentada clásicamente como la causa determinante de los vicios más graves en la mayoría de los regímenes políticos de América Latina— tampoco ha podido destruir las prácticas seculares, ni realizado el ideal de la democracia popular. Aún más que en México (país que todavía depende mucho de los Estados Unidos, tanto por las inversiones de capital como por un flujo migratorio continuo e importante a través de una larga frontera común), el discurso político cubano, igualitarista y progresista, sostenido por un aparato de Estado y de propaganda, ha seguido siendo impotente para cambiar las estructuras mentales heredadas del pasado. No cabe duda de que la repartición del producto nacional es mucho más igualitaria que en ningún otro país del continente o del Caribe, y de que la infraestructura escolar y la alfabetización han logrado progresos sin precedentes, así como el equipo hospitalario. El tráfico de drogas, la prostitución y el juego han retrocedido hasta casi desaparecer. Pero ningún decreto, ninguna consigna política puede transformar profundamente la mentalidad familiar, profesional, amorosa y hasta política. El hecho es que la casta de los funcionarios superiores del régimen cuenta con numerosos herederos de la gran burguesía (desposeídos de sus tierras, han conservado el poder y sus privilegios). Un vocabulario igualitarista (compañero) que recuerda el 93 —más allá de la Revolución rusa— no hace olvidar una jerarquía rígida: hay "los iguales y los aún más iguales".

En cuanto a la supervivencia de las estructuras patriarcales, en Cuba aparecen claramente (como lo ha notado hace poco Juan Goytisolo) en el hecho de que Fidel Castro, el líder político, es un patriarca carismático y de que un miembro de su familia, su propio hermano, dotado por él de un gran poder, sea su eventual delfín. Lo que se observa en la cúspide queda confirmado por lo que se puede ver en la base y que expresa, con buen humor, esta ocurrencia cubana: "Lo que nosotros tenemos no es el socialismo, sino el *sociolismo*" (el socio no es otro que el tradicional compadre). Ello significa claramente que la presencia de un compadre en una institución del Estado es más útil, para obtener una ventaja o un bien de consumo, que todos los derechos conferidos por una reglamentación tan igualitarista como minuciosa.

A la luz de estos ejemplos demasiado breves, tomados por nosotros intencionalmente de las sociedades que pueden aparecer desde el exterior como las más modernas y liberales (México, Venezuela) o las más revolucionarias e igualitarias (Cuba), nos vemos obligados a verificar la permanencia de estructuras sociales (luego a menudo económicas) y de mentalidades (por tanto, de culturas y de creencias) que por su eficacia operatoria desmienten a cada paso las ideologías de progreso (de todas las formas del progreso) adoptadas, proclamadas, difundidas y enseñadas por los gobiernos. No nos ha parecido necesario evocar los países donde la dictadura es proclamada o reconocida como tal y que refleja directamente la mentalidad patriarcal tradicional y la estructura de castas (Paraguay,

Nicaragua hasta hace poco, etc.). Las dictaduras militares más recientemente aparecidas en sociedades complejas y menos tradicionales (Argentina, Uruguay) son una variante de las anteriores en la perspectiva que nos ocupa. Esos regímenes que hacen profesión de restablecer o de imponer "el orden" (un orden que Augusto Comte sin duda habría desautorizado), como objetivo prioritario, son de esencia antiprogresista y tienden (más o menos deliberadamente) a conservar y a fijar las estructuras económicas y sociales y, por tanto, las mentalidades arcaicas en un tradicionalismo agresivamente nacionalista.

En los dominios de la creación artística y de la alta cultura, una observación imparcial inclina a pensar que los regímenes autoritarios (hasta los oficialmente progresistas, como el de Cuba) conservan mejor la cultura tradicional que los regímenes semiliberales, en los que los *mass-media* operan con toda libertad y la publicidad y el consumo trastornan los modos de vida popular (Venezuela, México). El progreso técnico y su comercialización (el transistor) destruyen la canción popular; el automóvil hace desaparecer las tertulias y los paseos en todas las sociedades hispánicas. Así pues, no es tanto la ideología modernista o progresista como la economía de mercado la que degrada las culturas tradicionales, a la vez al nivel de la creación y al del comportamiento.

Siendo así, ¿qué pensar del reproche formulado tan frecuentemente (en especial por los artistas y los intelectuales) respecto a las sociedades de América Latina que desde fines del siglo XVIII han adoptado precipitadamente las modas (o la moda) del pensamiento llegado de Europa? Diríase que se han atiborrado de Montesquieu, de Comte y de Marx y, sin darse tiempo para asimilarlos, los han regurgitado en la constitución bolivariana (y las siguientes), en las leyes de Reforma mexicanas y en las de la Revolución cubana, y por último en las proclamas de la muy nueva revolución de Nicaragua. ¿Se trata, por doquier, de una especie de enajenación ideológica permanente, de un esnobismo del producto extranjero, siempre considerado superior al producto local? Lo que Octavio Paz llamó el *malinchismo* mexicano, en 1952, aporta una respuesta positiva. Por lo contrario, el *Manifiesto antropófago* de Oswaldo de Andrade, en 1928, reivindicaba los derechos de una "filosofía brasileña" libre de reinterpretar la historia nacional, de tomar de Europa las ideas que quisiera para refundirlas, transformarlas y volverlas verdaderamente suyas. El rousseauismo, el positivismo y el marxismo "a la sudamericana" no son, por tanto, contrasentidos, y menos aún traiciones de esas ideologías extranjeras; son reinterpretaciones. Según sus propias necesidades, las sociedades de América Latina consumen, pero no al azar, los alimentos intelectuales importados (como los productos manufacturados más modernos), que escogen, digieren y asimilan. En su "Ensayo de análisis crítico de los mecanismos de penetración cultural en el Brasil", Roger Bastide había formulado (con la finura y la simpatía intuitiva que caracterizan toda su obra) los datos generales de este difícil problema, del que la adopción y la adaptación de las ideologías de progreso en América Latina no es más que un caso particular. A la pregunta que había expresado en un título simbólico: *"¿Ifigenia en Táuride o Agar en el desierto?"*, Bastide había respondido francamente, en el curso del debate que siguió a su comunicación: "Lo que yo admiro es que el Brasil haya resistido admirablemente bien."

Pero hoy no es posible quedarse ahí y renunciar a evocar el ejemplo más reciente y, tan extraordinario, de antropofagia ideológica y espiritual, que sus propios adeptos han llamado la "teología de la liberación". En ello, la ambigüedad llega al colmo. ¿Se trata de una lectura marxista de los Evangelios —"El evangelio según San Marx", dicen en broma sus detractores— comparable a la lectura platónica de San Agustín o a aquella otra, aristotélica, de Tomás de Aquino? ¿Es legítimo semejante proceder? Ciertamente no, por lo que respecta a la ortodoxia católica. Desde el solo punto de vista filosófico, ¿qué monstruo bifronte ha producido el matrimonio de un espiritualismo que ha fecundado al mundo mediterráneo y occidental, desde dos milenios, y de un materialismo viejo, cuando mucho, de un siglo?

Los acontecimientos recientes que han sacudido al Islam (y cuyas prolongaciones no han acabado de afectar a la política internacional) nos llevan a reflexionar, por analogía. El cristianismo de origen ibérico —religión mayoritaria de la población de América Latina, en el futuro comunidad preponderante en el seno de la Iglesia romana— ¿va a estar capacitado para proponer al Tercer Mundo, en este siglo de despertar religioso, una doctrina a la vez espiritualista y socialista, capaz de satisfacer sus aspiraciones de justicia? En este combate "antropófago" por la "liberación" continental, ante los imperialismos antagónicos (norteamericano y ruso, a los que pronto se sumará activamente el chino), ¿va el comunismo a devorar al cristianismo, o a la inversa? A pesar de las apariencias actuales, nos inclinamos a favor de la segunda hipótesis. Esta opinión se funda en la consideración de la flexibilidad fundamental del mensaje cristiano (que ha digerido la filosofía griega, el cartesianismo, etc.), en contraste con la rigidez de una teoría (el marxismo-leninismo) que, convertida en ideología oficial de Estados totalitarios, se ha dogmatizado en exceso. Más importante es otra consideración: el cristianismo está profundamente arraigado (incluso en formas a veces desconcertantes para un observador europeo) en los pueblos de América Latina y ningún poder político, aunque sea autoritario, puede eliminarlo ni mantenerse duraderamente sin beneficiarse al menos con su neutralidad (también en esto, los ejemplos son elocuentes: Perón cae poco después de su ruptura con la Iglesia; Fidel Castro, en una hora difícil, nombra un embajador ante el Vaticano; los partidarios sandinistas amenazan con tomar las armas contra sus jefes, algunas semanas después de la victoria, para celebrar libremente una fiesta religiosa local). Por último, la "teología de la liberación" es ante todo una práctica comunitaria, en lenguaje marxista: una *praxis*; en este grado de urgencia en la acción —que puede convertirse en guerrilla armada— la contradicción filosóficamente irreductible entre espiritualismo y materialismo se borra. Por lo demás, la historia está llena de tales aporías metafísicas realizadas, a las que se acomodan las sociedades porque sus aspiraciones y sus renuncias no son un simple juego intelectual. En América Latina, las ideologías de progreso están hoy devaluadas con relación a las místicas de liberación. En la historia, la fe siempre ha triunfado sobre la razón. En las sociedades hispánicas de tradición judeo-cristiana, las ideologías sólo sobreviven si se convierten en mitologías, y las mitologías no se desarrollan más que si están santificadas por la sangre de los mártires. La engrandecida imagen del *Che* Guevara y la del padre Camilo Torres, santos mártires de la "liberación" continental, se levantan en el umbral de un porvenir de progreso o de regresión para América Latina, porvenir que también podría ser de regresión bajo la bandera del progreso. El culto popular que se rinde a esos héroes muertos es enteramente comparable al de los santos patrones de España, al de los antepasados indios, al de los "libertadores" del siglo xix y al de los "próceres" del siglo xx. América Latina quizá "progresa", pero *en su propia huella,* y al ritmo lento de la evolución de las mentalidades, muy diferente del *tempo* acezante de las modas ideológicas llegadas de Europa: robespierrismo, positivismo, fourierismo, fascismo, marxismo.

BIBLIOGRAFÍA

Cogorno Vásquez, Felipe Cayetano: *Introduction à l'étude de l'Église populaire,* D. E. A. Université de París-Sorbonne, junio de 1979.

DELLA CAVA, RALPH: *Short-Term Politics and Long-Term Religion in Brasil*, Working Papers núm. 12, The Wilson Center, Washington.

DODSON, MICHAEL: *The Christian Left in Latin American Politics*, Working Papers núm. 10, noviembre de 1978, The Wilson Center, Washington.

ECKSTEIN, SUSAN: *The Poverty of Revolution, The State on Urban Poor in Mexico*, Princeton University Press, 1976.

FRIEDLANDER, JUDITH: *L'indien des autres*, Payot, 1979.

GOYTISOLO, JUAN: "Cuba, veinte años de Revolución", *Vuelta*, núm. 31, julio de 1979, México.

LAFAYE, JACQUES: "Diáspora y unidad. La ecuación cultural hispánica", *Culturas* (UNESCO), vol. VII, 1, 1980.

MALLOY, JAMES M., ed.: *Authoritarianism and Corporatism in Latin America*, University of Pittsburgh Press, 1977.

MORENO FRAGINALS, MANUEL (*et al.*): *África en América Latina* (UNESCO), 1977.

NELSON, JOAN M.: *Access to Power Politics and the Urban Poor in Developing Nations*, Princeton University Press, junio de 1978.

RIBEIRO, DARCY: *Frontières indigènes de la civilisation*, 10/18, París, 1979.

SALOMON, NOËL: "Cosmopolitismo e internacionalismo en la historia de las ideas de América Latina", *Culturas*, vol. VI, I, 1979.

ÍNDICE

Este libro se terminó de imprimir
el 15 de febrero de 1984 en los talleres de Gráfica Panamericana,
S. C. L., Parroquia 911, 03100 México, D. F. En la edición, de 3 000
ejemplares, se usaron tipos Aster
de 10:12, 9:11 y 8:10 puntos.

Nº   2508

Pirenne, Henri. *Historia de Europa. De las invasiones al siglo xvi.*

Powell, P. W. *Capitán mestizo: Miguel Caldera y la frontera norteña.*

——. *La guerra chichimeca.*

Preston, Paul. *España en crisis.*

Rama, Carlos M. *La crisis española del siglo xx.*

Randall, R. W. *Real del Monte: una empresa minera británica en México.*

Ranke, Leopold von. *Historia de los papas.*

——. *Pueblos y Estados en la historia moderna.*

Rodríguez O., J. E. *El nacimiento de Hispanoamérica.*

Roeder, Ralph. *Hacia el México moderno: Porfirio Díaz.* (2 vols.)

——. *Juárez y su México.*

Sarrailh, Jean. *La España ilustrada de la segunda mitad del siglo xviii.*

Scholes, W. V. *Política mexicana durante el régimen de Juárez, 1855-1872.*

Schrecker, P. *La estructura de la civilización.*

Sepúlveda, Juan Ginés de. *Tratado sobre las justas causas de la guerra contra los indios.*

Simpson, L. B. *Muchos Méxicos.*

Sims, Harold D. *La expulsión de los españoles de México (1821-1828).*

Symonds, John Addington. *El Renacimiento en Italia.* (2 vols.)

Tibón, Gutierre. *Historia del nombre y de la fundación de México.*

Torre Villar, Ernesto de la. *La expansión hispanoamericana en Asia. Siglos xvi y xvii.*

Turner, Ralph Edmund. *Las culturas de la humanidad.* (2 vols.)

Voltaire. *El siglo de Luis XIV.*